中央民族大学本科教学研究 / 第二十六辑

加强教学建设
提高人才培养质量

JIAQIANG JIAOXUE JIANSHE TIGAO
RENCAI PEIYANG ZHILIANG

中央民族大学本科教学研究

MINZU UNIVERSITY OF CHINA
UNDERGRADUATE TEACHING
RESEARCH

第二十六辑

宋 敏◎主编

中央民族大学出版社
China Minzu University Press

图书在版编目（CIP）数据

加强教学建设　提高人才培养质量：中央民族大学本科教学研究．第二十六辑/宋敏主编．—北京：中央民族大学出版社，2022.11（2023.7 重印）

ISBN 978-7-5660-2132-8

Ⅰ．①加…　Ⅱ．①宋…　Ⅲ．①中央民族大学-教学研究-文集　Ⅳ．①G759.2-53

中国版本图书馆 CIP 数据核字（2022）第 208243 号

加强教学建设　提高人才培养质量

——中央民族大学本科教学研究/第二十六辑

主　　编　宋　敏
责任编辑　满福玺
封面设计　汤建军
出版发行　中央民族大学出版社
　　　　　北京市海淀区中关村南大街 27 号　邮编:100081
　　　　　电话:(010)68472815(发行部)　传真:(010)68932751(发行部)
　　　　　(010)68932218(总编室)　(010)68932447(办公室)
经 销 者　全国各地新华书店
印 刷 厂　北京鑫宇图源印刷科技有限公司
开　　本　787×1092　1/16　印张：17.25
字　　数　307 千字
版　　次　2022 年 11 月第 1 版　2023 年 7 月第 2 次印刷
书　　号　ISBN 978-7-5660-2132-8
定　　价　79.00 元

目 录

混合式教学

教学改革实践与研究

课程建设与改革

新时代民族高校新文科建设与人才培养的探索与实践

——以中央民族大学为例[①]

冯金朝　宋　敏　吴桂群　李　琳　马映君

新文科建设是新时代我国高等教育改革发展和人才培养的新要求，是适应世界科技产业革命、全面推进哲学社会科学建设发展的重要举措。习近平总书记把握世界变化大势，立足国家发展大局，指出“建设教育强国是中华民族伟大复兴的基础工程”，提出了加快推进教育现代化、建设教育强国的新要求，为新时代我国高校教育教学改革和新文科建设提供了科学指南和根本遵循。

民族高等教育是我国高等教育的重要组成部分。民族高校是党中央为培养各民族干部和高级专门人才而创建的高等教育新模式，在我国高等教育体系中发挥着不可替代的作用，为世界民族高等教育树立了典范。中央民族大学作为办学特色鲜明的“双一流”大学，在推进新文科建设、深化教育教学改革、创新人才培养模式等方面进行了一系列探索、实践与创新，为我国民族高校新文科建设提供了示范标杆，为培养新时代中国特色、中国学派的哲学社会科学家提供了新思路和新模式。

一、新文科建设与人才培养的理念与内涵

新文科建设对于新时代中国特色社会主义建设和我国高等教育现代化发展具有非常重要的意义。习近平总书记在哲学社会科学工作座谈会上发表重要讲话，为我国人文社会科学发展指明了方向。新文科建设的根本任务是以习近平新时代中国特色社会主义思想为指导，构建具有中国特色的

① 本文系中央民族大学本科教学改革创新项目（KC2051，KC2075）研究成果。

哲学社会科学新体系，形成中国风格、中国气派的哲学社会科学学派①，培养新时代哲学社会科学家，为实现“两个一百年”奋斗目标和中华民族伟大复兴中国梦做出贡献。

面对世界百年未有之大变局和全球科技产业革命的新形势，我国高校新文科建设要全面加强党的领导，坚持中国特色社会主义教育方向，根据国家教育强国和高等教育现代化建设的新要求，加快推进新文科建设，全面提高我国人文社会科学发展水平，努力培养德智体美劳全面发展的社会主义建设者和新时代堪当民族复兴大任的人文社会科学优秀人才。因此，新文科建设要体现新时代、新要求和新发展，准确识变、科学应变、主动求变，全面更新教育教学理念，构建具有新知识和新理论的新文科教育教学体系，实现新文科建设的高质量发展和内涵式发展。

（一）新文科建设要立足新时代

党的十九大报告提出了“中国特色社会主义进入新时代”的重要论断，这是我国经济社会发展新征程中具有全局性和战略性的行动纲领，具有划时代的里程碑意义。习近平总书记指出：“当今世界正经历百年未有之大变局。”世界经济格局和全球治理体系正在发生深刻变化，我国正处于从经济大国迈入经济强国的新时期，我国经济持续增长和改革开放日益成为全球经济发展的新引擎。中华民族正以崭新的姿态屹立于世界，成为构建“人类命运共同体”、推动世界和平发展的核心力量。人工智能、大数据、5G技术、虚拟技术、生物技术等新的科技革命正在全方位发生，全球范围的新产业和新业态层出不穷②，我国经济社会发展面临着空前的机遇和挑战。在世界经济和科技变革的新形势下，加快推进新文科建设和拔尖创新人才培养成为我国高等教育现代化和教育强国建设的重要任务，也是新时代中国特色社会主义建设的迫切需要。

（二）新文科建设要适应新要求

面对世界多极化、经济全球化、社会信息化、文化多样化的新格局，党和国家提出了新时代我国教育发展方略，召开了全国教育大会，发布了《中国教育现代化2035》和《加快推进教育现代化实施方案（2018—2022

---

① 樊丽明，杨灿明，马骁，等．新文科建设的内涵与发展路径（笔谈）［J］．中国高教研究，2019（10）．周毅，李卓卓．新文科建设的理路与设计［J］．中国大学教学，2019（6）．

② 樊丽明．“新文科”：时代需求与建设重点［J］．中国大学教学，2020（5）．

年）》，为全面深化我国高等教育改革指明了发展方向，做出了重要部署。教育部召开了新时代全国高等学校本科教育工作会议，印发了《关于加快建设高水平本科教育 全面提高人才培养能力的意见》系列文件，做出了加快新文科建设和拔尖创新人才培养的重要决定，将培养德智体美劳全面发展的社会主义建设者、实现中华民族伟大复兴中国梦作为高等教育发展和新文科建设的重要使命，为实现新时代中国特色社会主义建设宏伟蓝图和“两个一百年”奋斗目标提供有力支撑。因此，新文科建设要贯彻落实党的十九大报告精神，主动适应新时代哲学社会科学发展的新要求，构建完善中国特色社会科学体系，传承弘扬社会主义核心价值观和中国优秀传统文化，积极探索中国风格、中国气派的新文化，持续提升科学创新能力和一流人才培养能力，全面提高人文科学和社会科学研究水平，不断增强新时代中国文化软实力，培育形成中国哲学社会科学学派。

（三）新文科建设要探索新发展

新文科建设旨在大力促进不同学科交叉融合，全面推动传统文科转型升级，探索一流人才培养新模式，引领人文社会科学新发展[①]，为中国特色社会主义建设做出新贡献。首先以哲学社会学科创新发展为导向，加强学科交叉融合，促进新的文科学科专业发展。既要注重人文社会科学之间的学科交叉融合，包括人文科学之间、社会科学之间、人文科学和社会科学之间的学科交叉融合，也要加强人文社会科学和自然科学之间的学科交叉融合，包括人文社会科学和医学、生物科学、信息科学等学科之间的交叉融合[②]，构建具有中国特色的哲学社会学科体系和学术体系。其次以国家需要和社会需求为导向，更新完善现有文科专业人才培养方案和课程体系，推动传统文科专业的改造、转型和升级。既要注重增厚传统文科的学科知识基础，加强人文社会科学的学科专业基础核心课程建设，也要增设服务国家发展需要的新课程，加快建设具有中国特色的哲学社会学科专业课程体系和教材体系，丰富新文科专业建设和教育教学内涵。[③] 以人才成长目标为导向，坚持立德树人根本任务，全面深化思想政治教育和实践创新教育，积极更新教育教学内容，将信息技术与教育教学深度融合，不断改进教学方式方法，探索人文社会科学人才培养新模式，培养德智体美劳

① 樊丽明．“新文科”：时代需求与建设重点［J］．中国大学教学，2020（5）．
② 周毅，李卓卓．新文科建设的理路与设计［J］．中国大学教学，2019（6）．
③ 王铭玉，张涛．高校“新文科”建设：概念与行动［N］．中国社会科学报，2019-03-21．

全面发展的新时代哲学社会科学优秀人才。

二、民族高校新文科建设与人才培养的探索与实践

民族高校教育教学工作始终全面贯彻习近平新时代中国特色社会主义思想，遵循我国高等教育一般规律和民族高等教育特殊规律，秉承服务国家发展战略、边疆地区安全稳定和民族地区经济社会发展的办学理念，不断深化人文社会科学改革发展。在新文科建设中，以铸牢中华民族共同体意识为主线，更新教育理念和教学内容，拓展人文社会学科领域，丰富哲学社会科学专业内涵，构建新的哲学社会科学教育教学体系，形成了鲜明的办学特色和学科优势。

中央民族大学作为国家一流大学建设中唯一的民族高校，肩负着推进我国民族高等教育改革发展，培养各民族一流创新人才的重要使命。学校贯彻落实全国教育大会和新时代全国高等学校本科教育工作会议精神，全面实施“质量立校、人才强校、特色兴校、管理强校、开放办校”五大战略，拟定了《一流大学和一流学科建设方案》《全面振兴本科教育行动计划》《一流专业和一流课程建设方案》等，构建了以铸牢中华民族共同体意识为主线的一流人才培养体系，将思政铸魂、文化育人和实践育人理念落实到教育教学各环节和人才培养全过程。加快适应新时代国家发展需要的一流专业建设，调整优化文科学科专业结构布局，大力推进多学科交叉的新文科专业建设，探索实施多样化的新文科人才培养模式，持续提升新文科教育教学质量和人才培养能力。2019 年以来，学校入选国家和北京市一流专业建设的文科专业占全部文科专业的 40%以上。

（一）探索学科交叉融合新模式，培养新文科拔尖创新人才

学科交叉融合是新文科建设的突出特点。学校充分发挥人文社会学科优势和特色，大力推进学科交叉融合的新文科建设。依托民族学、社会学、历史学、哲学和中国语言文学等一流学科专业，实施跨学科、多学科的交叉融合，开办了“孝通班”“强基计划”等人才培养实验班，探索新文科专业建设新路径和人才培养新模式。

“孝通班”以著名民族学家和社会学家费孝通先生命名，旨在传承弘扬费孝通先生“从实求知、美美与共”的治学精神和育人理念，以民族学为主干学科，开展民族学、社会学和历史学三大学科交叉融合的新文科建设改革，建立了由学科大类基础课、专业基础课和专业方向课构成的跨学

科、分层次、模块化的课程体系。设置交叉学科课程模块，培养学生有关民族、社会与历史文化等多学科的知识融合和综合分析能力。组织学生开展社会实践与科研训练有机结合的长期田野调查，进一步强化实践育人和创新教育，构建了"通识与专业并重、理论与实践结合、人文科学与社会科学交叉"的拔尖创新人才培养新模式，为国家培养了一批具有宽厚学术基础和多元文化背景的创新人才，近30%毕业生到世界一流大学深造。

（二）推进文科专业转型升级，培养新文科卓越应用人才

传统文科专业转型升级是新文科建设的重要任务。新文科建设既要突出不同学科之间的交叉融合，也要注重现有学科专业内涵提升。学校持续强化文科教育质量发展，拓展文科专业应用领域，推动文科专业转型升级，开办了"法学+民族语""新闻学+民族语"等应用性专业人才培养实验班，积极探索以国家建设和社会需求为导向的社会科学专业建设改革，在课程体系建设、教学方法改革、协同育人机制等方面进行了实践创新，为国家和民族地区法治建设、新闻宣传等重要行业领域培养熟练掌握专业知识和技能、精通国家通用语言和民族语的优秀人才。

习近平总书记指出："全面依法治国是国家治理的一场深刻革命。"加强边疆地区、民族地区法治专门队伍建设，依法妥善处置涉及民族因素的社会问题，是实现全面依法治国的重点和难点。民族高校肩负着为民族地区培养法治专门人才的责任和使命，在培养既精通国家通用语言，又掌握各民族语言的法治人才方面具有特殊优势，发挥着不可替代的作用。中央民族大学实施"法学+民族语"人才培养改革创新，确定了为边疆和民族地区培养新时代各民族社会主义法治建设者和德才兼备法治人才的培养目标。遵循法学专业人才培养的教学规律，修订完善了新的专业课程体系，加大了实践教学比重，增设了民族语言与民族文化课程模块，以满足民族地区法治人才培养的特殊需求。

"法学+民族语"人才培养积极探索协同育人新机制。在国家民族事务委员会和最高人民法院统筹指导和大力支持下，学校与四川、青海、甘肃和西藏四省区高级人民法院相互合作，共同建立教学实践基地和人才培养平台，使学生能够深入民族地区地方法院进行专业实习和社会调查，不仅提高了学生法学专业知识的实践应用能力，而且增强了学生对民族地区法治工作的深刻认识以及为各民族服务的责任感。多年来，学校法学专业培养了大批优秀干部和服务边疆民族地区的法治人才，80%毕业生回到民族地区工作，成为国家各级司法机关和边疆民族地区法治建设的骨干力量，

受到国家最高司法机关和地方政府的高度认可，成为新时代边疆民族地区法治建设不可或缺的优秀人才培养基地。

（三）服务国家发展战略需要，培养新文科特色复合人才

新文科建设要致力于服务国家发展战略，服务新时代中国特色社会主义建设，增强我国在国际社会的话语权，为世界经济发展和全球治理体系贡献中国智慧，就需要持续加大具有不同学科专业知识的国际化人才培养力度，使之成为世界和平的建设者、全球发展的贡献者、国际秩序的维护者。①

民族高校要加快推进新文科建设，不断提升服务国家发展战略能力。中央民族大学积极响应党和国家重大决策部署，充分发挥中国周边国家相关的民族语言、历史学等学科领域优势，持续推进新文科人才培养模式改革，开办了“中国周边国家史”“俄语+中亚语”“法学+英语”等人才培养实验班，探索创新适应世界经济合作和国际文化交流，掌握一定专业知识技能，具有良好语言交流能力的国际化复合型人才培养模式。

我国有30多个民族与周边国家保持着良好的语言文化合作交流。“中国周边国家史”实验班牢固树立根植历史、面向未来的理念，培养具有良好的中国史、世界史、民族史基础，掌握一门中国周边国家语言的复合型人才，探索创新历史学新文科专业建设，构建了多学科联合培养具有语言文化特色的历史学国际化人才培养新模式。一是设置课程新模块，增设了“世界史及周边国家关系史”和“民族史和周边国家民族语言”课程模块，使学生熟悉“一带一路”沿线国家地区的发展历史和国际关系史，了解中国周边国家民族历史文化，掌握一门相关民族与周边国家语言。二是探索教学新方法，制作完成“中华民族历史”等慕课，推进课程思政建设和线上、线下相结合的混合式教学，采用微视频和虚拟仿真实验方法，开展“一带一路”沿线国家历史文化情境的沉浸式教学。三是拓宽学生新视野，组织学生到边疆地区开展社会调查，了解我国边疆地区民族和周边国家的语言文化历史交流情况，设立学生科研训练项目，支持学生开展中国周边国家史相关研究，开阔学生国际视野，提高创新能力。实验班人才培养质量显著提高，60%毕业生到国内外知名高校和机构深造学习，获得用人单位和社会各界广泛好评。

---

① 樊丽明，杨灿明，马骁，等．新文科建设的内涵与发展路径（笔谈）[J]．中国高教研究，2019（10）．

三、未来新文科建设与人才培养的思考与设想

（一）深刻认识新时代的新文科建设

新文科建设作为国家发展一流哲学社会科学、推进高等教育现代化、建设教育强国的重要举措，受到社会各界的普遍关注和高校的高度重视。在加快推进新文科建设的进程中，不同高校在新文科建设的理念和内涵认识方面尚存在一定差异，需要从新时代中国特色社会主义建设需要的国家战略高度深刻认识“当今世界正处于百年未有之大变局”的新形势，积极应对世界多极化、经济全球化、文化多样化的新格局，探索适应新一轮科技产业革命的新文科建设，培养新时代全面发展的社会主义建设者、国家发展战略需要的新文科优秀人才和中国特色的哲学社会科学家。

（二）全面推进学科交叉融合的新文科建设

在推进学科交叉融合的新文科建设进程中，许多高校仍处于探索实践初期阶段。部分高校在人文社会科学之间相互交叉融合方面进行了有益尝试①，而在人文社会科学与自然科学之间相互交叉融合还存在很大提升空间②。在未来新文科建设中，中央民族大学将以“强基计划”人才培养为示范样板，全面推进文史哲等人文科学之间的学科交叉融合，实施本-硕-博衔接培养和科教融合协同育人的新机制，构建“厚基础、强能力、重创新”的人文社会基础学科拔尖创新人才培养新体系。探索创新人文社会科学与自然科学之间的学科交叉融合，开展数据语言、数字经济、智能管理、信息社会和网络媒体等学科领域的新文科专业建设，进一步提升新文科创新人才和卓越人才的培养能力。

（三）持续强化特色优势鲜明的新文科建设

我国高校类型众多，学科专业结构差异较大。在新文科建设中，不同高校需要进一步调整优化文科专业结构布局，突出符合学校办学特色、具有明显学科优势的新文科专业建设。中央民族大学在民族学、中国少数民族语言文学、社会学、历史学、哲学与宗教学、音乐与舞蹈学等学科专业

---

① 周毅，李卓卓．新文科建设的理路与设计［J］．中国大学教学，2019（6）．

② 李凤林．加快建设“新文科”主动引领新时代［J］．中国高等教育，2020（1）．

具有显著的特色优势，新文科建设将紧密围绕服务国家发展战略和民族团结进步事业，进一步强化以铸牢中华民族共同体意识为主线的思想政治育人体系，在专业课程体系、实践创新育人体系等方面突显中华民族共同体理念和民族团结进步特色，构建与国家和社会需求相适应、符合学校发展方向的新文科教育教学体系和人才培养新模式。

参考文献

[1] 樊丽明，杨灿明，马骁，等．新文科建设的内涵与发展路径（笔谈）[J]．中国高教研究，2019（10）．

[2] 樊丽明．“新文科”：时代需求与建设重点 [J]．中国大学教学，2020（5）．

[3] 周毅，李卓卓．新文科建设的理路与设计 [J]．中国大学教学，2019（6）．

[4] 王铭玉，张涛．高校“新文科”建设：概念与行动 [N]．中国社会科学报，2019-03-21．

[5] 李凤林．加快建设“新文科”主动引领新时代 [J]．中国高等教育，2020（1）．

（作者单位：教务处、校长办公室）

提升教学信息化管理能力，推进教育数字化全面发展[①]

冯金朝　马映君　李　琳　吴桂群

新时代我国高等教育教学改革面临着新形势和新挑战，实施教育数字化战略是推进教育教学与信息化技术深度融合、建设教育强国、实现教育现代化的必然选择。本文梳理了教育教学信息化管理面临的问题，提出了教育教学信息化管理改革的路径，总结了学校教育教学信息化管理的改革实践。从提高教育数字化战略认识、做好教育教学数字化规划设计、加快教育教学资源数字化建设、加强教育教学数字化管理等方面对推进高等教育数字化高质量发展提出了对策和建议。

一、背景意义

我国高等教育经历了精英化培养、大众化培养到普及化培养的发展阶段，2021 年高等教育毛入学率达 57. 8%。新时代高等教育教学改革面临着新形势和新挑战，推进教育教学与信息化技术深度融合成为全国高校教育教学高质量发展的共识。

面对世界百年未有之大变局和新一轮科技革命，高校教育教学信息化建设是我国信息技术与现代高等教育融合发展的必然要求。高校信息化建设是提升教育教学质量的重要手段，是进行教育教学创新应用的基础条件（李琳琳，2021；梁伟雄，2020）。在互联网+教育、信息化大数据、智慧+教育等方面迅猛发展的背景下，提高教育教学信息化管理能力和水平，需要现代教育思想指导，以现代信息技术为核心，组织配置教学信息资源，提高教学管理效率（卢立珏，2019；郝秦霞，2021）。

---

① 本文系中央民族大学自主科研项目“信息化推动提升管理人员业务能力研究”（2021GLTS31）研究成果。

党和国家高度重视教育信息化和数字化建设。2019 年，中共中央、国务院印发《中国教育现代化 2035》，明确提出加快信息化时代教育变革；建设智能化校园，统筹建设一体化智能化教学、管理与服务平台；建立数字教育资源共建共享机制。2021 年，教育部印发《关于加强新时代教育管理信息化工作的通知》指出，要利用新一代信息技术提升教育管理数字化、网络化、智能化水平。2022 年 2 月，教育部印发《2022 年工作要点》提出，大力实施教育数字化战略行动，切实以教育信息化推动教育高质量发展。因此，推进落实高等教育数字化战略，对于我国高校新时期教育教学高质量发展具有非常重要的意义。

二、教育教学信息化管理

（一）教育教学信息化管理面临的问题

现代信息技术的快速发展促使高校教育教学管理理念发生改变，以适应新时代高校教育教学管理工作的需要。教育部印发的《教育信息化 2.0 行动计划》指出，新时代赋予了教育信息化新的使命，要以教育信息化支撑引领教育现代化，是新时代我国教育改革发展的战略选择。

高校在教育教学信息化管理方面进行了多年的探索和实践，但与新时代高等教育高质量发展的要求仍存在较大差距。总体上表现为思想认识不到位，推进信息技术与教育教学深度融合不够；教育教学管理信息技术水平较低，教学管理人员业务与服务能力有待提高；教师信息技术应用能力不高，教学资源开发与信息化教学创新能力需要提升；教育教学信息化环境建设不足，学生应用信息技术的学习潜能没有充分挖掘。

（二）教育教学信息化管理改革的路径

提高教育教学信息化管理认识。加强教学信息化管理体系建设，需要深化组织机构、管理规范和管理机制建设改革（王忠政，2016）。高校教育教学信息化管理是推进教育教学改革和人才培养的重要环节，应加强教育教学信息化管理的组织领导，切实做好教育教学信息化管理的总体设计和制度建设，提高管理意识和技术保障水平。全面贯彻高等教育新发展理念，服务构建高等教育新发展格局，持续提升高校教育教学信息化管理水平，加快教育教学内涵式发展和人才培养高质量发展。

高度重视教育教学信息化管理能力提升。高校应加强教育教学信息化环境建设，进一步明确教育教学信息系统、数据资料和管理服务等方面的要求，构建全校统一、分级使用、开放共享的教育教学信息化管理平台，为精准化管理提供支撑保障。加强教育教学信息化管理队伍建设，建立健全多层次、多形式、重实效的培训体系，组织开展教师教学、学生学习、教学管理等信息化技术培训，提高信息化技术应用能力。充分发挥教育教学信息化平台作用，开展教学运行与质量监控、线下教学与在线教学、教学研究与成果评价等重要工作。

（三）教育教学信息化管理改革的实践

中央民族大学大力推进教育教学信息化建设，不断提高教育教学信息化管理能力，在教育教学信息化环境和教学网络平台建设等方面进行了一系列探索和实践，取得了明显的改革成效。

学校本科教学信息化管理机制优化完善。学校通过加强教育教学信息化管理领导、加大教育管理信息化投入、改善信息化技术基础设施、推进教育教学信息化改革等一系列措施，促进了本科教学信息化管理体系进一步优化，教学信息化管理机制更加完善。

学校本科教学信息化管理体系建设进一步强化了学校和学院两级管理模式，完善了教学信息化管理的原则和制度，形成了协同有序的信息化组织管理体系。通过规范标准的教学信息资源建设，形成了高效统一的教学管理信息运行平台和安全保障支撑服务体系。通过教学考核与质量评价指标体系建设，加强教学过程监控、教学质量评价、本科教学评估的信息化管理，形成了科学有效的教学质量评价体系。

学校本科教学信息化平台管理能力持续提升。通过海淀校区和丰台校区建设，加大了学校“智慧校园”信息化建设力度，为教育教学信息化管理的技术系统、运行维护、应用培训、管理服务等提供了重要的平台技术保障。大力推进智慧教室建设，完成原有教室和实验室的信息化升级改造，全面改善信息化技术相关的软硬件基础设施建设环境。

持续改善网络教学综合平台，利用超星集团“一平三端”智慧教学系统，为教师信息化教学、学生多样化学习和教学精准化管理提供了有效保障。整合优化教务管理系统、教学质量评价系统、教学质量工程系统、教学成果系统、教学资源系统、教师教学发展系统、实践教学与创新创业教育系统、学生服务系统等，为学校教育教学和人才培养模式改革、课程建设与课堂教学创新、教学监控与教学质量评价、创新创业与学生成长等提供了有力保障。

在新型冠状病毒肺炎疫情防控形势下，学校通过全面动员和全面部署，组织实施了覆盖全体教师的在线教学技术培训，加速推进信息化技术在教育教学中的应用。加强了在线课程教学信息化资源建设，有效保障了教学进度和教学内容，促进了教学信息化管理，实现了“停课不停教、停课不停学”，维护了正常的教学秩序，取得了良好的教学效果和社会效果。

持续加大教学管理人员信息化技术培训，提升教学管理人员的信息化技术应用能力和教学信息化管理能力。组织教学管理人员参加相关教学管理研讨会、开展教学管理人员进修学习和信息化管理能力培训，提高教学管理人员的思想素质、文化素质和职业道德素质，加强教学信息化管理理论和业务知识学习，提升应用信息化技术解决复杂疑难问题的能力，提高教学工作和信息化管理效率。

三、推进高等教育数字化全面发展

在实现中华民族伟大复兴战略全局和世界百年未有之大变局的背景下，我国高等教育改革发展面临着重大机遇与挑战。2022 年全国教育工作会议明确提出，实施教育数字化战略行动，以教育信息化推动教育高质量发展，以教育信息化引领教育现代化。

（一）提高高等教育数字化战略认识

实施教育数字化战略行动是落实数字中国战略、推动数字经济发展、建设教育强国的重要举措。推进落实教育数字化战略，要全面贯彻党的教育方针，落实立德树人根本任务，对于加快我国高等教育高质量发展、推进教育现代化、建设教育强国、办好人民满意的教育、培养德智体美劳全面发展的社会主义建设者和接班人具有重要现实意义。

推进高等教育数字化转型，落实高等教育数字化战略。云计算、大数据、人工智能等新兴技术的应用发展为高等教育教学的改革创新提供了机遇，教育数字化转型已经成为国际高等教育改革发展的趋势（兰国帅等，2020）。要坚持以学生为中心的育人理念，充分利用信息技术和大数据技术，促使教学的物理空间和虚拟空间有机结合、线上教学和线下教学相互补充，创新教育教学模式，更好地支持教师教学改革和学生学习成长。

高等教育数字化战略是影响我国高等教育内涵式发展的重大问题。在我国高等教育普及化时代教育变革时期，迫切需要通过实施教育教学数字化发展，推进高等教育理念更新，加快高校教育教学改革，推动人才培养模式创新，实现我国教育现代化和高质量发展。高校应全面推进教育教学数字化，加快完善教育教学数字化体系，提升数字化应用能力和治理能力。

为推进实施教育数字化战略行动，教育部启动国家智慧教育平台建设。通过建设高水平的国家高等教育智慧教育平台，有利于解决教师和学生在“教”与“学”的过程中遇到资源分散、数据不通、管理不规范等问题，缩小不同地区和不同高校之间的教学资源“数字鸿沟”，实现全国高等教育在线教学资源的共建共享和高效应用，把数字教学资源的势能转化为教育教学改革的动能，推动实现教育数字化转型，为高等教育数字化改革和高质量发展提供有力支撑。

（二）推进高等教育教学数字化发展

做好教育教学数字化发展规划和顶层设计。构建完善教育教学数字化体系，从数字化基础设施、数字教学资源、数字化教学改革、数字应用安全保障等方面提出建设目标和具体要求。加快推进教育教学数字化转型，提高教师、学生和管理人员的数字素养，通过数据要素的综合分析和数字技术的创新应用，取得丰富的教学资源数据及其应用成果，提升教育教学数字化治理能力。

加快教育教学资源数字化建设。教育教学资源内容丰富，复杂多样，主要包括教学运行与数据资源平台、专业建设与人才培养数据资源、课程建设与课堂教学数据资源、教学监控与质量评价数据资源、实习实践与创新创业数据资源等。课程教学资源数字化建设是推进教育教学资源数字化建设的重要抓手，通过在线教学和线上线下混合式教学改革，全面开展课程教学大纲、教学进度计划、课堂教学设计、电子教案与课件、教材与教学参考资料、教学视频与声像资料、案例素材与文献资源、习题资料与试题等数字化建设，大力推进一流课程建设，打造具有高阶性、创新性、挑战性的“金课”。

加强教育教学数字化管理。大力推进教育教学信息化和教学资源数字化建设，需要进一步加强教育教学数字化的科学有效管理。要注重信息化和数字化技术的应用，建立健全数字化建设制度体系，形成“服务至上、示范引领、安全运行”的工作理念，切实为师生提供能用好用的数字化资源。加强教学资源优化整合，探索课程教学资源数字化建设示范引领试点，建立教学资源数字化建设推广应用机制，提升教育教学数字化和治理能力现代化水平。加强教育教学数据安全运行保障，强化教学资源的大数据分析、监测与管理，解决数据不通、资源分散、监管困难等重点问题，实现教育教学数据资源的开放共享，推进教育教学数字化建设高质量发展。

四、结论

高校教育教学信息化管理是推进教育教学改革和人才培养工作的重要举措。虽然教育教学信息化管理已有多年的探索实践，但与新时代高等教育内涵式和高质量发展的要求仍存在较大差距。应加强教育教学信息化环境建设，构建开放共享的教育教学信息化管理平台。

学校加大“智慧校园”信息化和智慧教室建设力度，为教育教学信息化管理提供了重要的基础设施条件保障。加强教学管理人员技术培训，利用“一平三端”智慧教学系统，为教师信息化教学、学生多样化学习和教学精准化管理提供了有力支撑。

实施教育数字化战略是落实数字中国战略、推动教育现代化、建设教育强国的重要工作。学校应全面推进教育教学数字化建设，加快完善教育教学数字化体系，提升数字化应用能力和治理能力。加快教学资源数字化进程，大力推进一流课程建设。注重信息化和数字化技术的应用，加强教育教学数字化的科学有效管理。

参考文献

[1] 李琳琳．高校教学管理信息化存在的问题及对策研究［J］．黑龙江科学，2021，12（19）：146-147.

[2] 梁伟雄．高校教育管理信息化现状与优化策略分析［J］．高教学刊，2020，（14）：1-5.

[3] 郝秦霞．高校教学信息化管理多元模式的研究［J］．高教研究与实践，2021，40（1）：75-79.

[4] 卢立珏．高校教学管理信息化问题初探［J］．中国高教研究，2019，（48）：13-45.

[5] 王忠政．高校信息化教学管理体系的构建［J］．教育科学文摘，2016，35（4）：27-28.

[6] 兰国帅，张怡，郭倩，等．推动高等教育数字化转型：优化、持续和创新［J］．开放教育研究，2020，26（5）：12-23.

（作者单位：教务处）

新时代民族预科创新发展的几点思考

——写在我校预科教育70年之际①

杨清霞

岁月不居，时节如流。中央民族大学转眼已走过七十载春秋，学校为全国高等教育，尤其是少数民族教育做出了杰出贡献。春风化雨，桃李成蹊。作为学校最早的教学单位之一，预科教育学院全程见证、亲身经历了学校七十载的春华秋实，并以自己特殊的办学形式，广纳少数民族莘莘学子，历年来共培养了少数民族预科生两万多人，包括全国55个少数民族的学生。预科学生籍贯覆盖全国30多个省、自治区、直辖市，多个民族的第一位学士、第一位硕士、第一位博士的求学之路均由预科教育学院倾情铺就。

70年间，我校预科教育秉持服务于民族地区之初心，学院的发展和建设始终以国家的需要和民族的前途为导航，曾经为北京大学、北京师范大学、中山大学等国内100多所兄弟院校代培预科生。但是近10年来，我校预科生培养规模呈逐年递减趋势。特别是2018年上半年，国家相关部委调整了新时期少数民族预科教育人才培养目标定位，并且自当年的9月起，大部分高校开始自主培养少数民族预科生。预科教育制度是不是合理，还需不需要存在等焦点问题又一次引发社会关注。

在新的历史时期，为深入贯彻习近平新时代中国特色社会主义思想，全面落实全国教育大会精神，2020年12月教育部等五部门联合发文《关于办好新时代高校民族预科教育的意见》（教民〔2020〕4号）（以下简称《意见》），可以说是非常及时地回应了各方面的社会关切，让预科人备受鼓舞，对稳定预科教育教师队伍，增强预科人“撸起袖子加油干”的决心和信心有重大意义。因此，在新形势下，为贯彻落实教育部等五部门的

① 本文是2021年度中央民族大学国家基金预研工作坊“新时代高校预科教育创新发展研究”的阶段性成果。

《意见》，提升预科教育教学质量，创新预科教育发展思路已经成为历史的必然。笔者想就几个方面谈谈自己的思考，希望能助力预科新发展。

一、创新学生管理工作

（一）深入开展入学教育，厚植爱国主义情怀

新生教育是人才培养工作中的重要一环，是一项基础性、源头性工程，是提高人才培养质量的重要举措，必须高度重视、整体谋划、统筹推进。要坚持围绕学生、服务学生、关爱学生，帮助新生尽快融入新环境、完成角色和身份转变。结合新生实际特点，有针对性地开展思想政治教育工作，谋划好新生的“大学第一课”。民族预科教育是我国高等教育的一个特殊层次，是国家培养少数民族高层次优秀人才的重要途径。一批批少数民族高中学子通过预科这座“金色桥梁”顺利进入大学学习，是国家民族教育政策的直接受益者。因此，在预科入学教育阶段，既要开展好校史校情教育，又要把民族预科教育政策和民族预科教育发展史介绍给学生。既要突出对学生的祖国观、民族观、宗教观的教育，又要着力培养他们正确的世界观、人生观和价值观。既要深入开展爱国主义教育、民族团结进步教育，又要积极搭建各民族新生交往交流交融的平台，铸牢中华民族共同体意识。引导新生感党恩，跟党走，深刻理解“国”的意义，学会“爱”的方式，厚植爱国主义情怀，进一步坚定把小我融入大我的人生选择，培养学生“报效祖国，为国争光”的崇高理想和信念。

（二）帮助学生系好“大学第一粒扣子”

首先，预科学生刚刚迈入大学校门，有的是第一次离开家乡来到一座陌生的城市，既有对家乡的思念，又要面对来自各方面的诱惑，他们的自我管控能力也较弱。据笔者了解，如果学生在预科阶段的第一粒扣子没有系好，到了本科阶段，想把后面的扣子都系好，即使付出更大的努力，也不是一件容易的事。其次，读预科的学生思想状况可能有很大不同。有的是不得已选择预科，有的是为了增加保险系数，有的则是为了选择一个好的专业而读预科。不同的心理会有不同的外在表现。因此，从学生入学伊始就要仔细观察学生，严格要求他们，除了利用学校和学院的一些管理办法和规章制度约束学生的行为以外，还应用向上向善的预科毕业生实例积极引导学生不忘入学时的初心，做到善始善终。

（三）发挥“散是满天星”的示范引领作用

改革开放以来，我国的民族预科教育培养政策历经数次变迁，培养规模也在不断变化。目前，中央民族大学只有本校预科生源，也就是预科生正常结业以后，都会直接分散升到本校的多个文理院系。他们比一般的本科生早来学校一年，在这一年里，如果能积极引导学生尽快实现从高中生到大学生的角色转变，转变学习方式、生活方式和思维方式，帮助学生成为大学本科的优秀生源。那么，到了本科院系，优秀预科生的模范带头和示范辐射作用不可小觑。而且，预科生的年龄一般较小，思想政治教育也是开展越早收效越好，我们要切实抓住这个时机，努力为学校培养优秀“准”本科生。

根据教育部民族教育司制定的少数民族预科生教学大纲，预科生的教学任务不是非常繁重。而且一般来讲，学生学完预科一年的课程，只要顺利结业，就能升入本科院校，学生的学习压力也不是十分艰巨。对学生进行新生入学教育的时间能够保证。当然，预科学生民族成分多，语言文化、风俗习惯差异较大，加之预科学生的学习基础相对薄弱，经济困难的学生相对较多，管理工作难度会较大。这就要求我们学院不管是辅导员、班主任，还是任课教师，对学生要付出更多的关爱，一切为了学生，为了一切学生，为了学生的一切，做学生的引航人和贴心人。

二、深化教育教学改革

（一）建立“高中–预科–本科”协同培养机制

预科上承高中教育，下启本专科教育，被业界常常比作是“通向大学的金色桥梁”。预科教育是一项系统工程，既要掌握学生高中阶段的基础学习情况，又需要了解本专科专业学习的特点。因此，加强高中、预科、本专科之间的沟通，建立协同培养机制至关重要。目前，面对少数民族预科生生源质量不断提高的新面貌，我们学院适时调整人才培养思路，探索实施了新时代本预科贯通少数民族预科生人才培养模式，坚持本预科“有效衔接、有机融合”一条主线，努力实现“强化基础+素质提升”两大目标，加强大学语文、高等数学、大学英语三大主干课程建设。实施 1+4 本预贯通专项项目、课程体系内涵建设、实践与创新教育活动、铸牢中华民族共同体意识教育等改革创新，为新时代少数民族预科教育教学的可持续发展奠定了扎实的基础。①

以史为鉴，开创未来。笔者认为，学生来自不同省份的不同学校，了解学生学习的历史状况同样重要。应该按照“定期交流、信息互通、供需对接”的工作思路，来源中学提供学生的学习历史情况、预科学校介绍培养现状、目标学校提出具体需求，积极建立高中、预科和本科学校之间的无缝衔接机制，真正实现三方协同培养，提升学生的获得感，推动预科教育内涵式发展。

（二）提高学生专业认同度，改善少数民族人才结构

一说到认同，大家最先想到的可能是国家认同、民族认同、文化认同等层面的认同，这里的专业认同是一个比较微观层面的认同，是指学生对自己学习专业的一种接受和认可，一种情感肯定和行为倾向等。专业认同度的高低，直接影响学生学习的心态，对将来继续深造的专业选择甚至职业选择也有重要的制约效力。我们学校预科学生入学时首先按照高考时的文科生和理科生分班，但是根据学校自身的专业设置状况，一般会给理科生一个“理转文”的机会。理科生只需要在正式上课之前递交一张申请表，不需要进行任何转专业的考核，便可以直接由理科班转入文科班，到结业的时候选择一个本科阶段的文科专业继续学习。

近 10 年来，入学之初原始的理科班学生一般有一半左右的学生转入文科班学习。基于笔者近 20 年的教学经历，不太认可预科阶段现行的转专业制度。笔者认为，虽然转专业给了学生一个自由选择的机会，但除非学生有特别喜爱的文科专业，否则不要急于在预科就转专业。且不说专业认同是一个认知变化的过程，单就在大学这个“预备”阶段，好多理科好苗子可能就流失了，甚是可惜。

2021 年 1 月 7 日至 8 日，2021 年全国教育工作会议在京召开。教育部党组书记、部长陈宝生在工作报告中指出：“要优化人才培养结构……扎实推进新工科、新医科、新农科、新文科建设，加快培养理工农医类专业紧缺人才。”我国少数民族地区的理工农医类专业人才更是紧缺。过早地转专业对于留住少数民族理工科人才，改善少数民族人才结构，鲜有裨益。提升预科学生的理工科专业认同度，预科教师责无旁贷，这无疑也是预科课程思政的题中应有之义。笔者看来，这已经不是要不要做的问题，

---

① 闫建敏．在新时代少数民族预科人才培养暨铸牢中华民族共同体意识教育高层论坛上的报告［R］．北京：中央民族大学预科教育学院，2021.

而是应该做好的问题。

（三）探索课程思政新路径

为贯彻习近平总书记在全国高校思想政治工作会议上的讲话精神，落实好“立德树人”这一根本任务，全国各高校正在积极探索推进课程思政建设，将专业教育与思政教育有机融合，从单纯依靠思政课程的小育人模式，转变为发挥思政课程主渠道作用、课程思政与思政课程同向同行、同频共振，实现“全员、全过程、全方位”的思政育人模式。教育部在近期组织的国家精品在线开放课程和“金课”建设与评审过程中，对课程思政也提出了明确的要求。

大家普遍认为，有的学科很容易进行课程思政建设，挖掘思政元素，渗入教学环节都是水到渠成的事。而有的学科相对较难，如数学。笔者作为一名高等数学课的教师，根据民族预科学生特点和预科学制的要求，初步确定将深化爱国主义、民族团结教育和增强学生文化自信作为预科理工科高等数学课程的思政教育重点进行探索，将价值观培育和塑造“基因式”的教育“沁入”课程中。具体做法如下：

1. 坚持内容为王根本

对教材中知识点的左邻右舍进行充分拓展，对知识点的来龙去脉进行深度解读，培养学生的发散思维能力。努力挖掘教材中显性的和隐性的课程思政教育内容：如微积分发展史、数学家的故事、特殊数学符号的马克思主义哲学辩证思想和学科育人功能。比如，对“ε”这个数学符号，学生经常书写不规范，可以来一句“$\frac{1}{\varepsilon}$”，“举一反三”形象地引导学生。这样不仅有助于学生把“ε”写好，还能浸润数学学习和生活中的育人功能，一举两得。

2. 践行知行合一理念

有人说，数学课堂就是一个人的狂欢，一群人的寂寞。为了避免教师自己唱独角戏，在课堂内外，师生都要互动起来。课堂上不要“嫌弃”传统的教学形式，如“爬黑板”，其作用不可小觑；课堂外引导学生阅读文献，深入挖掘少数民族的传统数学文化（预科生都是少数民族学生），撰写数学文化小论文，如彝族的九九乘法表、藏族的天文历法等；角色互换，让学生上台讲课。多年的教学实践表明，学生备课讲课的过程对他们来讲，绝对是一个极大的挑战，无论对学生的成长还是数学内容的掌握，大有裨益。

3. 培养学术审美意识

虽然风趣幽默的课对学生而言具有吸引力，但其未必是“金课”的基本特征。北京师范大学教育学部副部长李芒教授认为：“快乐学习在大学学习阶段是一个伪概念，寓教于乐并非一般性教学规律，尤其是数学课程。教师必须使用学术的力量以及自然世界和人文社科本身的奥妙，提升课程与教学的吸引力。”① 从小学到大学，一路走来，数学给学生留下的最深刻印象多是“枯燥无味”。数学大多数时候就是如此，尤其是数学公式的推导和例题习题的演练。所以，一提到欣赏数学的美，如数学公式的形式之美、数学概念的恰到好处之美等，经常会看到学生怀疑的眼神，很多学生觉得要达到这样一种境界简直是一件遥不可及的事情。但多年以后，也有学生反馈：“全靠数学给我的‘打击’，才有了现在这样坚强的自己。”教师刻意采用抽象与枯燥的元素培养学生，帮助学生面对枯燥而发展学术审美，在一定时期是斯坦福大学主流的教学理念和教学文化，仍然值得我们思考。②

三、加强师资队伍建设

教育大计，教师为本。有好的教师才有好的教育，一个国家和地区的教育水平，根本上取决于其教师队伍的整体素质。今天的学生就是未来实现中华民族伟大复兴中国梦的主力军，广大教师就是打造这支中华民族“梦之队”的筑梦人。近年来，预科教育学院的师资队伍无论是人员结构还是教师学历结构、职称结构都有了明显改善。预科班目前都是小班上课，因此教师的教学任务相对比较繁重，在一定程度上影响了教师科研工作的开展。但是教学与科研是高等教育的两个重要职能，教学科研并重，是大学为社会提供服务的手段和基础。他们你中有我，我中有你。中国科学院院士钱伟长曾经说过：“你不教课，就不是教师；你不搞科研，就不是好教师。”《论语·季氏》有云：“夫如是，故远人不服，则修文德以来之。既来之，则安之。”教育的目的是让人有尊严。如何让预科学生“安”和有尊严，要靠老师，要靠有理想信念、有道德情操、有扎实学识、有仁

---

① 李芒，李子运，刘洁滢．“七度”教学观：大学金课的关键特征［J］．中国电化教育，2019（11）：1-8.

② 石毓智．斯坦福的创新力：来自世界一流大学的启示［M］．北京：北京科学出版社，2018.

爱之心的“四有”好老师。我们再不能简单地将预科教育片面理解成“大学里的补习班”或“补习班里的大学”，而是应该提倡以科研促教学，以教学带科研，教学与科研互促互进，比翼齐飞。这应是新时代预科教师的努力方向。

预科生都成了我们民大“自己家的孩子”。经过一年短暂的预科教育，我们特别希望学生的获得感能有更大程度的提升，预科学生能真正“强起来”，在本科阶段具有更强的竞争力和模范带头作用。预科教育的新发展格局已经形成，新格局赋予预科发展新的生机与活力，唯有自觉成为新发展格局中的内生变量，勇毅前行，打造一支师德高尚、业务精湛、结构合理、充满活力的高素质专业化的教师队伍，才能不负新时代赋予预科的使命。

参考文献

[1] 教育部等五部门．关于办好新时代高校民族预科教育的意见（教民【2020】4号），2020.

[2] 陈宝生．乘势而上　狠抓落实　加快建设高质量教育体系：在2021年全国教育工作会议上的报告，2021.

[3] 赵显利．在全国民族预科教育工作会议上的报告，2017.

[4] 杨威，陈怀琛，刘三阳，等．大学数学类课程思政探索与实践［J］．大学教育，2020（3）：77-79.

[5] 潘璐璐，徐根玖，台炳隆，等．理工类课程实践课程思政的逻辑及方法［J］．高等数学研究，2020（1）：22-25.

[6] 从福仲，李雪飞．从历史和哲学视角看高等数学课程思政［J］．高教论坛，2020（2）：54-56.

[7] 吕炳丽．造就少数民族高级人才的“金色桥梁”［J］．民族教育研究，2011（1）：86-90.

（作者单位：预科教育学院）

教育伦理视角下的高校课程教学质量保障建设

袁海琴

在我国高等教育已经步入大众化的时代背景下，提高教育教学质量日益成为人们热切关注的一个重要问题。鉴于课程教学活动在高等教育全过程中的主阵地和主渠道地位，保障课程教学质量无疑是保障整个教育活动质量的核心和根本。课程教学质量保障建设是一个系统工程，一般涉及体制机制的建立和完善、教学评价标准的设置、师资队伍建设、各类软硬件平台和条件的构建等多方面的工作。教育教学实质上是一种各相关主体间的互动活动，对课程教学质量起到保障作用的还有一个不能忽视的重要维度，就是在教学过程中应秉持优良的教育伦理。

一般说来，教育伦理就是教育过程中的道德关系、价值追求和德行规范，标明的是教育活动中的“善”与“恶”、“应当”与“不应当”。这里的教育，既包括学校教育也包括家庭教育和社会教育，既包括课堂教学活动也包括各类教育实践活动。教育伦理既关注教育目标是否正当合理也关注教育资源分配是否公平公正，既涉及教育者与被教育者之间的道德关系也涉及教育活动的不同参与者之间的道德关系，既有对教育者也有对被教育者的德行要求和规范引导，这是影响教育活动开展、决定教育工作成效的前提性、基础性问题。具体到课程教学活动，教育伦理更是一个贯穿全过程、涉及全要素的质量保障因素；从根本上说，课程教学活动本身也是某种教育伦理理念和规范的鲜明体现和生动实践。因此，在“教育异化”现象时有凸现的当下，从教育伦理视角探讨高校课程教学质量保障问题，不仅是必要的也是紧迫的。

一、新时代优良教育伦理的核心遵循

教育工作以培养人、塑造人为出发点和落脚点，是一项崇高的职业和神圣的事业。与人类的其他社会实践一样，教育活动在任何社会中都有一定的伦理[①]基础，都是在一定的伦理关系中完成，都需要遵循一定的道德要求和行为规范。教育工作中的伦理遵循以社会历史条件为前提和基础，受传统道德观念和当下道德规范的影响和制约。优良的、合理的教育伦理能够激发人们在教育活动中的道德自觉，对人才培养和社会发展进步具有正向引导和推动作用；反之，落后于社会发展的、不合时宜的教育伦理，既影响教育活动的开展和效果，也不利于整个社会的道德建设和公民道德水平的提升。

新中国成立 70 多年，特别是改革开放 40 多年来，我国的高等教育事业取得了长足发展，为国家的经济社会发展培养了大批优秀人才。高等教育领域一系列成就的取得离不开高等教育参与者以及从政府到社会所秉持的优良教育伦理，如尊师重教、以德为先、宽仁慈爱、严谨治学等。中国特色社会主义进入新时代，在我国成为世界第二大经济体、高等教育步入大众化的背景下，高等教育的发展也进入新的发展阶段，面临着实现高质量、提高治理能力和水平、加快推进现代化、办好人民满意教育等一系列艰巨的任务和挑战。当前，在多种教育观念的激烈碰撞下，在相关各利益主体的博弈过程中，我国的高等教育要迎接来自多方面的挑战，完成好时代赋予的任务，就更加需要与时俱进的、能够体现人民对教育根本道德诉求的、凝聚人民对教育基本伦理共识的优良教育伦理理念和伦理规范。

关于优良教育伦理，学术界分别从不同的视角进行了论述。其中，代表性的如：有学者认为应包括“尊师重教”“立德树人”“教育公正”“教育创新”“教育仁爱”这五大核心价值理念[②]；有学者认为应着眼以“通向人类美好生活”为本位的“健康生命与健全人格养成”[③]；还有学者提出在价值上要坚持一元价值导向与多元价值取向相统一[④]；等等。

教育伦理是一定的伦理观念和伦理规范在教育活动中的运用和体现。以中国特色社会主义的生动实践为基础，新时代的优良教育伦理应是一种

---

① “伦理”和“道德”都表示的是人们在共同生活中形成的关于善恶正邪的一系列准则和规范。“道德”更多地偏于主观、主体、个人和个体；“伦理”更具客观、客体、社会、团体的意味。对这两个概念的使用，一般并不做十分严格的区分。本文在论述中根据具体的语境选取使用。

② 王正平．以新时代教育伦理道德引导我国教育现代化［J］．上海师范大学学报（哲学社会科学版），2020，49（01）：71-82.

③ 董辉．“美好生活”本位的现代教育伦理信念及合理性辨析［J］．伦理学研究，2019，104（05）：82-88.

④ 糜海波．构建中国特色教育伦理学的理论审思［J］．高等教育研究，2020，41（02）：45-50.

既吸收，也超越了以往教育伦理中的道义主义和功利主义；既继承传统的优秀教育伦理思想，也反映时代道德要求的教育伦理新样态。因此，在“立德树人”这个新时代教育工作根本任务和价值要求的大前提下，新时代教育伦理的核心遵循可以从不同角度给出具体规定：从教育目标上来说，应是培养德智体美劳全面发展的社会主义建设者和接班人；从教育过程来说，应包括“平等施教”“自由探讨”；从社会治理角度来说，应是公平分配教育资源；从教育者的角度来说，应包括“坚守底线”“追求崇高”“践行美德”；从师生关系来说，应包括“教学相长”“理解尊重”；从对学生的评价标准来说，应包括“全面发展”“人格健全”“精神丰盈”；等等。概而言之，在教育工作中我们要大力倡导、不断丰富和发展新时代的优良教育伦理，将不道德因素对教育活动造成的无谓内耗和磨损降到最低，为我国教育现代化和建设教育强国保驾护航。

二、优良教育伦理是提高课程教学质量的重要保障

课程教学活动在整个教育活动中处于中心地位，课程教学的质量也从根本上决定着整个教育工作的质量和效果。优良教育伦理对课程教学质量的保障作用主要体现在，有利于课程教学的各相关主体树立正确的质量观、化解影响课程质量的诸难题和实现更高质量的课程教学等方面。

（一）优良教育伦理有利于形成正确的课程教学质量观

所谓质量，就是“产品或工作的优劣程度”。很显然，怎样看待和评价一件产品或一项工作的好坏优劣，也即持有怎样的质量观，将直接影响和决定某项工作的推进方向和具体操作。与一般的物质生产活动不同，教学工作的直接对象是人，是具有主观能动性的，集合了情感、意志、天赋、能力及以往生活经验的人，而高校的课程教学工作对象更是刚刚成年、充满朝气、具有鲜明个性的青年学子。对象的特殊性决定了高校教学工作的特殊性和复杂性，从而也就决定了对课程教学质量评价的多维性。

对课程教学质量的评价是随着社会历史的发展不断变化的，也基于人们不同的教育价值观、不同的方法论、不同的关注点而有所不同，是课程教学发展和改革的导向性因素。那么，在我国当前的社会历史条件下应该树立怎样的教学质量观？什么样的课程教学才是高质量的？从课程教学的外在表现上，我们可以说吸引学生注意的、生动有趣的课堂现场是高质量的教学，可以说学生阶段性的优秀考评成绩反映了高质量的教学，还可以

从学生或者学校督导的反馈中获知关于教学质量高低的评价。但是，课程教学工作是一项具有内隐性和迟效性的特殊工作，因此不能简单地从其外在的显性表现来衡量教学质量高低。比如，近年来基于学生调查的大学课程教学质量评价备受推崇，但如何运用这些调查结果、其与课程教学的相关度是多少等一系列问题仍存在理念和方法上的混乱。

优良教育伦理要求我们坚持一种系统而全面的质量观，对课程教学质量的评价，既要注重教学结果，也要注重教学过程；既要注重可以量化的指标，也要注重不容易量化的指标；既要关注教学内容，也要关注教学方法和手段；既要关注学生专业知识的掌握程度，也要关注其综合素质发展状况；既要倾听学生反馈，又不能将学生置于评价教学的凌驾性位置之上；等等。

（二）优良教育伦理有利于化解课程教学质量难题

在社会经济和科技快速发展的现时代，课程教学质量面临诸多挑战和难题。比如，人工智能技术在教育领域的广泛应用正在逐步改变着原有的教学手段和模式，教师的权威性、学生的接受性都发生了极大的改变。这种改变既是技术层面的改变，也是教学关系、师生关系的一场深刻变革，在方便师生沟通、实现知识输出多样化的同时，也伴随着“数字鸿沟”“算法歧视”“偏应试化”等方面的问题，如何激发新技术在教学过程中的正向效应、规避其负面影响，是摆在所有教学工作相关人员面前的共同课题。还如，市场化原则在渗透进社会每一个角落的同时并没有避开校园和课堂。功利化的算计、权力寻租、太过注重结果的评估考核等教育异化现象，如影随形地伴随着教学及相关管理工作，教师在学生中的影响力不断被削弱，更在一定范围和程度上导致教师整体形象严重受损。再如，对教师考核标准偏离以教学为中心的倾向，极大地制约了教师提升课堂教学质量的主动性和积极性。

面对课程教学领域的如上一些难题，优良的教育伦理将引导教学工作各参与主体正确应对来自多方面的挑战，进而形成真正教学相长的新型师生伦理关系、形成管理与服务相统一和协调的新型教学保障网络，始终做到以教学为中心不偏离、立德树人初心不动摇。就人工智能技术在教学过程中的应用而言，无论技术发展到何种程度，教师都应始终坚守教书育人的主体责任，同时尊重学生学习的主体性和质疑的权利；学生也不应有了多种获取知识的渠道就轻视或无视教师的作用，而是要尊重教师的劳动和付出；教学管理者应善于运用技术手段指导和完善教学管理和服务，整合各类教育资源，而不是肆意地使用技术手段去控制乃至监视教学过程和各类教学活动。就各种教育异化乱象而言，优良教育伦理在抵制和矫正功利算计等市场化原则对教学活动的侵蚀方面更是发挥着不可替代的作用。德智体美劳全面发展的社会主义建设者和接班人和他们的培养者一定是社会主义道德理念和道德规范的坚定践行者，在各种旋涡洪流中能够甄别和界定市场化原则的使用范围，能够坚守伦理道德底线，在育人育己的过程中彰显独特的人格魅力。

（三）优良教育伦理有利于实现更高质量的课程教学

提升课程教学质量在高等教育工作中是永恒的主题，只有进行时没有完成时。教学质量之所以需要不断提升既源于高等教育本身的不断发展，从根本上说也源于经济社会的不断发展对人才质量的要求在不断提升。也就是说，课程教学本身并不是一种凝固不变的简单循环，而是一个需要不断提升质量的螺旋上升过程。不断提升课程教学质量需要不断与时俱进地更新教学内容，及时将本专业领域的研究动态和前沿问题充实到教学内容中来，需要通过分析不同学生的不同特点有针对性地开展教学，需要积极利用新的技术手段丰富教学内容的输出形式等。那么，不断提升课程教学质量的动力来源于哪里？当然有教育管理部门的相关要求，有对教学工作不断更新的评价，但是从根本上说，从外在施加的质量提升动力始终是被动性的，能够发挥持久推动作用的必然是来源于教师和教学管理者的内在动力。这种内在动力仍然是立德树人的教育初心，也依然离不开优良教育伦理观念和伦理规范的支撑和激发。

所谓优良的教育伦理，不是对这些道德观念和规范的符号化、口号化，而是教育教学活动相关参与主体通过一系列躬身示范和鲜活实践，不断提升课程教学质量就是这种鲜活实践的一个重要体现。在不断提升课程教学质量的过程中，优良的教育伦理逐步内化为教学活动参与主体的价值引领和内生动力，这种内生动力又会进一步促进课程教学质量的新提升，从而形成良性循环。

三、优良教育伦理应涵盖课程教学各参与主体

课程教学活动是一项以教师和学生为核心参与主体、教学管理人员和服务人员为重要参与主体的教育活动，是学校教育活动的中心和关键。优良的教育伦理只有涵盖课程教学各参与主体、推动各主体形成良性互

动，从而充分调动各参与主体的积极性和创造性，才能有效地保障和提升课程教学质量。现代伦理学比较强调的是一种以规范和责任为中心的所谓责任伦理，但就道德实践本质而言，道德规范和责任只有内化到每个参与主体的内心之中，成为一种稳定的人格气质，才能发挥更加持久的力量。

（一）构建教与学新型伦理关系

古今中外，师生关系始终都是一种非常重要的社会关系。这种关系本身即体现着人类求真向善的价值维度。在教学活动中，教师是“教”的主体，学生是“学”的主体，因而教学活动实质上是一种双主体间的互动活动。毫无疑问，有效的、高质量的教学活动也必然意味着双主体间有效的、高质量的互动。这其中不仅包含教师教学技法的高超、教学手段的娴熟运用及学生的勤勉好学和刻苦努力，更体现着一种从善向好的人际关系、蕴含着优良的教育伦理。对于高校的课程教学而言，尽管教师面对的是在多个方面还处于发展变化的青年学子，但教与学的双方毕竟在法律意义上都是具有完全行为能力的公民，这也是大学教育与中小学教育、大学教师与中小学教师的最大不同之处。因此，高校课程教学活动中的师生之间实质上所形成的是一种与中小学师生之间所不同的教育教学伦理关系。在信息技术高度发达、个体意识凸显的当代社会，教与学新型伦理关系的培育和建构无疑将对保障课程教学质量发挥不可替代的作用。

教师是课程教学最主要、最关键的人力投入，当然也是教学质量稳步提升的人力保障，因而被看作“立教之本”“兴教之源”。正因为教师的工作在传播知识和真理的同时也塑造灵魂和精神，人们对于师德的要求始终都要高于社会的一般道德要求。特别是近年来，教师队伍建设特别是师德师风建设提到了一个前所未有的战略高度，要求教师要以堂堂正正的高尚人格感染学生，自觉做为学和为人的表率。相比于中小学生，大学生对于授课教师的德性感知更加直接，也更能独立判断授课教师的德性水准，这就对高校教师提出了更高的师德要求。就课程教学而言，教师在授课内容上积极更新知识、优化体系，在本专业领域深耕进取，在教学方式上多样创新，遵循教学规律、讲究教学艺术，热心回应学生提出的疑问、对学生的考评公正合理，激发学生积极向上的动力等，背后实际上都反映的是教师对自身师德的高要求，也正是学生的核心利益所在。显然，教师的这些努力将极大助益于师生间良好教育教学伦理关系的形成，对课程教学质量是最根本的保障。

就教学活动和教学关系的另一主体——当代大学生而言，其早已不再是知识和道德规范的被动接受者，而是优良教育教学伦理关系的重要建构者，是课程教学质量和效果的重要影响因素。无论从逻辑分析上还是从教学实践上来讲，“尊重老师”无疑都是优良教育伦理关系形成的起点。正如中国传统教育伦理所强调的那样：教师受到尊敬，其所传的道艺才能受到尊敬；而道艺受到尊敬，人们才会把学习看得重要。这对构建优良的教学伦理关系具有指导意义。当前大学生的主体仍然是独生子女，以自我为中心、较少考虑他人感受的同时，又视他人的关心和帮助为当然，是这个群体的突出特点，尊重和理解他人是他们在各种人际关系中亟须补上的一课。而在课程教学活动中，面对教师的劳动和付出，给予充分的理解和尊重可以说是优良教育伦理的底线要求。以此为基础，在教师的指导下勤勉研学也就相应地具有了伦理意义，课程教学质量的保障和提升也就成为水到渠成的事情了。就此而言，课程教学质量需要师生共同承担责任。

（二）发展教师集体协作伦理关系

在对师德的探讨中，无论是学术研究还是政策规定，基本都关注的是教师在传播知识、教授学生、科学研究过程中的道德规范和要求，而很少涉及教师与教师之间的伦理关系、教师在集体中的道德操守等问题。教师与同事和集体的关系，在我国的师德规范和观念中是最薄弱的。就课程教学活动而言，教师具有很强的个体性，需要独立去完成，从自我学习、备课、讲授到辅导学生、批改作业等。只有在教师个体对所讲授内容理解领会、消化吸收并转化为自己所掌握的内容后，才会收到好的教学效果，正所谓“记问之学，不足以为师”。但是，与流水线式的集体作业或是单纯的个人作业所不同的是，现代教育中的教学活动是建立在集体协作基础之上的个体脑力劳动，需要教师的密切配合和集体协作。从纵向时间来看，一门好的课程的形成凝结着讲授这门课程的教师多年来的不断探索尝试和集体智慧；从同一时期的教师的横向联系来看，一门课程要做到与时俱进和不断提升也需要相关教师不断探讨碰撞和共同努力。由此可见，教师在与同事和集体关系中的伦理遵循对于课程教学质量来说，也同样是一个重要的质量保障因素。

在当今社会的众多职业中，教师依然是享有崇高社会声望的职业之一，教师的集体形象和教育教学态度，无疑会对学生的成长和教育效果产生深远的影响，教师身处的集体也是教师自身成长和发展的基础和土壤。

因此，在处理与集体的关系时，优良教育伦理要求教师要重视集体的存在和作用、关心集体的发展、维护集体的团结等。教师的集体形象和专业地位需要每一位教师去维护，集体有地位有影响才能反过来为其成员提供和创造更多的发展机会，每位教师对于集体都富有提升专业知识和优化教育伦理的责任。同时，不同的教育集体都有优良且独特的教育教学传统，沿袭和发展其中的宝贵基因也是集体成员的应有担当。

受教师职业独立性强的特点以及对知识分子传统认知等的影响，教师在处理与同事的关系时所遵循的伦理规范大多是已有的惯例和成规，而较少考虑教师间相互关系的特殊性及其影响，甚至认为这纯属“私德”范围他人不便置评。但很显然，教师间如果相互尊重包容、协同互助，既有助于形成健康愉快的职场氛围，也有助于教师的快速成长和全面提高，更是有效保障和提升教育教学质量的重要途径，因而并不是简单的个人道德品行问题。由此，教师在处理与同事间的关系时，优良教育伦理要求教师要抱着“教无止境、师无至圣”的宽容态度，相互尊重人格和名誉、尊重学术自由权利，正确对待意见建议，分担共同的责任等。对于积极改革创新的教师要尽力支持，不冷眼旁观甚或冷嘲热讽；对于持不同教育教学观点的同事，要包容并相互学习和切磋；对于在教育教学工作中出现过失的同事，要耐心地提出意见并给予帮助。

（三）形成教学与管理（服务）协同创新伦理关系

在影响课程教学质量的诸因素中，与课程教学相关的管理和服务显然是很重要的因素，因而优良教育伦理对课程教学各参与主体及其关系的覆盖，自然也要体现在教学管理者和服务者以及二者与教师和学生的关系之中。从国家治理角度来说，促进教育发展本身就是一项德政工程和伦理事业，因此各级政府和教育主管部门在管理或服务教育教学的各项工作中，应始终遵循优良教育伦理理念和伦理规范。从高校教学管理和服务部门来看，其制定和实施的相关政策举措、其工作人员与教师和学生的互动关系，实质上也都内在地蕴含着伦理理念和价值遵循。

在经济全球化、社会信息化、价值多样化的当今时代，从教育管理角度来看，公正既是教育伦理的核心内容也是重要原则，因而也是课程教学质量的重要保障。这就要求教育教学管理部门，在制定有关制度和政策时，必须要统筹和兼顾各相关群体的教育利益，使各项举措不发生严重偏离，以保障教学质量、保障教育公平。此外，教育教学工作是一项具有很强规律性和节奏性的工作，这主要是由于其工作对象无论是吸收知识还是形成良好德性都不是一蹴而就的，因此教育教学政策举措和管理规定的制定还要注意避免可能的功利主义导向。课程教学过程涉及教学理念、课堂秩序、师生行为、教学效率、效果评估等多方面，教育教学管理部门在某个方面或整体的管理上如果出现功利主义导向，势必也就在一定程度上增加了教育伦理问题出现的概率，这种价值取向不仅让教师面临巨大工作压力、影响学生的健康发展，制约了教学改革，从长期来看，也对提升课程教学质量起到了反作用。

在某种意义上，教学管理者与师生是管理者和被管理者的关系，但如果把这种关系看作主动施加和被动接受的关系，显然不利于保障和提升教学质量。作为教学过程的共同参与者，符合优良教育伦理的关系模式应该是探讨协商和协同创新的，其检验标准就是在保障和提升教学质量方面是否形成了合力。

四、结语

就目前的高校课程教学质量保障建设研究来看，具体应用层面的研究较多，从宏观整体角度进行的研究相对较少，从伦理价值角度展开的探讨就更少。“知识的归知识，道德的归道德”，“在课程教学过程中对教师和学生加强管理、严格考核，教学质量就有了保障”等类似主张仍大有市场。但实际上，在人类的绝大多数活动中，达成预期效果和取得杰出成就，既依赖人们特定的才能和有效的管理，更需要相关各方的良好德行。大学课程教学活动作为一种双主体互动、多主体参与的特殊活动，其质量和效果既有赖于课程建设也取决于教学实施过程，而从根本保障上我们不能忽视贯穿于这项活动始终的教育教学伦理理念和伦理规范。

参考文献

[1] 习近平总书记教育重要论述讲义［M］. 北京：高等教育出版社，2020.
[2] 潘懋元. 高等教育学讲座［M］. 广州：广东高等教育出版社，2020.
[3] 雷炜. 高等教育质量保障体系研究［M］. 杭州：浙江工商大学出版社，2020.
[4] 雨桥，李文静，杜鹃. 新时代立德树人、教师道德与教育现代化：全国第八届教育伦理学术研讨会述评［J］. 现代基础教育研究，2021，41（01）：129-134.
[5] 陆一，林珊，陈嘉. 从评价到赋能：大学课程教学质量提升新方法［J］. 中国大

学教学，2020，360（08）：71-77.
[6] 黄雨恒，周溪亭，史静寰．我国本科课程教学质量怎么样：基于“中国大学生学习与发展追踪研究”的十年探索［J］．华东师范大学学报（教育科学版），2021，39（01）：116-126.

（作者单位：马克思主义学院）

“双一流”建设背景下指向深度学习的人文学科建设路径探析[①]

余红玉

深度学习是当前教育研究的热点话题。如何进行深度学习，从而培养具备多元能力及知识深度建构的学习者，这与“双一流”建设提出的培养“富有创新精神和实践能力的各类创新型、应用型、复合型优秀人才”的任务具有高度一致性；这与“双一流”建设的目标，即“提升我国高等教育综合实力和国际竞争力”的诉求相一致。虽然人文学科的学习有大量需要理解和识记的内容，但学习者对知识的分析和应用、感悟和反思也非常重要。“学”和“思”的深度结合有利于提升人文学科学生的创新能力。郭庆民在其研究中提到，人文学科的教育更应该把“厚基础、宽口径、高素质、重创新”作为人才培养的目标。[②] 因此，在“双一流”建设背景下探讨人文学科建设中如何指向学生的深度学习具有非常重要的价值。

关于深度学习的内涵当前主要有四种观点[③]。这些观点都强调“深度理解”“迁移应用”“批判学习”“认知提升”的重要性[④]。本研究关于深度学习的观点是基于何玲及黎加厚在研究者马顿[⑤]的基础上发展而提出的，即深度学习是一种高认知水平的学习活动，它强调学生对知识的理解、应

---

① 本文是2020年度中央民族大学校级教学改革立项项目“一流本科课程”（项目编号：KC2099）；2022年研究生课程建设和教育教学改革项目（项目编号：GRSJYGG004）的阶段性成果。

② 郭庆民．打造人文学科一流课程重在教学环节［J］．中国大学教学，2021（7）：52-57.

③ 张春莉，王艳芝．深度学习视域下的课堂教学过程研究［J］．课程．教材．教法，2021，41（8）：63-69.

④ 王晓晨，张佳琪，杨浩，等．深度学习视角下高校翻转课堂教学模式研究［J］．电化教育研究，2020，41（12）：85-128.

⑤ Marton，F.，Saljo，R. On qualitative differences in learning：Outcome and process［J］．British Journal of Educational Psychology，1976（1）：4-11.

用及迁移。① 深度学习既关注学生对知识的深层理解，又关注学生对所学知识的迁移能力及批判性思维、问题解决及团队合作等多元能力的培养。② 它可以作为培育优秀人才的有效教学方式③。因此，教育教学中加强学生对知识的深度学习，有助于促进其对知识的构建；加大学生在实践中对知识的迁移及反思，有助于促进其对理论的创新。

在教学中如何做才能促进学生深度学习呢？这是当前教学改革不可回避的问题。我国由于长期受应试教育的影响，课堂教学仍然缺乏对学生多元能力的培养。如何在“双一流”建设背景下为学生提供一流的成长空间、提供最优的生长点，从而促进学生对知识的深度学习呢？这也是当前“双一流”建设过程中必须认真思考的问题。在当前的教学活动设计中，“教师中心”和“学生中心”常常被看作对立面④，常常以学生为主体，忽视了教师主导的重要性，这导致现在的教学很难同时激活教师和学生的内在动力。师生无法有效地合作使得学生对知识的加工深度不够，应用迁移能力受限，反思创新意识不强。当前学生在学习中的常见问题主要集中表现在三个方面：一是“学而不知道，与不学同”；二是“知而不能行，与不知同”；三是“行而不善思，与不行同”。第一类学生理论知识掌握不扎实，未系统理解知识的本质及内部规律。因此，他们无法很好地理解及掌握知识，这和未学习差别不大；第二类学生虽然学了知识，但所学的理论知识无法在实践中发挥价值。因此，他们遇到问题时常处于知道应该怎么做，但就是不会做的阶段，即学到的知识无法有效地迁移运用，这与没学会区别不大；第三类学生通常成绩不错，能行动起来解决问题，但缺乏思考与总结。“学而不思则罔”，这导致学生的思辨能力及创新意识不足。因此，如何更好地调动教师和学生双方的力量才是解决当前“教”与“学”中存在的根本问题。

如何在教学中调动起教师及学生双方的力量呢？从相关的学习理论视角来看，研究者们都强调在教学环节中教师、学生及双方交互的重要性。奥苏贝尔的认知同化学习理论强调先行组织者，教师要为学生的学习提供支架，这就需要教师发挥主导作用，引导学生实现最近发展区的跨越（教

---

① 何玲，黎加厚．促进学生深度学习［J］．现代教学，2005（5）：29-30.

② 何克抗．深度学习：网络时代学习方式的变革［J］．教育研究，2018，39（5）：111-115.

③ 胡久华，刘洋．基于课程标准设计核心素养导向的单元教学［J］．课程．教材．教法，2021，41（9）：101-107.

④ 梁竹梅．在线教学对教师教学理念的影响研究：基于对J大学一线教师的调研和访谈［J］．中国大学教学，2021（8）：86-91.

师主导）；而布鲁纳的认知发现学习理论强调学生成为知识的探索者和发现者，在教学中发挥学生主体性作用的重要性（学生主体）；皮亚杰及维果斯基作为建构主义学习理论的代表人物，他们强调成人及同伴之间交互合作的重要性，在教学中建立师生共同体意义重大（师生学习共同体）。同时，教师在设计教学时要始终围绕“教什么”“怎么教”“考什么”“怎么考”等问题。因此，教学内容的选择、教学方法与手段的采用，教学评价的设计至关重要。在教学内容的安排上需要思考如何将所学知识点与学生的日常生活建立关联，促进学生在旧有经验基础上建构新的知识，形成新的认知结构。教学方法的选择上需要思考如何提高学生的参与度和投入度，让学生“动”起来，促进学生深度学习。教学评价时需要思考如何能够做到及时、准确、公正、全面地评价和反馈，提高学生学习的积极主动性，促进学生反思。

基于以上阐释，本文试图以三条主线（教师主导，学生主体，师生学习共同体）展开，分别阐述每一条主线下如何从教学内容、教学方法和手段及教学评价三方面，解决上述提到的学生在学习过程中容易出现的三类问题。中央民族大学作为世界一流大学建设高校（A 类）之一，在教学改革中一直秉承“美美与共，知行合一”的校训精神，尊重学生差异，坚持“知”与“行”的共同发展，强调在实践中提升学生的理论创新能力。本研究基于“双一流”建设背景，以人文学科为例，系统总结促进学生深度学习的有效方式，丰富人文学科的教学活动体系，为培育优秀的人文学科人才提供一些借鉴。具体研究思路如图 1 所示。

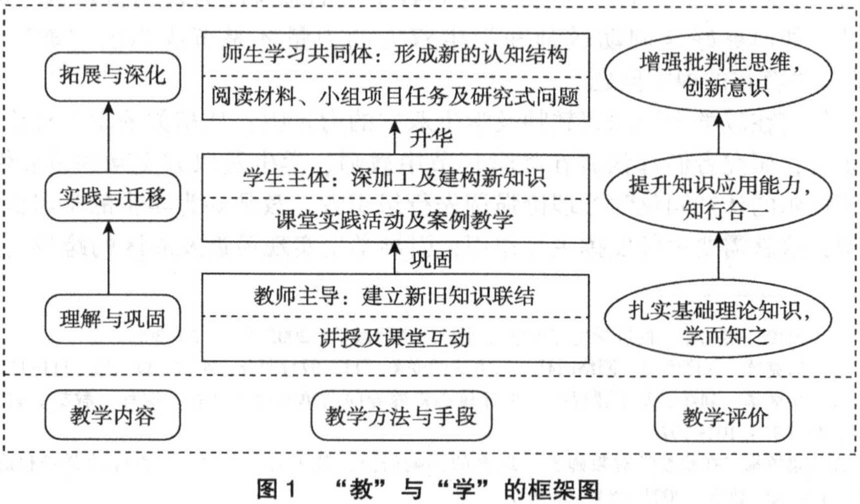

图 1　“教”与“学”的框架图

一、以教师为主导，搭建学生建构新知识的支架

教学过程是课堂的"万效之源"①。教师是人才培养的关键，他们的态度、教学能力等因素直接影响着学生的"学"，教学中需要通过教师的"教"来促进学生的"学"。② 由此可见，在教学活动设计中，教师的"教"与学生的"学"占有同等重要的地位。如何根据学情，统筹安排课堂活动，选择恰当的教学方法或手段，利用有效的课堂时间促进学生进行有意义的深度学习是教育者一直在思考的问题。学生对知识的掌握绝非简单的识记和理解，探索和发现知识的过程非常重要，而这个过程离不开教师的有效指导，这其中包括讲授、引导学生质疑、讨论、实践及反思等。因此，这个阶段的目标是教师通过搭建新旧知识的桥梁，促进学生通过精细加工的方式准确掌握系统知识，从而解决第一类学生学习中存在的问题，即"学而不知道，与不学同"。

（一）教学内容侧重于知识脉络与识记

引导学生扎实掌握系统知识是这个阶段教学内容设计时需要考虑的重点。基于此，教师需要先了解学情，明确所教授的学生对知识掌握的基线水平在哪里，当下这个阶段学生关注的问题及期待的成长和收获是什么。根据学生对新鲜事物及社会热点问题的好奇心，渴望形成对新生事物或问题的科学解读，将学生对日常生活的关心或社会热点问题的关注，与所学的课程和课堂有效地对接，这可以激发学生主动参与。

在这个过程中，教师需要激发学生的内在动机，确保教学内容合理、正确且恰当。这一点看起来很简单，但实际教学中问题较多，如教师为学生搭建的支架不合适，提供的内容无法很好地将新知识与旧知识建立联结，或者教师自身对知识点的理解不准确等。这个阶段需要教师讲清各个知识点的构成，梳理知识点的内部关系，准确把握重难点，帮助学生厘清各知识点的来龙去脉、各级内容的组织方式及知识体系的构成等，这些内容是学生通过自学无法较好掌握的部分，需要教师给予恰当引导。

---

① 龙宝新．高效课堂的立体审视与协同创生［J］．中国教育学刊，2016（8）：55-60+72.

② 赵菊珊．基于教学学术视角的高校教师教学发展思考［J］．中国大学教学，2021（8）：92-96.

（二）教学方法与手段选择：讲授及课堂互动

讲授并非“满堂灌”，它是教学必备的过程。① 通过有逻辑、有组织地将教学内容讲授和梳理清楚，帮助学生明确知识结构，启发和引导学生思考，这对于以“间接知识”学习为主的学生来说是最为高效的学习方法之一。

启发式及引导式的提问是非常高效的课堂互动形式。讲授的过程中，通过启发式问题将知识从点到面展开，激活学生旧有的“图式”，提升学生的学习兴趣，帮助学生建立新旧知识之间的联系，再通过有效引导、解释、挖掘、探讨等方法帮助学生重新建立新的认知结构；通过引导式问题将知识点聚焦，引导学生思考和归纳总结，促进学生发现事物的本质，掌握事物的一般规律。

这些基本教学方法的选择可以在以教师为主导的基础上，适度激活学生的好奇心，推动学生自主思考和学习，从而准确把握教学内容且产生对教学内容的新的理解。

（三）教学评价：以学生对知识的理解和掌握为主

从考核内容上看，基础知识的考核是学生发展的保障。厚积才能薄发，量变才可引起质变。基础知识是理论创新的基石，虽然当前的教学目标倾向于从教师知识的传授转向学生能力的培养，但知识层面的考察依然很重要。因此，有针对性地考核基础知识，这对于夯实学生的理论体系，帮助学生加深对知识的理解和掌握，从量变到质变提供保障。

从考察形式上看，定期/不定期、定量的知识点巩固是关键；选择合适的考核指标，主客观题型结合是全面、综合考察的有效形式。

二、以学生为主体，促进学生对所学知识的迁移

在教学活动的评估中，不仅要考虑教师的“教”，而且还要关注学生的“学”。21 世纪以后，教学观念由关注教到同时关注教与学，由知识的灌输向知识的探究转变。在上述以“教师为主导”的过程，如果教师只是安排教学指向浅层的知识或低阶的思维，而非引导学生进行深入思考与整

---

① 熊庆旭．教学创新的基础、特点和途径［J］．中国大学教学，2021（8）：73-78.

体的把握，这样的教学安排仍然无法帮助学生解惑，也无法帮助他们形成良好的知识体系。①

实践可以检验理论的适恰性，课堂实践活动、经典案例讨论等环节的设计可以有效地提高学生对所学知识的理解力与分析能力，激发学生的内在动力去解决问题、完成任务。知识迁移的过程中教师也可以根据学生所提出的问题、所面临的困难等，及时地了解学生的薄弱点，从而进行有目的、有计划、专业性的指导，帮助学生完善其理论体系。因此，这个阶段的目标是让学生深入实践，形成对知识的有效迁移，从而解决第二类学习中存在的问题，即“知而不能行，与不知同”。

（一）教学内容侧重于实践与知识的迁移

这部分的教学内容选择重在以理论知识为基础，培养学生理解和解决实际问题的能力。教师自身在对知识点的深刻理解以及对教学内容的全面把握基础上，选择精准的教学事例，安排合理的教学活动，以问题作为课堂教学的逻辑起点，以任务为载体，设计与理论知识密切相关的实践内容。通过理论知识与现实问题的结合，将教学内容的安排从知识层面提升到能力层面。

学生在这个过程中，通过对教学内容的探索，逐渐揭示知识的本质及其所蕴含的规律，从一般的知识到特殊的问题，再从特殊问题的解决到一般规律的探寻，帮助学生深入理解和掌握知识点及知识之间的内部逻辑。因此，教师在教学内容的设计上要做到能启发和引导学生“更上一层楼”。

（二）教学方法与手段选择：课堂实践活动及案例教学

课堂实践活动可以是在教师引导下个人的实践活动，也可以是小组的实践活动，如各类主题讨论。以“学习策略的资源——时间管理”这个知识点的实践活动为例，在课堂上用10分钟时间请每位同学从自己近一周的学习和生活中提取10件常做的事，画一个饼状图（计24小时），然后将这10件事按照其在24小时中的时间占比分配到这张饼状图上。随后，通过时间管理四象限图将这些任务按紧急及重要程度进行四分类，并合计出在每一种分类条件下完成各类任务的时间总值。这个活动过程有助于学生梳理自己的时间都去哪了，而且同学之间的分享也可以了解到其他人是如

① 石修银．基于“可见的学习”理论的语文教学设计、过程及评价［J］．课程．教材．教法，2021，41（8）：83-89.

何安排自己的时间的，从而实现了以知识点（时间管理）为支点，将其与学生的生活实践紧密结合。一方面加深了学生对这部分知识的理解，另一方面也促进了学生思考自己在时间管理上的问题，反思如何更好地利用时间管理的策略去提升自己。

而案例教学可以通过设置情境，以问题为导向，鼓励学生从典型案例中提取有效信息，寻找一般规律，这是有利于学生快速掌握理论联系实际的有效方式，可以有效地培养学生独立分析问题和解决问题的能力。

这些方法的使用是为了有效地将知识的传授提升到能力的训练和思维的培养。这个过程教师要引导学生来发问，而非教师提问，学生从自身的角度出发提出各类现实遇到的问题，督促学生在学中做，也在做中学，这可以促进学生从新的角度分析所学的知识，并将所学知识应用到实际的学习和生活中，这也在一定程度上解决了部分学生“高分低能”的问题。

（三）教学评价：以学生对所学知识的迁移程度为主

这部分的评估重点在于考查学生作为知识学习的主动者、知识的运用者，其对所学知识和技能的掌握和使用情况，如逻辑分析能力是否提升，能否将课程所学上升到一般问题的解决，能否从全局出发把握以及串联起各个知识点供其有效解决问题等。小组实践活动成效的考查可以从多个角度评估学生的学习情况，除了教师评价外，小组间学生互评，小组内学生互评及学生自评等多种评价方式也都可以引入进来。这种开放式、过程性的评价使得学生很难通过平时“混水摸鱼”，考前“临时抱佛脚”的方式完成一门课的综合考核。整个学习过程中，学生必须考虑如何有效地完成相关任务，需要完成的任务倒逼学生不得不加强分析及思考、团队协作、语言组织及表达能力等方面的训练。

三、组建学习共同体，促进师生共同发展

教与学的过程要不断地推进实践基础上的理论创新。“十四五”时期把创新型人才培育放在了国家和教育发展的战略高度。只是学会并会用知识解决问题已经无法很好地满足时代发展的需求，课堂内向课堂外延伸，提升学生所学知识的深度与广度非常关键。人本主义心理学认为，一个友爱、安全、包容的团队工作环境更容易激发团体成员去发掘自己的潜力，孕育更具创新能力的优秀人才。由此可见，教师与学生形成学习共同体，在适宜的环境下彼此促进，形成亦师亦友，同舟共济的学习和研究氛围至

关重要。因此，这个阶段的目标是完成课堂知识的延伸，师生作为共同体对知识进行再加工，达到广思、深思，促进理论创新的目的，从而解决第三类学生在学习中存在的问题，即“行而不善思，与不行同”。

（一）教学内容侧重于知识的拓展与深化

这个阶段学习内容的选择重在拓宽学生的视野，进一步丰富其对知识的认识和理解。因此，教学内容的选择上要确保拓展内容的广度和深度。结合知识点拓宽知识广度，深入分析问题，提升知识的创新能力。由于学生总体的知识体系尚不够完善，这个阶段要想做到创新，单靠学生之间的讨论学习是不够的，教师的参与、引导及指导非常重要，这就需要教师与学生形成学习共同体，学生的创新想法加上教师的知识体系，再配合多媒体技术手段，各类网络教学平台等实现教师与学生的多向互动，共同孕育具有创意的成果。

（二）教学方法与手段选择：阅读材料、小组项目任务及研究式问题

书籍、文献或延伸的视频资料的学习是课堂外最常见的扩展知识广度和深度的方式。

小组项目任务是当前“以学生为中心”的教学理念下教师常用的教学方法，且可有效促进学生学习的小组学习方式。小组项目任务的准备过程可督促学生查阅资料，拓宽知识面，加深其对知识的理解。以学习理论中布鲁纳和奥苏贝尔的观点为例，两者都认为学习的结果是形成相应的认知结构，但是从信息加工的方式来看，两者的观点差异较大。在学生对这两类知识的关键概念及理论内涵有所把握之后，进行小组项目任务：引导两组学生分别以布鲁纳和奥苏贝尔的学习理论设计教学课例（如知识点为小学三年级学生学习平行四边形），组织第三组学生对这两组同学的课例进行分析总结，比较两种理论的异同，明确在实际运用中两种理论的适恰性。这个过程中，教师协助学生完成任务，双方共同探讨学习，认识到理论没有绝对的好与坏，对与错。在历史的演进中，伽利略推翻了亚里士多德统治了近2000年的观点；从牛顿力学到爱因斯坦的相对论，理论也不断地推陈出新，所以各理论在不同时期、不同情境，不同人群的适用性不同。完成任务的过程中学生的独立思考、批判性思维及敢于创新的意识得以发展。

研究式问题通常是采用科学的态度和方法来探究和揭示知识的本质，如指导学生创项目，与学生就某一现象共同进行探究，实现教与学共同推

进。以在课堂互动中对“学习方式”这个知识点的学习为例，关于学习方式的选择，通过现场投票发现，同学们对于“小组讨论”这种学习方式的支持度比较低，但“小组讨论”是当前教学中常用，甚至是教师非常推崇的一种教学方式。基于这一矛盾点，鼓励学生提出问题，形成研究小组，然后采用科学的方法来探讨“小组讨论”在当前的实际教学中存在哪些问题，如何改进等。

（三）教学评价：以学生的批判性思维及创新性程度为主

批判性思维及创新性是学生深思、广思的产物。这部分学生能力的考察挑战性较大，每位同学的学情不同，教与学中也存在较多的不稳定因素。同时，考核应该是基于每位学生的相对变化，而非学生之间的相互比较。小组活动时评价方案的设计要体现出这种相对性，本着以“学生为中心”的思想，在评分时让学生依据自己在学习他人材料时的收获大小给他人打分，而非评价他人做得好与不好的绝对值。一方面，这有助于学生为了让他人收获更多而进行更深入的思考，极大地激发了学生的内在动机，提高学习的自主性；另一方面，这种评价方式可以在一定程度上减弱“光环效应”。因此，虽然有挑战性，但对学生呈现的成果进行教师评价，同学之间的互评、学生的自评等多方面权重后仍可以作出较为客观的评价。

四、小结

“课未始，兴已浓；课正行，兴愈浓；课已毕，兴犹浓。”这是每位教师都期望学生达到的学习效果。在人文学科的学习中，为了使学生真正做到深度学习，明确师生角色定位，即师生如何交互作用共同促进学习；规范教学方案，即达到教与学的最优化；持续性教学评价，即考察教学目标是否达成，教学活动与教学计划之间是否存有差距，学生的能力发展是否得以提升等。这三条主线结合起来，共同促进“教”与“学”的协同发展。推动学生将掌握知识、运用知识解决实际问题及创新能力提升这三个环节结合起来，充分调动学生的积极性，培养“懂理论、会方法、求创新”的优秀人才。

关于如何促进学生深度学习的问题，当前虽然有一定的研究积累，但对大多数教师来说，要想全面变革或快速提升仍然具有极大的挑战。因此，不断总结经验教训，积累大量的优秀案例，这将是未来一段时间内需要所有教师和学者共同努力的重要方向。

参考文献

[1] Marton, F. , Saljo, R. On qualitative differences in learning: Outcome and process [J]. British Journal of Educational Psychology, 1976(1), 4-11.

[2] 郭庆民. 打造人文学科一流课程重在教学环节 [J]. 中国大学教学, 2021 (7): 52-57.

[3] 何克抗. 深度学习: 网络时代学习方式的变革 [J]. 教育研究, 2018, 39 (5): 111-115.

[4] 何玲, 黎加厚. 促进学生深度学习 [J]. 现代教学, 2005 (5), 29-30.

[5] 胡久华, 刘洋. 基于课程标准设计核心素养导向的单元教学 [J]. 课程. 教材. 教法, 2021, 41 (9): 101-107.

[6] 梁竹梅. 在线教学对教师教学理念的影响研究: 基于对 J 大学一线教师的调研和访谈 [J]. 中国大学教学, 2021 (8): 86-91.

[7] 龙宝新. 高效课堂的立体审视与协同创生 [J]. 中国教育学刊, 2016 (8): 55-72.

[8] 石修银. 基于“可见的学习”理论的语文教学设计、过程及评价 [J]. 课程. 教材. 教法, 2021, 41 (8): 83-89.

[9] 王晓晨, 张佳琪, 杨浩, 张世红. 深度学习视角下高校翻转课堂教学模式研究 [J]. 电化教育研究, 2020, 41 (12): 85-128.

[10] 熊庆旭. 教学创新的基础、特点和途径 [J]. 中国大学教学, 2021 (8): 73-78.

[11] 张春莉, 王艳芝. 深度学习视域下的课堂教学过程研究 [J]. 课程. 教材. 教法, 2021, 41 (8): 63-69.

[12] 赵菊珊. 基于教学学术视角的高校教师教学发展思考 [J]. 中国大学教学, 2021 (8): 92-96.

(作者单位: 教育学院)

关于完善高校转专业制度的思考

——以选拔考核机制为导向

范立强

2003 年，244 名复旦大学本科生通过转专业的方式转到了新的专业，开启了中国高校转专业制度的先河，随后厦门大学、浙江大学、山东大学等相继出台了转专业制度，对学生转专业进行引导。2005 年，教育部印发并实施的《普通高等学校学生管理规定》中第十八条明确规定："学生可以按照学校的规定申请转专业，学生转专业由所在学校批准。"① 至此，转专业制度在中国高校确定下来。经过 10 多年的实践和发展，这一制度形式对促进高等教育制度的科学化发挥了重要的作用，但也因制度本身的不完善而存在一些问题。例如，没有考核学生对于新专业的适应性、考核资格审查不完善导致学生出现后悔转专业、想转没资格等问题。为进一步完善高校转专业制度，需要从选拔考核机制入手，深入研究问题并进行改革优化。

一、高校转专业制度及相关问题研究

高校转专业制度的实施，为所就读专业不满意的同学重新选择其他专业提供了机会。从当前学界对于高校转专业制度的研究来看，相关研究文献的数量较少（通过知网搜索，以"转专业"为关键词搜索，共有 20 多篇相关文献），研究的主题集中在以下两个方面。

（一）基于高校转专业现象及原因的研究

首先，高校转专业现象的出现是学生对现在所学专业没有兴趣。这一

① 普通高等学校学生管理规定［EB/OL］.（2007-01-17）［2022-06-08］. http://www.gov.cn/flfg/2006-01/17/content_161593.htm.

现象的背后主要原因是学生在专业选择阶段或专业就读初期出现了问题，或者因为对专业的不了解，出现专业选择的盲目性[①]，或者因为所学专业课程结构不合理、内容陈旧等因素导致学生厌倦这一专业。[②]

其次，随着我国高校毕业生自主择业制度实施，加之高等教育规模的扩张导致高校毕业生人数激增，大学生就业难成为必须面对的现实问题。对于很多大学生而言，接受高等教育的目的就是为谋求一份好工作，而不同专业因就业前景不同，被区分为热门、冷门专业，大学生往往更想选择就业前景好的专业，这也是高校转专业出现的一个很重要的原因。[③]

（二）基于完善转专业制度举措的探讨

高校转专业制度的目的是满足大学生的专业兴趣，培养社会需要的人才，但在实施过程中也产生了一些问题，如学者指出："就学校而言，转专业制度导致教学管理工作量的增加，从而对于学生不愿学的专业出现更加冷门的现象，出现教学资源的浪费。"而对于"想转专业的学生而言，有部分学生在周围人的影响下出现盲目选择换专业的情况，却对所选专业缺乏理性和详细的了解，从而导致对新选择的专业失去兴趣"。[④]

以上两种情况的出现标志着转专业制度降低了其价值成效。因此，为完善高校转专业制度，学者们纷纷建言献策。例如，针对学生盲目选择转专业的情况，"学校要加强学生有关正确的学习观、人才观和专业观的教育"。为避免学生对最初所选专业缺乏兴趣问题，"高校要强化通识教育，拓宽专业口径，以增强学生对于专业的适应能力"。[⑤] 除此之外，还有学者建议建立科学的考核制度与灵活的学籍管理制度[⑥]。以上是当前学界对高校转专业制度研究最多的两个方面。通过有关这一制度的综述，笔者发

---

① 李爱国．大学生转专业的现状分析与思考［J］．中国成人教育，2009（23）：35-36.

② 孙士宏．大学生转专业问题初探［J］．大学教育科学，2005（06）：86-88.

③ 对于这一原因的论述可以参见：孙士宏．大学生转专业问题初探［J］．大学教育科学，2005（06）：86-88；刘雄，熊辉．对当前高校大学生转专业的思考［J］．中华文化论坛，2008（S1）：23-24；方惠圻．对高校转专业现状的思考［J］．天津师范大学学报（社会科学版），2007（03）：77-80；陈剑波，朱良．透视高校转专业现象　构建良好的转专业机制［J］．绍兴文理学院学报，2005（01）：14-16.

④ 陈剑波，朱良．透视高校转专业现象　构建良好的转专业机制［J］．绍兴文理学院学报，2005（01）：14-16.

⑤ 方惠圻．对高校转专业现状的思考［J］．天津师范大学学报（社会科学版），2007（03）：77-80.

⑥ 孙士宏．大学生转专业问题初探［J］．大学教育科学，2005（06）：86-88.

现，学界对于这一制度完善措施的提出都是较为宏观的、相对笼统的角度（如加强学籍管理制度，但未明确何为灵活的学籍管理制度），对于选拔考核机制却甚少提及。因此，本文以选拔考核机制为导向，试图探究完善高校转专业制度的新路径。

二、完善选拔考核机制路径探究

转专业学生的选拔考核机制指的是学校在实施转专业制度时，根据这一制度的相关要求和学校转专业具体工作安排而进行的选拔符合条件的学生的一种程序或方法。这一机制是衡量高校转专业制度实施成效关键，因此如何完善这一机制就成为转专业制度中的核心问题。

（一）选拔考核机制现状与问题分析

根据教育部 2016 年 12 月最新修订并通过的《普通高等学校学生管理规定》，“学校应当制定学生转专业的具体办法，建立公平、公正的标准和程序，健全公示制度”①，以帮助在读学生转到其他相关专业就读。从这一规定内容来看，不同学校应根据自身学校特色，制定相应的制度以帮助学生转专业，而选拔考核机制是制度设立的核心。

1. 选拔考核机制现状与类型

当前，不同高校都根据自身特点确立了针对转专业学生的选拔考核机制，虽然各学校之间的选拔考核机制存在一定的差异，但大体可以归为以下几种类型：

（1）成绩划线型

成绩划线型是指根据现有成绩选定转专业学生的方式，转专业的条件一般是大学一年级或二年级，不同的学校对现有成绩的限定不一样。针对大二转专业的学生而言，有的学校将划线成绩限定在大一两个学期的成绩，而有的学校则将成绩限定在大一的后一个学期，还有的学校根据入学成绩划定可以转专业的候选学生，如《安徽农业大学 2016 年本科招生章程》中规定：“对报考我校被录取的考生，高考总分高出考生所在地一本分数线 15 分及其以上，允许学生在第二学期自主选择专业一次（体检受

① 普通高等学校学生管理规定［EB/OL］.（2017-02-16）［2022-06-08］. http://www.moe.gov.cn/srcsite/A02/s5911/moe_621/201702/t20170216_296385.html.

限、特殊专业除外)。"① 针对成绩排名与转专业人数比例问题，不同学校也有不同限定，如安徽农业大学在其招生简章中还规定："对报考我校被录取的学生，进校后第一学期学习成绩名列所在专业前 20%，允许学生在第二学期自主选择专业一次（体检受限、特殊专业除外)。"②

（2）笔试考核型

笔试考核型指的是以重新考试的方式确定转专业学生的方式，考试科目也因学校的不同而有所差异，但一般包括大学英语加上所选专业的专业课。采用这种考核方式的高校，一般考核与拟转入院（系）专业（方向）密切相关的课程 1 门至 2 门，并综合学生德、智、体等方面情况择优拟定转专业学生名单，学生名单由教务处审核并报校长批准后公布。

（3）面试录取型

面试录取型指的是在学校未限定成绩条件下，根据申报学生名单，直接采取面试确定转专业学生的方式，如《中国矿业大学 2014 级普通本科生转专业实施办法》规定："学院全日制普通本科一年级学生……所修读的各门课程（通识教育公选课除外）与集中性实践环节均获得相应学分，且第一学年所获学分数不低于所在专业培养计划第一学年学分总数（推荐课表中的学分总数）的全日制普通本科生，均可申请在全校范围内转专业。已修读推荐课表中的相应课程，但个别成绩未达到上述要求者，如果确有预转入专业的特长，转专业更有利于发挥个性特长并经有关专业的专家进行测试并确认的可申请转专业。"凡申请转专业的学生，"需参加转专业面试。面试主要考查学生对拟转入专业基本知识的了解"，且"最终的总分等于面试成绩（其中建筑学专业总分=加试成绩+面试成绩)"。③

2. 选拔考核机制存在的问题

以上三种类型基本涵盖了当前高校转专业的选拔考核方式，但从分析中我们可以发现选拔考核机制还存在以下问题。

首先，就选拔的资格条件而言，虽然有些学校的转专业规定中并未限定学生成绩的要求，表面上是所有的学生都具有申请资格，但学校将选拔学生的权限交予各个学院，在遴选初期，因专业所能承受的学生人数有

① 安徽农业大学 2016 年本科招生章程［EB/OL］.（2016-06-01）［2022-06-08］. http://www.gaokao.com/e/20160601/574e71f4f32b2.shtml.

② 安徽农业大学 2016 年本科招生章程［EB/OL］.（2016-06-01）［2022-06-08］. http://www.gaokao.com/e/20160601/574e71f4f32b2.shtml.

③ 中国矿业大学 2014 级普通本科生转专业实施办法［EB/OL］.（2015-06-09）［2022-06-08］. http://cace.cumt.edu.cn/info/1035/1844.htm.

限，各学院按照学校分配到学院的名额进行遴选时，成绩还是遴选的主要标准，如复旦大学在其《复旦大学本科生转专业实施细则》第四条中规定："各院系原则上按本单位各专业年级学生的一定比例，填写由教务处统一印发的'院系接受转专业学生计划表'并上报。"① 在这种情况下，对于那些成绩不好的学生而言，相当于关闭了转专业的大门。

其次，就目前所采用的选拔考核机制来看，通过成绩划定或者考试的方式并不能达到选拔合格的转专业学生的目的。原因一是单纯的成绩排名，并不能说明学生已具备另一专业要求的素养或优先性；原因二是采取笔试考核方式，学生完全可以在短时间内按照学校提供的考试大纲通过突击背诵的方式取得好成绩。这样的情况下也不能确定其是否具备转到想学专业的素养，从而在高校转专业制度下出现了很多盲目跟风、随大流的转专业现象。

针对上述问题，我们还需从这一机制存在问题的关键点出发，寻找完善机制的新路径。

（二）完善选拔考核机制路径探讨

为完善高校转专业制度中选拔考核机制，笔者认为有以下两条路径。

1. 规范申请资格条件

高校转专业制度的初衷在于帮助那些想换专业以提高自身技能和社会适应能力的学生，现有以成绩为划定标准的选拔机制将那些真正需要转专业的成绩不好的学生拒之门外。因此高校需要规范本校内想转专业的学生的申请资格条件，以求达到真正回应那些需要转专业的学生的诉求。

在这方面，中国农业大学的做法无疑具有一定的参考价值与借鉴意义。2011 年 1 月 16 日，中国农业大学开始实行不设门槛的转专业制度，其具体内涵有三个方面：一是对学生的成绩不设限制；二是对申请转入的专业不设限制，既允许学生在学院内部转专业，也允许各个学院之间转专业，同时各个学院不得对转出的学生设置限制；三是在年级上没有限制，一年级新生和二年级学生都允许转专业。这一措施出台后，从初期遴选阶段就将所有学生容纳进去，对于成绩较差的学生来说也有了可以申请的机会。而对于如何进行下一步遴选，柯校长也做了说明："取消所有转专业的门槛不等于所有学生的转专业要求都能得到满足……学院或专业会通过

---

① 复旦大学本科生转专业实施细则［EB/OL］.（2013－06－04）［2022－06－08］. http://tourism.fudan.edu.cn/d4/77/c6594a54391/page.htm.

面试选拔的方式选出（可选专业）可容纳的人数。"①

虽然中国农业大学对转专业学生的选拔最终也归于面试选拔的形式，但"零门槛"的规定也为那些成绩不好想转专业的学生打开了大门，这对完善高校转专业制度是一次有益的尝试。

2. 确立科学的竞争考核方式

"零门槛"转专业资格申请是高校转专业选拔考核机制完善的基础，而科学的竞争考核方式则是重要保障。从有关考核机制三种类型的分析中可以发现，现有的考核机制比较单一，成绩在考核中占有重要比重，为确立科学的竞争考核机制需从两个方面入手。

（1）灵活的成绩考核方式

现有的对于转专业学生成绩考核方式多集中于英语水平和专业课知识的笔试测评，这一方式是当前高等教育领域确认学生受教育程度的主要方式。但对于转专业的学生而言，其经历了一段时间的现有专业的学习，对想转入专业的情况还不甚了解，为了达到转专业的"目的"，往往采取突击背诵的方式取得好的考核成绩，这种情况并不能科学地体现出学生对其所转专业的专业素养。因此高校在进行考核的过程中应根据各专业实际确定不同的考核标准，科学地测定学生是否具备专业素养能力。

（2）确立一定的考核适应期

现有选拔考核机制大多是通过成绩测定加上面试，确定转专业学生。但在这样的机制之下，短时间内的申请和考核并不能呈现学生的综合素养，且无法确定其是否具备转入专业所要求的能力。因此，确立一定的考核适应期，通过给予拟录取学生所转专业素养的培养，由转入专业的老师打分，最终确定该生是否可以转专业。

放宽申请的资格条件，同时确立灵活的考核方式并确立一定的考核适应期，应当是高校在转专业制度中优先考量的问题。通过以上步骤的优化，使高校转专业制度的选拔考核机制更具科学性，从而提升制度的有效性。

三、结语

高校转专业制度给予了大学生重新选择专业的机会，推动了高等教育

---

① 李文君．"零门槛"转专业时代［J］．教育与职业，2011（13）：58-61.

的发展，因此国家和高校高度重视。选拔考核机制是该制度的核心，从当前这一机制的实践来看，还存在选拔资格限定不合理、考核方式不科学等问题，影响了制度的有效性。本文以选拔考核机制为导向，通过分析梳理现有问题，探究解决问题的途径，即放宽申请的资格条件以保障所有学生获得转专业的机会，同时改革现有考核方式，从不同学院、不同专业的实际出发确定不同的考核方式和标准，确立一定的考核适应期，进一步完善高校转专业制度。

参考文献

[1] 李爱国．大学生转专业的现状分析与思考［J］．中国成人教育，2009（23）：35-36.

[2] 孙士宏．大学生转专业问题初探［J］．大学教育科学，2005（06）：86-88.

[3] 陈剑波，朱良．透视高校转专业现象　构建良好的转专业机制［J］．绍兴文理学院学报，2005（01）：14-16.

[4] 方惠圻．对高校转专业现状的思考［J］．天津师范大学学报（社会科学版），2007（03）：77-80.

[5] 李文君．“零门槛”转专业时代［J］．教育与职业，2011（13）：58-61.

（作者单位：马克思主义学院）

人才培养与学情研究

民族院校本科生媒介素养现状及特点研究①

白 华 王 宁

随着信息时代的到来，媒介对大众的影响和渗透无处不在。新媒体技术的不断发展，也不断凸显媒介环境在社会环境中所占的重要地位。美国媒介素养教育学者波特在他的书（Media Literacy）中指出：“媒介传播效果对人的影响就像天气对人的影响一样，它无处不在，无时不有，并且有着各种各样的存在形式。”② 如何高效地从网络中获取信息，如何批判地分析接收所需的信息以及运用网络表达和交流信息等，这些都成为新媒体环境下现代人“学会生存”所必备的“媒介素养”。③ 本科生作为知识文化层次较高的社会群体，其接触媒介较为频繁，学生对媒介信息的判断、选择与使用，间接反映其媒介素养水平，关系到学生对社会公共事务的理解和行为方式。媒介素养已日渐成为社会公民的基本素质，更是当代本科生适应社会和生存发展的必备素质。关于媒介素养教育的研究在我国的实施较晚，本科生媒介素养教育整体尚处于自发状态，即大多数院校尚未开设媒介素养相关课程，本科生媒介素养的养成不是通过科学的、系统的训练和指导所形成，而是通过自身兴趣或实用性的需求来发展完善个体的媒介素养水平。民族院校更是如此，由于本科生生源主体、地域文化的多样性，办学宗旨、培养目标的特殊性，对于本科生媒介素养教育方面的研究尤为缺乏，值得进一步重视。因此，针对民族院校本科生媒介素养的研究，已经成为当今高校和社会各界共同面临的一项重要课题，具有重要的理论与实践意义。

---

① 本文是2018年度全国民族教育科研课题“高校民族语文专业人才培养模式及质量评价研究”（项目编号：ZXQN18004）的阶段性成果。

② 詹姆斯·波特．媒介素养：第4版［M］．李德刚，译．北京：清华大学出版社，2012：23-25.

③ 张玲，秦学智，张洁．媒介素养教育课程论［M］．北京：中国广播电视出版社，2013：18-21.

一、相关文献综述

媒介素养教育这一术语属于舶来品，其研究是受西方学界的影响而逐渐发展起来的，在媒介素养教育研究方面，我国整体起步较晚，媒介素养概念自 20 世纪 90 年代后期被引入我国以来，迅速发展成为备受各方关注的研究热点。2004 年以来，我国网络媒体行业迅猛发展，媒介素养研究成果丰富，如图 1 所示，这一年也被业界称为“媒介素养教育年”。

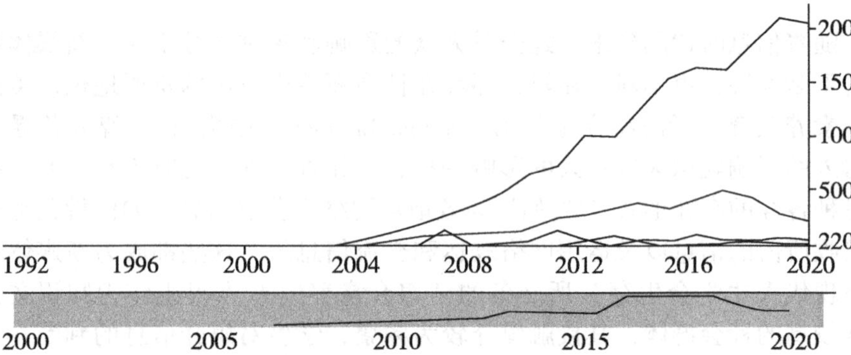

图 1　国内媒介素养相关研究的发展趋势曲线图

从研究发端来看，著名学者卜卫被公认为我国媒介素养教育研究的开创者，其文章系统地追溯了国外媒介素养教育的历史，提出构成我国媒介教育系统和实施应用的必要元素，媒介素养课题引起国内相关学者的广泛关注。① 张冠文和于健认为媒介素养不仅可以判断信息，而且还可以创造和传播信息。② 王帆和张舒予从教育技术角度融合媒介素养与信息素养，探析媒介素养的起源及具体演变。③ 张艳秋分析概括了国外媒介素养教育理念、教育模式及其实践发展。④ 袁军借鉴国外媒介素养教育的三种范式，探索出符合我国国情的媒介素养教育模式的原则和理论框架。⑤ 胡沈明认为媒介素养的核心内容应包含对抗人的本能、形成区隔能力、知晓媒介控

---

① 卜卫．论媒介教育的意义、内容和方法［J］．北京广播学院学报，1997（1）：29-36.

② 张冠文，于健．浅论媒介素养教育［J］．中国远程教育，2003（13）：69-75.

③ 王帆，张舒予．从教育视角解析媒介素养与信息素养［J］．电化教育研究，2007（3）：35-42.

④ 张艳秋．国外媒介教育发展探析［J］．国际新闻界，2005（2）：11-17.

⑤ 袁军．媒介素养教育的世界视野与中国模式［J］．国际新闻界，2010（5）：23-27.

制力量等。[①] 宋小卫系统地梳理了英国、美国、澳大利亚及法国的媒介素养教育政策和课程体系。[②] 王学俭和靳海龙阐释了新媒体时代要积极促进系统化的媒介素养教育课程建设、体系化的媒体矩阵传播平台搭建、常态化的媒介应用实践教育推广和规范化的过程管理机制构建。[③] 张学波在课程发展理论和媒体文化理论跨学科研究中，结合我国的实际状况，设计出理想的媒介素养教育课程发展框架，并建议加强媒介素养教育。[④]

我国针对媒介素养教育状况缺乏实证研究，研究内容主要涉及媒介接触、使用、评估及媒介认知理解等层面，尤其缺乏民族院校的本科生媒介素养研究。目前的研究主要集中于特定地区或特定高校的某一学习阶段或某些专业的大学生，从地域分布来看，包括西安、上海、武汉、南京、徐州等。从总体来看，大多数学者对大学生媒介素养的整体水平普遍表示不容乐观。鲍海波等关注西安市内各高校的本科生群体[⑤]，刘佳以上海地区的大学生为研究对象[⑥]，赵虹调查了南京和徐州两个城市的大学生媒介素养状况[⑦]。在民族院校本科生媒介素养研究方面，廖金生认为民族院校大学生的媒介素养应立足于民族院校自身办学特色与大学生青年文化属性[⑧]。李炜探讨了藏族大学生民族文化传播的情况，以构建媒介素养教育的知识体系和路径。[⑨]

二、研究工具与研究样本

在媒介素养的概念界定上，国内外学者尚未形成统一的认识，其涉及多个学科领域，如传播学、心理学、社会学和教育学等。美国媒介素养研

---

① 胡沈明．全媒体时代媒介素养理念重构探讨［J］．中国编辑，2019（8）：10-15.

② 宋小卫．学会解读大众传播（上）：国外媒介素养教育概述［J］．当代传播，2000（2）：61-66.

③ 王学俭，靳海龙．大数据时代大学生媒介素养提升研究［J］．思想政治教育研究，2020（6）：142-148.

④ 张学波．媒体素养教育的课程发展取向研究［D］．广州：华南师范大学，2005：54.

⑤ 鲍海波，杨洁，王喜严．象牙塔里看媒介：西安大学生媒介素养现状调查［J］．新闻记者，2004（5）：16-22.

⑥ 刘佳．上海大学生媒介素养现状调查报告［J］．新闻记者，2006（3）：61-67.

⑦ 赵虹．南京和徐州两市大学生媒介素养状况调查研究［J］．大学教育科学，2007（4）：98-103.

⑧ 廖金生．民族院校大学生《媒介素养》课程设置探究［J］．贵州民族大学学报（哲学社会科学版），2014（4）：18-26.

⑨ 李炜．民族文化传播视域下藏族大学生的媒介素养教育探析［J］．传媒，2020（5）：85-101.

究中心（Center for Media Literacy）从人们面对媒体各种信息时的选择能力、理解能力、质疑能力、评估能力、创造和生产能力及思辨反应能力来定义媒介素养的概念，这也是学界比较公认的认识。① 本科生的媒介素养是指应该能具备认识媒介对自身信息获取的重要性，对各种媒介信息的分析，掌握批判性媒介使用能力，并能够用于自身的长期职业规划。综合国内外学者的观点，媒介素养的具体维度包括：第一，媒介素养涵盖媒介基本知识体系；第二，选择媒介，批判性解读信息和使用媒介的意识和能力；第三，利用法律或者道德合理规范媒介行为。具体来看，本研究将媒介素养划定为媒介知识、媒介技能、媒介道德和媒介意识四个维度。

（一）变量描述

在研究中，根据本科生的媒介素养状况拟定了《民族院校本科生媒介素养调查问卷》，主要涵盖学生个体背景特征、媒介的使用情况、媒介素养的具体维度、学生的学业状况这四个部分。个体背景特征包括年级、性别、民族、专业、家庭所在地等，由 10 个题项组成，用以调查学生样本的背景信息。媒介使用情况主要包括媒介使用的具体种类、使用时间和使用目的。媒介素养的具体维度分为媒介知识、媒介技能、媒介意识和媒介道德状况，共 28 个题项，主要采用李克特量表法，评价等级从很不符合到非常符合，分别赋值 1~5 分。学生的学业状况包括选修课程的开设情况、学生参与情况及学生对课程的评价。

（二）研究样本

本研究选取北京 M 大学的本科生作为研究样本，该校为“双一流” A 类建设高校，在本科生群体中，少数民族学生所占的比例为 48. 4%。在调查中最终发放了 178 份问卷，将回收后的问卷依据以下标准进行筛选：样本缺失比例>70%的问卷；所有题目选项重复率>70%的问卷；以明显规律作答的问卷。最终剔除无效问卷 1 份，有效问卷为 177 份，有效回收率为 99. 4%。学生样本照顾到性别、民族、年级、地域及家庭等因素，在统计分析方面，主要采用 SPSS20. 0 版本的软件，通过多种分析方法对本科生的媒介素养状况进行探究。

从学生样本的性别分布来看，男生 39 人，占 22. 03%；女生 138 人，

---

① THOMAN E. Skills and strategies for media education [J]. Center of Media Literacy of USA, 1989, 7: 112-117.

占77.97%；女生明显多于男生。从年级分布来看，一年级27人，占15.25%；二年级47人，占26.55%；三年级53人，占29.94%；四年级50人，占28.25%；各年级的分布比例比较均匀。从民族分布来看，汉族97人，占54.80%；少数民族80人，占45.20%；基本符合学校的分布比例。从家庭所在地分布来看，来自城镇的有134人，占75.71%；来自农村的有43人，占24.29%。从专业分布来看，人文社科136人，占76.84%；理工科35人，占19.77%；艺体类6人，占3.39%。具体如表1所示，对学生的取样涵盖层次较广，分布均匀，符合研究需要。

表1　本科生的样本分布情况

变量名称	维度	频数（*N*）	百分比（%）
性别	男	39	22.03
	女	138	77.97
民族	汉族	97	54.80
	少数民族	80	45.20
年级	一年级	27	15.25
	二年级	47	26.55
	三年级	53	29.94
	四年级	50	28.25
专业类别	人文社科	136	76.84
	理工科	35	19.77
	艺体类	6	3.39
家庭所在地	城镇	134	75.71
	农村	43	24.29

（三）信效度分析

为了保证研究工具的可靠性与有效性，进一步分析调查问卷的信效度状况。主要通过SPSS20.0软件对调查问卷的有效数据进行梳理和录入，并具体分析信度和效度。在信度分析方面，主要采用内部一致性分析，普遍认为，信度系数（Cronbach α）在0.7以上表示测量的是同一个事件，具有很高的信度。经过检验，调查问卷的Cronbach α值为0.935>0.7，表明问卷具有很高的信度系数，可高度反映调查项目的一致性，能从整体上反映学生的真实情况。在效度分析方面，主要利用因子分析法进行检验，具体的 KMO 值为 0.892，Bartlett 球形检验近似卡方值为 3036.621，*P* 值为 0.000，说明此次使用的问卷结构良好，适合进行因素分析。综上所述，调查问卷的信度与效度系数都能达到测量要求，符合设置标准。

三、本科生媒介素养的总体发展状况

由于本科生处于信息新时代，媒介不断迭代和更新，更容易接触到新事物，在思维和积极性方面活跃，适应社会的能力强，接触、使用新媒介的频率更高，构成了我国最活跃的网民群体之一。

（一）本科生的媒介接触情况

媒介已经成为本科生学习生活中必不可少的一部分，民族院校的学生也是同样的情况。基于调查数据，通过对学生一周平均每天接触网络的时间进行综合计算，可以得出：本科生平均每天上网 5 小时以上的占 51.41%；3~5 小时的占 32.77%；1~3 小时的占 14.12%；1 小时以内的占 1.70%。可以看出，一半以上的学生每天媒介消费时间在 5 小时以上，三分之一的学生接触媒介时间则为 3~5 小时。

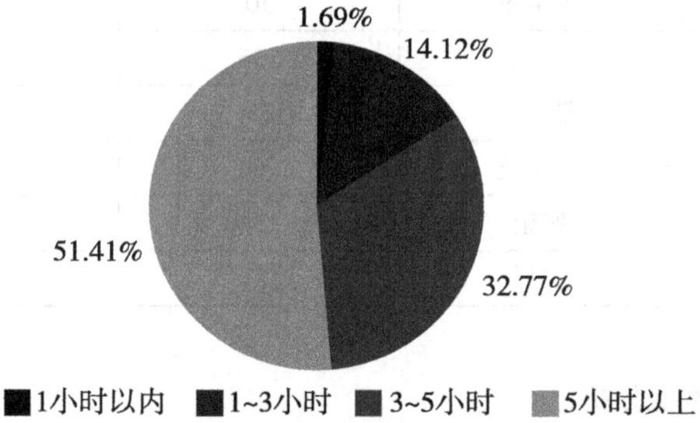

图 2　本科生每天的上网时间情况

从本科生媒介接触目的分析结果来看，本科生使用媒介的主要目的：用于获取信息资料和来源以及通讯社交的占 88.76%；用于办公学习，占 88.2%；也有很多学生主要是为了娱乐消遣，占 83.71%；浏览新闻则相对较少，占 66.85%。从现有研究来看，一般将媒介分为传统媒介和新媒介两大类，传统媒介以报纸杂志、广播、电视为代表，新媒介主要包含互联网、智能手机等。从本科生对媒介的接触状况来看，四种媒介（报纸杂志、广播、电视和网络）中，本科生对网络的接触率最高，共有168人，占94.92%；电视和报纸杂志的接触率差距不大，分别为28.81%和25.42%；只有29人选择了广播，占16.38%。从调查分析结果来看，网络依然是本科生获取信息和娱乐的重要工具。

（二）本科生媒介素养的具体划分

对问卷调查所涉及的本科生媒介素养现状的28个题项进行描述分析，依据研究设计将媒介素养具体分为媒介知识素养、媒介技能素养、媒介道德素养和媒介意识素养。按照学生样本对媒介素养的认同程度进行评价，并按程度进行赋值："非常符合=5"，"比较符合=4"，"不清楚=3"，"不符合=2"，"很不符合=1"。根据分析情况，本科生媒介素养的总体均值得分为4.090，表明本科生媒介素养的总体状况较好。其中，媒介道德素养（$M=4.367$）的均值最高，媒介意识素养（$M=4.152$）的均值也较高，高于总体均值水平，媒介技能素养（$M=4.045$）次之，而媒介知识素养（$M=3.796$）的均值相对较低，具体见表2。从标准差来看，学生在媒介意识素养和媒介知识素养方面的个体差异相对较大，表明学生的媒介意识素养和媒介知识素养发展水平呈现出不均衡。

表2 本科生媒介素养的分布情况

维度	样本量	最小值	最大值	平均值	标准差	中位数
媒介素养	177	2.464	5.000	4.090	0.521	4.107
媒介知识素养	177	1.857	5.000	3.796	0.647	3.857
媒介技能素养	177	2.429	5.000	4.045	0.581	4.000
媒介道德素养	177	2.571	5.000	4.367	0.551	4.429
媒介意识素养	177	1.857	5.000	4.152	0.646	4.143

（三）本科生媒介素养各维度的相关性分析

相关性分析是探究各变量之间关系的数量分析方法，用于研究各变量之间是否存在某种依存关系，并确定这种依存关系的相关方向和相关程度。主要采用双变量相关分析法（Pearson Correlation）对本科生媒介素养总体与各维度的关系进行具体分析。基于相关分析的结果，媒介素养的四个维度和媒介素养总体呈现高度相关，存在着极其显著的正相关关系，相关系数表现出较高的数值。其中，媒介意识素养与媒介素养总体的相关系数值最大（$r=0.896$）。这表明，本科生的总体媒介素养越高，媒介知识、媒介技能、媒介道德和媒介意识素养也会相对变强。除此之外，本科生媒介素养的各维度之间也存在着极其显著的正相关关系。其中，媒介道德素养与媒介意识素养的相关程度最高（$r=0.721$），媒介意识素养和媒介技能素养的相关程度也相对较高（$r=0.703$），媒介知识素养和媒介道德素养的相关程度最低（$r=0.562$）。

表 3　媒介素养四个维度间的相关系数

维度	媒介素养总体	媒介知识素养	媒介技能素养	媒介道德素养	媒介意识素养
媒介素养总体	1				
媒介知识素养	0.835**	1			
媒介技能素养	0.863**	0.634**	1		
媒介道德素养	0.842**	0.562**	0.643**	1	
媒介意识素养	0.896**	0.642**	0.703**	0.721**	1

注：$^{*}p<0.05$；$^{**}p<0.01$。

四、本科生媒介素养在不同背景变量的差异分析

本科生的个体背景特征是影响其媒介素养的重要因素，也是分析不同个体间媒介素养差异的基础。下面将从性别、年级、民族、专业四个层次，深入探讨民族院校本科生在媒介知识、媒介技能、媒介道德和媒介意识方面是否存在显著差异。更好地了解本科生媒介素养在不同背景特征上的分布特点，根据背景变量的项目数量，主要采用独立样本 t 检验（Independent-sample t test）、单因素方差分析（One-way ANOVA）等方法进行分析说明。

（一）媒介素养在性别维度呈现出的差异状况

为了更好地了解本科生的媒介素养状况在性别维度上的分布特点，主要采用独立样本 t 检验的方法进行分析说明。本科生的媒介技能、媒介道德和媒介意识素养在性别维度上未呈现出显著的差异（$P>0.05$），均表现

出一致性，说明学生的媒介技能、媒介道德和媒介意识素养并没有受到性别因素的直接影响。本科生媒介知识素养在性别维度上呈现出比较显著的差异（$t=2.425$，$0.01<P=0.016<0.05$）。具体来看，男生的均值（$M=4.01$）明显高于女生的均值（$M=3.73$）。由此可知，男生的媒介知识素养水平相较于女生更高。

表 4　媒介素养在不同性别维度的差异状况

维度	性别（平均值±标准差）		t	Sig
	男（$n=39$）	女（$n=138$）		
媒介知识素养	4.01±0.68	3.73±0.63	2.425*	0.016
媒介技能素养	4.13±0.64	4.02±0.56	1.011	0.313
媒介道德素养	4.31±0.65	4.38±0.52	−0.632	0.530
媒介意识素养	4.13±0.78	4.16±0.61	−0.217	0.829

注：* $p<0.05$；** $p<0.01$。

（二）媒介素养在年级维度呈现出的差异状况

根据年级维度状况，主要采用单因素方差分析进行研究。可以发现，不同年级的本科生在媒介技能和媒介道德素养上未呈现出显著差异。说明媒介技能和媒介道德素养在不同年级间的发展比较一致，不同年级的本科生并未呈现出显著差异。相对来说，低年级学生（一年级、二年级）在以上两个维度上的均值得分要高于高年级学生（三年级、四年级）。在媒介知识素养维度上，不同年级的本科生呈现出极其显著的差异（$F=5.998$，$P=0.001<0.01$），经过事后检验，组别平均值得分对比结果有着较为明显的差异，具体为“一年级>三年级，一年级>四年级，二年级>三年级，二年级>四年级”。可以看出，低年级学生的得分要显著高于高年级学生。同时，在媒介意识素养层面上，不同年级的本科生呈现出比较显著的差异（$F=2.694$，$0.01<P=0.048<0.05$），经过事后检验，可以看出“二年级>三年级，二年级>四年级”。出现此现象的缘由可能是因为信息时代技术更迭较快，本科生媒介意识素养会有所差别，低年级学生对周围事物的好奇心更强，更容易接受新鲜事物并进行反思。在媒介知识素养层面上，低年级的学生在学习上表现得更为活跃，高年级的学生则更多地将注意力集中于就业、考研等关系到自身未来职业规划的问题上，对主动获取媒介新信息方面则关注得相对较少。

表 5 媒介素养在不同年级维度的差异状况

维度	年级（平均值±标准差）				F	Sig
	一年级（n=27）	二年级（n=47）	三年级（n=53）	四年级（n=50）		
媒介知识素养	4. 12±0. 43	3. 97±0. 69	3. 63±0. 64	3. 63±0. 63	5. 998**	0. 001
媒介技能素养	4. 15±0. 44	4. 14±0. 50	3. 91±0. 61	4. 04±0. 67	1. 730	0. 163
媒介道德素养	4. 41±0. 37	4. 49±0. 59	4. 25±0. 58	4. 35±0. 55	1. 689	0. 171
媒介意识素养	4. 15±0. 52	4. 37±0. 54	4. 04±0. 71	4. 07±0. 69	2. 694*	0. 048

注：* p<0. 05；** p<0. 01。

（三）媒介素养在民族维度呈现出的差异状况

在研究中主要将学生的民族类别划分为汉族和少数民族，为了更好地了解媒介素养在不同民族维度上的发展特点，主要采用独立样本 t 检验进行分析。从总体情况来看，本科生的媒介知识素养在民族维度上未呈现出显著差异（t=1. 489，P=0. 138>0. 05），说明民族的差异性并不会对媒介知识素养产生直接影响。这与学校倡导的“美美与共”的校训理念不谋而合，各民族学生的文化交流与多元文化共存，体现了共生共荣的文化生态，为各民族学生共同营造了良好的学习氛围。本科生的媒介技能、媒介道德和媒介意识素养层面在不同民族维度上呈现出极其显著的差异（P<0. 01）。具体来看，汉族学生的均值会明显高于少数民族学生的均值。出现这种现象的原因，可能是受社会文化环境、地域因素等方面的影响，各民族的学生受教育环境、家庭条件、成长经历等的影响很大，而且表现出学生个体差异大的特征。

表 6 媒介素养在不同民族维度的差异状况

维度	民族（平均值±标准差）		t	Sig
	汉族（n=96）	少数民族（n=81）		
媒介知识素养	3. 86±0. 62	3. 71±0. 67	1. 489	0. 138
媒介技能素养	4. 15±0. 57	3. 90±0. 56	2. 920**	0. 004
媒介道德素养	4. 46±0. 50	4. 24±0. 58	2. 706**	0. 007
媒介意识素养	4. 28±0. 61	4. 00±0. 65	2. 903**	0. 004

注：* p<0. 05；** p<0. 01。

（四）媒介素养在专业维度上呈现出的差异状况

根据学生样本的情况，主要将本科生的专业类别划分为三类：人文社科、理工科以及艺体类。根据专业变量状况，采用单因素方差分析进行研究。本科生的媒介知识和媒介意识素养在不同专业维度上呈现出极其显著的差异（$P<0.01$），媒介道德素养在专业维度上呈现出比较显著的差异（$F=3.609$，$0.01<P=0.029<0.05$）。经过事后检验，从整体情况来看，人文社科专业的本科生在媒介素养水平上要明显高于其他专业。出现这种现象的原因，可能与不同专业的课程安排、学科性质有较大关系。对于媒介技能层面，不同专业的学生并未呈现出显著差异，这与媒介技能的特点有关，不同专业的学生都需要掌握一些必备的媒介技能来服务于自己本学科或专业的学习。

表7　媒介素养在不同专业维度上的差异状况

维度	专业（平均值±标准差）			*F*	Sig
	人文社科（$n=136$）	理工科（$n=35$）	艺体类（$n=6$）		
媒介知识素养	3.90±0.58	3.35±0.70	4.02±0.60	11.832**	0.000
媒介技能素养	4.08±0.51	3.87±0.78	4.05±0.50	2.031	0.134
媒介道德素养	4.42±0.50	4.14±0.65	4.38±0.69	3.609*	0.029
媒介意识素养	4.24±0.57	3.81±0.78	3.95±0.79	7.109**	0.001

注：* $p<0.05$；** $p<0.01$。

五、研究结论与发展建议

与我国现阶段的主要矛盾相似，民族院校本科生在媒介素养方面也表现出发展的不平衡性。经过上述研究分析，可以发现一些研究结论，对于如何促进民族院校本科生媒介素养的提升起到借鉴作用。

（一）研究结论

第一，本科生媒介素养发展水平出现不平衡状况，媒介素养及各维度在个体背景变量（民族、性别、专业、年级）上表现出了不平衡性。可见，本科生媒介素养的不平衡性是多层次的。具体来看，本科生媒介接触时间在不同性别上呈现出比较显著的差异，女生每天上网时长要明显多于男生，而男生在媒介知识素养方面较之女生会更好。不同专业的学生在媒介素养层面都表现出较大的差异性，人文社科专业学生的媒介素养整体水平要明显高于其他专业。少数民族本科生的媒介素养水平明显低于汉族学生，在媒介素养四个维度方面一定程度上低于汉族学生的发展水平。媒介意识在不同年级呈现出显著差异，低年级学生的得分要明显高于高年级学生。

第二，本科生的媒介知识掌握及检索能力不足，主动获取知识的意识欠缺。具体来看，在媒介知识素养层面，民族院校本科生的总体知识水平偏低，仅达到中间值高一点的水平，尤其是媒介法律法规和媒介制作知识普遍较为缺乏。作为经常使用的办公软件，如 Office 及搜索引擎的检索使用方面，本科生表现出较高的应用水平，但是图书检索系统能力方面则相对较低。本科生把大量的时间用于学习之外的娱乐活动上，主动学习新技能的学生占比相对较少，主动学习新知识的意识不够强烈。

第三，本科生对新媒介依赖性强，缺乏批判性思维。具体来看，有32.77%的学生每天接触媒介的时间在3~5小时，有51.41%的学生每天接触媒介的时间超过5小时，其中多数时间又用于娱乐消遣及通讯社交。本科生在使用媒介时，不可避免地会在软件的使用过程中被各种信息所吸引，缺乏批判性思维，容易使本科生在偏激虚假信息的传播中成为“接力者”，产生消极的社会影响，同时影响自身的学习生活，甚至价值观的塑造。

（二）发展建议

第一，明确媒介素养教育目标，完善课程资源建设。民族院校本科生的媒介素养教育应立足于自身的办学特色，秉承设置常规课程和特色课程相结合的原则。民族院校的媒介素养学科课程要根据新时代要求和学生的实际发展状况来开设，本科生媒介素养教育的建立健全应该包含设置明确的教育目标、合理的课程内容和恰当的课程活动模式等方面。

第二，加强学校环境建设，发挥校园媒介资源的宣传教育功能。学校环境建设为落实媒介素养教育提供了重要的支持，民族院校应竭力营造良好的校园精神环境，增强校园媒介生态方面的建设。一方面，学校应着力于校园网络阵地和文化设施建设，充分利用好学校媒介资源（官微、报纸杂志、广播等），宣传媒介知识、教授媒介技能以及传播媒介理念，为学生营造全方位的舆论传播环境，对学生形成潜移默化的影响。另一方面，学校还应注重媒介素养教育的推广，如定期组织媒介素养相关主题的宣传日或宣传周活动，营造良好的校园媒介氛围。

第三，搭建媒介教育实践平台，提升学生的媒介实践技能。民族院校本科生的媒介素养教育应以学生为出发点，激发学生树立媒介实践活动的主体意识，组织相关学生社团或让学生自主管理校园媒体，充分利用校园媒介环境和大众传媒，增加学生接触和参与媒介的频率。面对媒介出现的管理和制作等问题，通过让学生参与到其中，熟悉相关媒介运作模式，推动学生主动对媒介出现的问题进行反思，以更好地使用和利用媒介。

第四，培养媒介批判性思维，增强媒介认知和理解。在培养批判性思维方面，民族院校本科生应在生活学习中多问自己一些问题，如接收信息的中心观点是什么、对于该观点自己认同多少、为什么、论据为何、有效条件、自己的立场等问题。将以上问题应用到自己的对话、辩论、学习生活等方面，久而久之，自然而然形成了全面思考问题的能力，逐渐培养良好的批判性思维。在应对媒介信息的传播中，会更加理性，更能使媒介为我所用，提高自身的学习效率。

（作者单位：教育学院）

八段锦对大学生心理健康干预的实验报告①

孟 博 方 征 王晓芳 李 霖 俎雪锋

时代在发展，社会在进步，人们的工作方式、生活方式，包括人际交往方式都在发生着巨大的变化，而我国许多大学生却不能够适应这种快速发展的变化。他们的心理状态、抗挫折能力和社会适应能力亟须调整和提高。事实上，在全国范围内，许多高校的大学生都有不同程度的心理健康问题，这种现象具有一定的普遍性。如果没有良好的解决方法，这些特殊学生的心理健康状况会长期处于低沉的状态，影响他们对美好生活的追求及其实现。八段锦作为一种健身方式，是我国古代劳动人民在长期实践过程中创造出的优秀民族传统体育功法，具有简单易学、健身功效显著的特点，能够增强体质、调适身心，促进人的身体和心理全面健康发展。因此本研究旨在探究八段锦对大学生心理健康状况的促进作用。

一、实验目的

本文的研究将以八段锦锻炼作为基本的实验手段，通过科学的训练和观察去分析评价八段锦对大学生心理健康状况的影响，寻求有利于改善大学生心理健康水平的方法，提高他们的生活质量。

二、实验原理

（一）八段锦调适身心原理

八段锦是由中国传统文化衍生出来的瑰宝，是人们脑力劳动和体力劳动的有机融合。它具有悠久的历史和深厚的文化底蕴，是人们在历史的长

① 本文是2021—2022年度中央民族大学校级本科教学改革创新项目“民族养生气功促进学生心理健康发展研究”（项目编号：CX2113）的阶段性成果。

河中，在星罗棋布的武术活动中，总结归纳出来的一种既可强健筋骨，亦可凝聚内气的锻炼方法。① 八段锦与其他传统的对抗竞技项目有着本质的区别，八段锦动作舒缓，内容丰富，训练安全，且以清净为主。通过自身形体活动、呼吸吐纳、心理调节等功能的有效结合，可以提高人们的身体素质，同时也可以加强自身修养。②

（二）八段锦测试原理

在练习八段锦时要做到排除杂念、清心寡欲，训练者要保持精力高度集中。在练习时还需要通过意守丹田、控制呼吸、身心统一、意识训练等方法，干预机体的心理状态，不断提高专注力，达到调心入静的身心效应。只要长期坚持不懈地练习，就可以提高训练者的毅力、培养果敢的优秀品质。③

在八段锦练习的过程中，身体会轻微出汗，并且在拉伸筋骨后身体会倍感舒畅。经研究发现，八段锦可以加速人体经络气血流动，从而改善血压、血糖、血脂异常状况，对提高人们的健康水平和生活质量有一定的影响。④ 不仅如此，个体在练习过程中还需要与自己团队的其他队员进行交流，探讨技术动作、切磋沟通。这对于存在心理障碍群体的大学生来说，八段锦训练能够有效地克服社恐心理，促进人际关系之间的和谐发展。⑤

三、实验工具

《SCL90-症状自评量表》是一种心理健康症状的自评量表，由德若伽提斯编制，在心理学门诊的临床应用中起到了较为广泛的作用。该量表共90道题，从10个不同的维度反映了不同的心理症状，可以有效检查患者有没有焦虑问题、抑郁问题、强迫问题。该量表的效度达到了0.77~0.9，具有较高的效度。

---

① 刘洪福，赵利明，安海燕．八段锦对大学生心理健康影响的研究［J］．北京体育大学学报，2007（S1）：148-150.

② 裴悦．健身气功八段锦、易筋经对女大学生身体及心理影响的比较研究［D］．南京体育学院，2018.

③ 罗智敏．“健康中国2030”背景下学生体质健康促进的高校支持体系研究［J］．当代体育科技，2021，11（07）：254-256.

④ 宋晓洁．健身气功八段锦对大学生心理健康现状影响的研究［D］．东北师范大学，2011.

⑤ 江陆平，罗喜教，李希斌．传统保健体育训练对大学生心理健康的影响［J］．中国学校卫生，2016，37（08）：1187-1189+1192.

《SDS-抑郁自评量表》由 W. K. Zung 编制。因使用简便，能直观反映人抑郁的主观感受及其在治疗中的变化，当前已广泛应用于门诊的初筛、情绪状态测定等。临床上，SDS 抑郁症自评量表是让患者自己回答的一种问卷。这种问卷是判断抑郁症的参考工具，具有较高的信度和效度。

四、实验方案

实验对象：通过中央民族大学心理健康中心、学生社团选取 40 名实验测试的学生。

实验时间：2021 年 3 月至 2021 年 7 月，教学时间为 12 周。

实验过程：在实验组的成员组成方面来说，受试者在训练前尚未接触过八段锦的训练，并且自愿接受训练。在实验前我们对符合要求的 40 名学生进行了 SCL-90、SDS 量表的心理健康测试，并在测试后对数据进行分析，同质将实验对象平均分成实验组以及对照组。在实验过程中我们要对实验组进行为期 12 周的训练（其中两周为预实验，以八段锦的文化理论知识教学为主），每周集中指导练习 3 次（周一、周三、周五），每次 60~90 分钟，训练在中央民族大学体操馆进行。在三次练习结束后，实验对象还要在周末两天的时间里自行跟随音乐练习并将视频发送到群里，在练习中体会心理状态的变化。对照组除正常体育活动外不进行其他体育运动。在实验后对受试者再次进行问卷的发放和收集，并将前后所得的数据进行对比分析。

具体实验步骤如下：

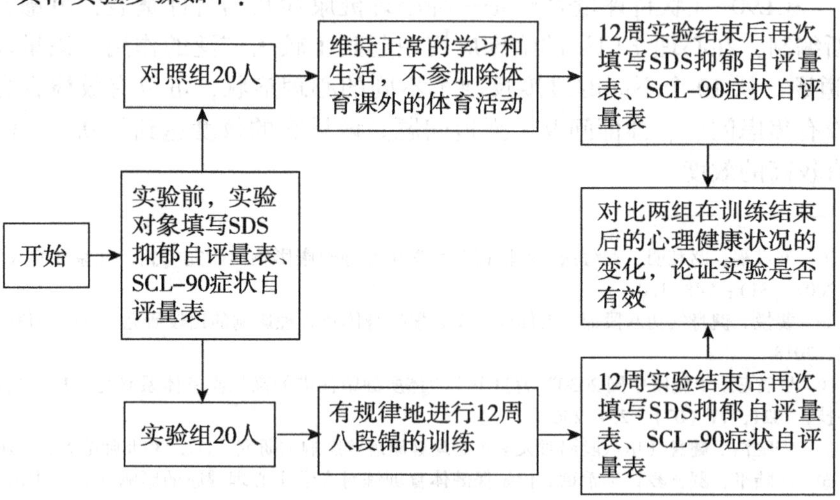

图 1　实验步骤

五、实验结果与分析

(一) 实验前的数据和分析

实验前实验组与对照组 SCL-90 和 SDS 的数据分析。实验前期对实验组与对照组的 40 名同学进行了 SCL-90、SDS 心理量表测试，由表 1、表 2 可知，SCL-90 量表在 10 个维度层面以及总均分层面上所反映的结果与 SDS 量表所反映的水平一致，显著性 p 值都大于 0.05。这就证明了我们在两组实验对象的筛选方面是合理的，符合实验要求。

表 1　实验前实验组和对照组 SCL-90 水平分析表

内容	实验组	对照组	t	p
躯体化	2.06±0.60	2.12±0.38	0.364	0.718
强迫症状	2.97±0.53	2.76±0.67	−1.077	0.288
人际关系敏感	2.59±0.53	2.47±0.80	−0.570	0.572
抑郁	2.61±0.57	2.36±0.52	−1.470	0.150
焦虑	2.41±0.60	2.29±0.39	−0.722	0.474
敌对	2.04±0.44	2.02±0.49	−0.170	0.866
恐怖	2.21±0.52	2.15±0.90	−0.276	0.784
偏执	1.99±0.48	2.07±0.60	0.439	0.663
精神病性	2.16±0.41	2.02±0.51	−0.955	0.346
其他	2.14±0.50	2.21±0.48	0.413	0.682
总均分	2.36±0.39	2.27±0.36	−0.753	0.456

表 2　实验前实验组和对照组 SDS 水平分析表

项目	实验组	对照组	t	p
SDS 总分	54.15±8.41	48.90±10.10	−1.786	0.082

（二）实验后的数据和分析

1. 实验后实验组与对照组 SCL-90 和 SDS 的数据分析

由表 3 可知，实验后在人际关系敏感、敌对和恐怖的维度得分中，对照组和实验组没有显著的区别，p 值都大于 0.05，并没有达到显著水平，但是从躯体化、抑郁、焦虑及其他维度上的得分来看，实验组的得分显著性 p 值都小于 0.05，在偏执、精神病性、强迫症化和总均分上表明了实验组的被试非常显著地低于对照组且 p 值都小于 0.01。

表 3　实验后实验组和对照组 SCL-90 水平分析表

内容	实验组	对照组	t	p
躯体化	1.73±0.57	2.20±0.71	−2.343	0.024
强迫症状	2.33±0.53	2.74±0.39	−2.766	0.009
人际关系敏感	2.07±0.48	2.33±0.47	−1.734	0.091
抑郁	2.03±0.53	2.45±0.48	−2.651	0.012
焦虑	1.94±0.48	2.26±0.42	−2.228	0.032
敌对	1.74±0.60	1.98±0.51	−1.323	0.194
恐怖	1.79±0.52	2.04±0.52	−1.521	0.136
偏执	1.74±0.58	2.29±0.62	−2.881	0.006
精神病性	1.71±0.46	2.12±0.49	−2.742	0.009
其他	1.91±0.53	2.26±0.53	−2.131	0.040
总均分	1.90±0.42	2.28±0.38	−2.948	0.005

由表 4 可知，实验后，实验组的 SDS 总分显著性 p 值也都小于 0.05，由此说明 12 周的实验有效地改善了被试者的心理健康状况。

表 4　实验后实验组和对照组 SDS 水平分析表

项目	实验组	对照组	t	p
SDS 总分	38.45±6.37	45.90±7.67	3.342	0.002

2. 实验组实验前后 SCL-90 和 SDS 的数据分析

由表 5 可知，实验组在实验后 SCL-90 各个维度的分数均有所下降，在躯体化、敌对、恐怖、偏执和其他症状的分数显著性 p 值也都小于 0.05，特别是在强迫症状、人际关系敏感、焦虑、抑郁、精神病性和总均分方面都非常显著，p 值小于 0.01。

表 5　实验组实验前后 SCL-90 水平分析表

内容	实验组	对照组	t	p
躯体化	2.06±0.60	1.73±0.57	2.350	0.030
强迫症状	2.97±0.53	2.33±0.53	4.711	0.000
人际关系敏感	2.59±0.53	2.07±0.48	3.859	0.001
抑郁	2.61±0.57	2.03±0.53	4.664	0.000
焦虑	2.41±0.60	1.94±0.48	2.919	0.009
敌对	2.04±0.44	1.74±0.60	2.359	0.029
恐怖	2.21±0.52	1.79±0.52	2.631	0.016
偏执	1.99±0.48	1.74±0.58	2.334	0.031
精神病性	2.16±0.41	1.71±0.46	4.068	0.001
其他	2.14±0.50	1.81±0.55	2.616	0.017
总均分	2.36±0.39	1.90±0.42	4.076	0.001

由表 6 可知，实验组在实验后 SDS 的总分显著低于实验前 SDS 的总分，p 值小于 0.01，同样说明实验有助于帮助被试者缓解抑郁的情绪。

表 6　实验组实验前后 SDS 水平分析表

项目	实验组	对照组	t	p
SDS 总分	54.15±8.41	38.45±6.37	7.010	0.000

3. 对照组实验前后 SCL-90 和 SDS 的数据分析

由表 7 可知，对照组在实验后 SCL-90 的各个维度以及总均分的 p 值大于 0.05，虽然对照组有些维度数据略有下降，但是都没有达到显著水平。

表 7　对照组实验前后 SCL-90 水平分析表

内容	实验组	对照组	t	p
躯体化	2.12±0.38	2.20±0.71	0.594	0.559
强迫症状	2.76±0.67	2.74±0.39	−0.146	0.886
人际关系敏感	2.47±0.80	2.33±0.47	−1.293	0.212
抑郁	2.36±0.52	2.45±0.48	1.013	0.324
焦虑	2.29±0.39	2.26±0.42	−0.334	0.742
敌对	2.02±0.49	1.98±0.51	−0.301	0.767
恐怖	2.15±0.90	2.04±0.52	−0.597	0.558
偏执	2.07±0.60	2.29±0.62	1.439	0.166
精神病性	2.02±0.51	2.12±0.49	0.949	0.355
其他	2.21±0.48	2.26±0.53	−0.582	0.567
总均分	2.27±0.36	2.28±0.38	0.682	0.503

由表 8 可知，实验前后对照组 SDS 总分没有显著的差异，p 值都大于 0.05，说明在本次实验中对照组 SDS 总分的降低与时间因素无关。

表 8　对照组实验前后 SDS 水平分析表

项目	实验组	对照组	t	p
SDS 总分	48.90±10.10	45.90±7.67	1.362	0.189

（三）讨论

在练习八段锦之后，我们发现学生在躯体化、敌对、恐怖、偏执和其他的得分都显著地低于实验之前，并且在强迫症状、人际关系敏感、抑郁、焦虑、精神病性和总分的得分都非常显著地低于实验前。说明八段锦的练习可以有效地缓解大学生的心理焦虑、压力、抑郁等不良情绪。从结果来看，本次实验不仅为参与实验的同学提供了一个良好的学习平台，也为缓解他们的不良情绪寻求到了一些解决方案。

（四）建议

（1）八段锦可以积极地促进大学生心理健康的协调发展，因此今后关于八段锦的研究也不应仅仅停留在身体素质的改变上。

（2）未来只有加大培养体育技术人才的力度，扩大教练员的规模，才能在促进青少年身心健康方面的指导上提供有力保障。

（3）建议将八段锦融入高校的保健班中，有针对性地对一些心理存在问题的学生展开训练。

六、注意事项

（1）在填写心理量表时须询问被试者最近有无发生重大事故或存在不良遭遇，防止由于重大事故的发生导致填写量表时出现测量误差。

（2）在测试过程中不能告诉被试者所从事的实验目的和意图，避免分心，引起恐慌。

（3）本次实验组需尊重学生的个人隐私，确保数据的真实性，以提高学生身心健康水平为主要目标。

（4）实验过程需准备常用医药用品，做好急救准备。

（5）在本次测试过程中应该选择良好的环境，避免受到外界干扰。

（6）每周需要询问对照组近期的生活状况，有无参加除体育课以外的其他体育活动，防止实验结果产生误差。

八段锦对大学生心理健康的促进有着正面的影响，它可以有效地提高心理健康水平，改善身体素质。因此，建议将八段锦作为大学生体育课程的教学内容之一。

参考文献

[1] 刘洪福，赵利明，安海燕．八段锦对大学生心理健康影响的研究［J］．北京体育大学学报，2007（S1）：148-150.

[2] 裴悦．健身气功八段锦、易筋经对女大学生身体及心理影响的比较研究［D］．南京体育学院，2018.

[3] 罗智敏．“健康中国 2030”背景下学生体质健康促进的高校支持体系研究［J］．当代体育科技，2021，11（07）：254-256.

[4] 宋晓洁．健身气功八段锦对大学生心理健康现状影响的研究［D］．东北师范大学，2011.

[5] 江陆平，罗喜教，李希斌．传统保健体育训练对大学生心理健康的影响［J］．中国学校卫生，2016，37（08）：1187-1192.

（作者单位：体育学院）

中国高校书院制与高水平人才建设实效的评估与反思

——基于素质教育视野的分析报告

赵楚冰　周起萌　马志涵　叶　威　张　英

书院制，正在成为高校人才培养模式探索的风向标。据不完全统计，从2005年9月到2017年7月，有47所高校成立137家书院及校园社区模式学院。① 2020年，清华大学为服务强基计划，为本科生新成立日新书院、致理书院、未央书院、探微书院、行健书院，合称“五大书院”，一时间引起了社会热议。现今，围绕书院制这一中心议题，理论研究较多，真正能倾听学生声音，切实关注学生发展情况的追踪性、访谈性报告较少。实际上，书院制服务于培养全面型、研究型的高水平人才，但在实行过程中也有很大的问题需要解决，如生活资源及教学资源的分配等。因而本文关注到素质教育下书院制与高水平人才培养这一角度，对此进行调研，在舆情调查和深度访谈的基础上，探索总结高校的实践探索经验，尝试对书院制与高水平人才培养关系作出评估和反思，形成符合中国国情、适应现代大学制度需求、与高水平人才培养模式相适配的书院制管理模式，以期对我国高校书院制改革与高水平人才培养的研究与发展有所裨益。

同时，素质教育（Quality Education）是一个现代教育命题，在古今中外的教育史中备受关注。它不仅是历史的，更是指向未来的。十八大报告指出，要全面实施素质教育，深化教育领域综合改革，着力提高教育质量，培养学生创新精神。“素质教育概念及其理论是我国改革开放实践尤其是教育改革深化和发展在教育理论和思想上的产物，是具有鲜明时代特

① 刘学燕．大学书院制：高校人才培养模式新探索：国内高校“书院制”研究（2005—2018年）文献综述［J］．教育探索，2020（5）：12-16.

征和重要理论价值的命题。”① 随着时代的发展和社会需求的变化，素质教育的内涵虽未有定论，但更加丰富：它以促进人、社会、自然的和谐发展为价值取向，以德智体美劳全面发展的合格公民为培养目标，全面贯彻党和国家的教育方针为根本途径，以教育质量的全面提升为显著特征，其灵魂、核心和目的正是关注人的发展。素质教育的提出使我国高校的教育思想与理念发生了重大的转变和革新，使高等教育的方向更为端正。国内目前对素质教育内核以及实践发展的研究正在朝着体系化、全面化的方向发展，本文将书院制的研究背景置于如此关键和先进的理论话语之下，有助于其研究成果真正推动高等教育素质教育实现各种积极的探索与实践，也将为中国素质教育发展提供强有力的根据与实验基础。

一、研究对象

本文采用质性研究，即通过深入了解受访者经历，并不断比较范畴构建模型；采取理论抽样的方式，以具体的研究目的决定研究的抽样对象，并针对小样本进行深入研究。基于此，研究选取了来自北京大学、清华大学、复旦大学、香港大学、香港中文大学深圳校区、哈尔滨工业大学深圳校区、澳门大学、苏州大学、北京理工大学、华东师范大学、西安交通大学、中国人民大学 12 所高校的 17 位师生，涵盖了从 2005 年到 2020 年高校逐步建立起的代表性书院。上述对象中 15 名本科在高校书院就读，具有考研或者深入学术研究的发展意图；2 名为高校在职教师，对书院制有一定程度的了解，同时对于教育改革的方向密切关注，为本次报告分析提供扎实的基础。

二、研究过程设计

本研究主要通过深度访谈与文本分析进行质化研究。在文本搜集方面，成员汇集了中国现代大学书院成立情况、人才培养情况、素质教育及书院制相关文献理论等多种资料，并对其进行科学系统的思维加工，获得具有一般性的研究结论。在深度访谈方面，研究通过结果对比，来核查前期搜集信息的真伪，了解高校师生对于书院培养高水平人才的主观看法。

---

① 胡定荣．全面发展·综合素质·核心素养［J］．新疆师范大学学报（哲学社会科学版），2018（6）：61-78.

此外，为更好地搜集不同性质的样本，本研究通过网民下载量较高的知乎等平台作为分析样本，考察双方的传播方式与特征，以“书院制”为关键词条进行搜索，对关键词条下涉及高校名称、书院名称等二级词条内容进行文本搜集，从呈现出的相关文章及问答322条中采集有效信息，通过线上沟通等形式进行核真，对内容实现有效补充。

为实现样本利用的最大化，研究需要对样本对象的深度采访进行开放性问题引导，设计具备针对性与启发性的采访内容，主要包括：(1) 对本学院/书院的人才培养、通识课程的设计、专业分流的具体认识；(2) 对本学院/书院培养方案的态度，以及对本人的学术之路是否助推或阻碍；(3) 对本学院/书院培养体系的满意程度与意见；(4) 对本科教育目的的认识；(5) 对书院制度和学术环境的设想与期待。基于此，获得并整理国内部分现有书院制高校对于高水平人才培养计划，以及师生对于该计划的看法、意见、建议等信息。

最后，本研究基于样本的反馈与大数据的辅助资源，搭建素质教育、书院制、高水平人才三部分的分析路径，以质化采访结果为中心展开对接。

三、分析结论

（一）三类书院模式评估

本研究针对国内各个书院的情况进行具体分析，结合不同书院所围绕的核心、住宿分配情况、内部学生选拔情况等，对各大院校参与书院或了解书院建设的学生和老师进行深度访谈，以知乎等交流平台进行舆情补充采集，得出对以下三类书院模式的评估：第一，将宿舍与教学、生活与学习进行更深层次的结合住宿制模式书院；第二，学生大类招生进入书院后，根据其成绩和志愿进行专业分流的通识教育和大类招生模式书院；第三，打破传统师生教学关系，密切教师与学生互动的精英教育模式书院。

1. 住宿制模式书院

第一，住宿制书院模式是将宿舍与教学、生活与学习进行更深层次的结合，形成一种围绕学生公寓而展开多种学习生活活动的学生社区生活管理模式。通俗来讲，就是以学生宿舍为中心开展学习生活活动。在这个模式下，由教师引导，以低师生比的小团体在共同生活当中进行跨科际的学习与实践，以教务处为主导，下设生活辅导组负责管理宿舍，配合教务处进行学习课程的运作，有效改善一般大学宿舍中缺少学习教育氛围的情况。但和学习活动相比，书院对生活活动的影响更大。大多数学生认为，书院和学院的区别就是书院管理生活，学院管理学习。而书院和宿舍的区别，则在于活动的举办不同，书院承担了原本学院的部分活动组织，让原本是学院与学院的单位，变成了书院与书院。原本住宿制学院模式所希望的——将学习与生活进行更高层次的结合——尚未得到完全的诠释，只能说国内建立的书院过于重视“住宿”，而不是“书院”。但总体来看，此种模式将生活与学习进行了一定的融合，书院里的博雅通识课程同样也会影响到学生的学术成绩，为新时代的高校学术建设提供值得借鉴的思路。

第二，住宿制学院模式的书院分配方式无关生源、专业、地区，一般按照随机分配的原则进行宿舍人员选择，这种情况下便有助于打破学生间交流的专业壁垒，可以认识到更多不同专业的学生，形成不同学科之间的交叉与融合，塑造出拥有多元视野、分享不同知识、更好沟通交流的学习空间。更因为多元，在通识教育的设计中，从生活礼仪到历史科学无一不备，不同内容都会得到更广泛的学习。因此，书院里由于专业类别的混合，学生的通识教育范围更大，选择类别增加、门槛降低，各个专业之间的转换甚至是学业研究上都有着更加融合的平台。同时，在该书院的氛围之下，学生的学习压力减小，学习时长反而增加，将学习融入生活之中，有效地增加了学习的主动性和趣味性，在高校教育之中也融合着素质教育的全面发展理念。然而，在这种模式下，同一专业的交流似乎被淡化了，部分学生对混合专业书院表示不舒适，与其他专业的同学居住在一起，更多的还是生活和校园活动方面的互动，关于自己本专业的学习交流事实上并无多少交流空间，反而自己的本专业学习生活多多少少会受到干扰，或导致学杂而不专精的后果。

第三，住宿制学院模式是中国大学发展教育现代化的初步探索与实践，也是目前发展最为成熟的书院建设模式。受到历史和地理位置影响，港澳台的大学最早进入西式教育模式的改革浪潮之中，因而也将西方书院制度最早纳入学校教育体系培养方案之中。仿照耶鲁大学、牛津大学、哈佛大学等书院建设体系，澳门大学、香港中文大学、台湾政治大学等先后成立十几所书院，更是仿照西方的分配特点、活动组织、硬件设施，建设餐吧、咖啡等园区，如“高桌晚宴”活动，几乎覆盖了所有书院。建立至今，相比最近才纷纷建立的清华致理、日新书院，中国人民大学明德、明理书院等书院，港澳台的书院建立早有足够的历史沉淀了，如香港中文大学的崇基书院。对于学习西方书院学术建制方面，书院还有很多不成熟之处，引起颇多微词。

在样本的反馈中，认为只模仿到西方名牌大学的外在，对于西方书院的内在方面把握不足，学校对于自身书院的定位也并不是很明确，空有理念，却不在实践里得到反馈，最重要的体现就是各个书院没有一个能够突出自己以示区别的真正招牌。反而在大陆的书院建设中，部分书院对于书院自身文化氛围的构建与学术氛围的培养都在努力塑造“个人”风格，如北京师范大学的启功书院，对于“艺术境界、学术品味、文化精神、责任担当”的理念在计划里得到很大的诠释。可见，对于西方已经建设完备的书院制度的借鉴不能只停留在形式与制度层面，其书院所围绕的学术气氛、对研究的切实助推意义，更是不应忽视的学习重点。对于本学校自身所拥有的学术底蕴和良好风气也应该继续弘扬，努力形成独具特色、真实为学术研究的新型书院体系。

2. 通识教育和大类招生模式书院

通识教育和大类招生模式的书院贯彻通识教育理念，重视对通识教育的教学，让全体学生在学习专业课程的同时掌握其他学科的知识。这种书院组织管理模式按照学科或者专业大类进行招生，学生在进入书院经过一段时间的学习后根据学生的成绩和志愿进行专业分流。

实行这种模式的书院一般承担除专业教学以外学生课外教育的重任。它将通识教育作为一个单一知识体系进行灌输的观念，重视通识教育与专业知识的融合。像复旦大学就建立了与专业课程体系相辅相成的通识教育课程体系，目前包括文史经典与文化传承、哲学智慧与批判性思维、文明对话与世界视野、社会研究与当代中国、科学探索与技术创新、生态环境与生命关怀、艺术创作与审美体验七个模块。

但是这种模式也有一定的弊端，它可能从数量和质量方面影响同学的学习效果，造成学生学习内容浮于表面或者压力过大，可能存在着跨学科学习、学业压力较大的问题，有的会涉及计算机、微积分，有的是一些文史哲方面的研读，这些学科同时学习会十分吃力。从学习程度上看，不管是对于通识课程，还是本专业的课程都只学习两年，这反而导致都不精专。总的来说，一方面，通识教育的逐渐完善与自成体系对拓宽大学生的眼界以及对大学生本专业的学习有所裨益。学生不仅可以了解到自己专业之外的知识，提高自己的科学文化素质，还有可能从中吸取灵感促进自己专业的深入学习与研究，为成为高水平人才提供可能。另一方面，学生可能在学习通识课程体系中的其他课程时，真正找到自己的兴趣并重新做出自己的专业选择，学习自己真正热爱的专业，这就为学生继续从事该专业的深入研究并成为高水平人才提供了必要条件。

通识教育为大类招生的实践提供了足够的课程保障。学校实行大类招生必然要进行专业分流，而在素质教育的大背景下，通识课程体系的设置为专业分流之前学生的课程学习提供了充足的保障。比如，复旦大学书院现采用“2+2”的模式，即前两年基本上学通识课，后两年主要学习专业课。这种模式并没有普及全国，大部分学校还是按照之前的通识课程和专业课程交叉的方式让学生完成学业课程。中国人民大学明德书院也是根据学科类型进行大类招生，但是和学院制大类招生相区别的是学生专业选择更多。在专业分流时，可以自由选择书院设置的所有专业的书院还是少数，大部分学校在招生时还是会依据专业大类进行招生，并将学生的专业选择限制在该专业的二级专业之下，因此大类招生在书院制中的实践给学生带来的感觉可能并不是很直观，同学们并没有发现通识教育与大类招生模式书院的特点与优势。

值得一提的是，通识教育与大类招生模式现在有与住宿制书院相融合的趋势。但是目前这种方式受学校条件以及环境影响较大，且通识教育与大类招生模式下教育在学生的学习生活中依旧占主导地位，因此这两种方式的融合只在满足条件的一些学校出现，并且住宿园区的地位并没有达到住宿制书院中宿舍的地位，仅是作为一个学习空间的补充而非必须。

3. 精英教育模式书院

第一，精英教育模式书院采用选拔性的入住方式，书院规模较小，进入书院难度较大。精英教育模式书院的选拔人才的方式主要有两种：一种是书院与其他专业一样作为高考志愿直接面向高中毕业生招生，学生可以通过自主招生选拔、高考招生、保送生招生等方式进入书院，如北京大学元培学院和清华大学新雅书院。另一种则是书院从学校各学院录取的新生中选拔优秀学生入住书院，这类书院在选拔时往往将高考成绩作为参考标准或入围条件，同时书院自行组织笔试及面试对学生进行选拔，如苏州大学敬文书院和西安交通大学钱学森学院均采用此法。和学院相比，书院招生人数占新生入学人数比例极小。精英教育模式书院也因招生人数少，书院规模小，所以进入书院的难度也较大。

第二，精英教育模式书院采用精英化的人才培养目标和方案。书院采用精英化的人才培养目标和方案，同时自然也会更多地将优质资源倾向于书院学生。清华大学新雅书院的人才培养目标是培养志向远大、文理兼修、能力突出、开拓创新的精英人才。比如，苏州大学敬文书院的人才培养目标是书院培养德智体美劳全面发展的研究型、国际化、高素质创新人才。在此基础上，书院在制定高水平的人才培养目标的同时，也会对其倾斜更多的教育与生活资源，保证目标的实现。

第三，精英教育模式书院师生互动密切，打破了传统教学中师生互动往往仅限于课堂的局限。北京大学元培学院采用全方位导师制，校聘导师与书院导师、心理咨询师相互配合，满足学生在学业课程、学术科研、心理调适和大学适应等方面的需求。近几年元培学院对于导师制的落实得到了保证，“目前2~3人以上同学便可以通过企业微信或其他方式主动约学院导师聊天，学院会提供下午茶、咖啡和场地，各个学会也开始较频繁地联系导师来办沙龙，为同学与导师交流创造机会”。苏州大学敬文书院的导师会常驻书院，打破了传统教育中渐行渐远的师生关系，在高层次上重构了密切互动、教学相长、和谐相容的新型师生关系。清华大学新雅书院实施导师制，包括常任导师、专业导师、特聘导师、学生小导，更能全方位、多层次地指导学生的学习和生活。

（二）对高校书院制建设的研究讨论

“高水平人才培养体系重视学科体系、教学体系、教材体系、管理体系建设及其有机融合，成为高等教育突破发展瓶颈的理性选择。”① 结合调研情况，不难发现：中国高校探索书院制的历程中，面对学科、教学、管理等重大议题的态度和模式，既是区别三种不同类型书院制的特征，也是引导学界、教育界发现问题、进行反思，不能盲目地陷入“建书院”热潮中的重要突破口。因此，必须要以高水平人才培养为旨归，重新审视在高校书院制实践中显露出的一系列问题，才能使其行之有效，真正落地。

1. 因地制宜，增强关键调控力和优化配置，实现学习生活真正融合

首先，根据分析，目前大部分实行住宿制学院模式的书院处于我国港澳台地区，几乎是仿照西方名牌大学进行书院建制，表现出有共同之处、特色不太明显的特点。如果建立书院之后实行该模式，建议学校除了单纯进行书院的硬件设备建设之外，更应该注重建立有关于书院招牌的活动，可以与通识教育和大类招生模式、精英选拔模式进行结合，同时活动的举办切忌过分受制于外在，如高桌晚宴，只学了个表面，书院应该重视举办对学科建设有意义的活动，如专项讲座的开展、博物馆展览馆等展出的定期参观、央视等平台文化类节目的参与等，做到真正的寓教于乐，不为活

---

① 胡万山．建设高水平人才培养体系的核心价值及可行路径［J］．黑龙江高教研究，2019（8）：29-32.

动而活动。

其次，在书院分配方面的自由度要有一个把握，如可以将关联学科学生混住，而不是所有专业随机。像人文社科类的学生进行大类混住，但却不是将学文学的和学理工的住在一起。提高学科关联性的有序配置，比单纯的混杂组合更有利于学科交流和发展。

当然，书院的“低师生比的小团体在共同生活当中进行跨科际的学习与实践”模式可以继续发展，园区的生活化与学习化设备可以继续跟进，如修建自习室、活动角、讨论区或者咖啡厅等娱乐场地，有助于提高学生学习方面的兴趣，让学习与生活真正地进行融合。

2. 重要建设通识教育课程，把握质量，引入导师制

首先，根据分析，中国目前大部分实行通识教育和大类招生模式的书院有共同之处但也有自己的特色。如果建立书院之后实行该模式，建议学校在招生时首先明确是根据学科大类还是专业大类招生。若按学科大类招生，专业分流时学生便可以在书院下设的所有专业中进行选择；而若按照专业大类招生学生则只能在本专业下设的二级专业中进行选择，如果选择别的专业则应按照学校流程完成转专业。

其次，需要根据学校自身的条件考量。在书院制推行之前实行通识教育课程是否值得在书院中继续实行。实行通识教育和大类招生模式的书院应建立完善的通识教育课程体系，以保证学生汲取知识范围的宽度，并能保证通识课程与本专业知识学习的相互促进。如果有条件，学校可以在建立完善的通识教育和大类招生模式书院的基础上，根据西方大学书院设计并结合自身实践，继续研究有没有可能将本书院不同专业的专业课融合在一起传授给学生进而拓宽学生知识面。

关于书院的导师制也建议学校根据自己的实际情况为学生合理安排导师。学校可以跨专业为学生安排导师，即一个导师可以带不同专业的多个学生，以促进学生跨学科学习与交流；也可以为学生安排专业导师，以促进学生专业课程的学习。

3. 把握定位，以合理的人才培养方案和师资建设助力发展

首先，根据分析，精英教育模式书院的特点主要体现在“精英”二字，一切人才培养方案的设定都是为培养“精英”而服务的，这是与大类招生和通识教育、住宿制模式书院最显著的区别，所以学校在实行书院制度时应明确人才培养定位，明确要设立的书院究竟是追求“精英的卓越”，还是“平等的卓越”，这样才能制定出合理的人才培养方案和课程。

其次，书院导师制的实行需要探索出一条适合本校行之有效的道路，

对导师制的落实应该设立严格的监督制度，建立有效的学生投诉渠道，发现问题后应及时调整，使师生互动真正做到无障碍，有保障。

四、结语

书院制作为一种重要的现代大学教育实践形式，早在西方大学创立之初就广泛应用，为西方国家培养出大量高精尖人才，而其在育人理念和模式上，则与以岳麓书院为代表的中国古代传统书院有着共性。随着素质教育改革浪潮愈演愈烈，众多大学积极进行教学创新改革，引入书院制教学模式，并对此进行本土化、特色化处理，通过调整变革课程设置、学术培养体系等育人手段，进一步实现对育人目标与时俱进地更新、大力推进和全面实现。

立足于中国特色社会主义教育事业建设与人才培养的话语之上，对高校书院制展开了全盘的资料搜集、整理与深度分析，并以访谈调查为主，线上观察为辅，完成了线上、线下双向的研究工作，并做出总结：书院制作为一种新型现代大学的管理模式，正在逐步完成从机制到理念全方位、多层次融入高校人文素质教育改革实践中。每个大学的大学文化、目标地位、培养理念宗旨，都对一般意义上的书院制赋予了本土化、特色化演绎，住宿制、通识教育和大类培养、精英班制三种书院培养模式，都在实践中探索出切实可行的路径，以便培养优秀的高水平人才。

参考文献

[1] 刘学燕．大学书院制：高校人才培养模式新探索：国内高校“书院制”研究（2005—2018 年）文献综述［J］．教育探索，2020（5）：12-16.

[2] 胡定荣．全面发展·综合素质·核心素养［J］．新疆师范大学学报（哲学社会科学版），2018（6）：61-78.

[3] 胡万山．建设高水平人才培养体系的核心价值及可行路径［J］．黑龙江高教研究，2019（8）：29-32.

（作者单位：文学院）

民族院校本科生学习投入的现状与特点分析

——基于 CCSEQ 实证调查数据

赵鹏燕

一、问题的提出

本科教育是中国高等教育的主体，在高等教育结构中居于中心地位。2019 年教育部召开系列大会，组建工作小组推进新时代本科建设，相继印发关于《“六卓越一拔尖”计划 2.0》《一流专业建设“双万计划”》等文件，为高校提振教育提供了新方向和新路径。自 2019 年以来，31 个省、直辖市、自治区的 960 多所高校出台“一流本科教育行动计划”。很多地方加大对本科教育的投入力度，将大量经费向教学倾斜，组建完备的基层教学组织。如今，振兴本科教育已成势头，此后本科的育人质量将以加速度向前迈进。

本科教育的发展与改革进一步加速了高等教育普及化的进程，2020 年我国已建成世界上规模最大的高等教育体系。我国各类高等教育在学总规模达到 4183 万人，在学本专科生数量达到 3285 万人。其中，少数民族数量近 329 万人，占比达到 10%左右。[①] 但是高等教育大国向高等教育强国转变还需以质量作为保障。目前高等教育质量还存在人才培养质量不足、科研成果产出不足、原始创新能力不足等问题，尤其近年来，就民族院校而言，少数民族群体进入高等教育机构学习的机会日渐增多，其发展状况也作为高等教育发展的重要方面加以探讨。其中，民族院校本科生人才培养模式、人才培养质量、思想政治建设、专业发展、文化传承等成为研究的热点。就本质而言，人才培养诸多方面是为人才培养质量服务的，提高

---

① 中华人民共和国教育部 . 2020 年教育统计数据［EB/OL］.［2021-08-30］. http://www.moe.gov.cn/jyb_sjzl/moe_560/2020/quanguo/. html.

人才培养质量是最终目标。

目前就学者关注的人才培养质量而言，“学习投入”日渐成为研究重点，其能有效反映出学生学习持续性、学习满意度及学业完成度等情况。学生的学习越投入，其学习成绩相对越好。① 因此，了解学生学习投入情况十分必要。厘清学习投入的概念框架对于确定学习投入的内涵、确定其测量方法有至关重要的作用。学者对于学习投入尚未形成统一的认识，有学者认为，学习投入是一个包含行为、认知、情感的多元概念，很难通过单一的手段对其进行测量。② 也有学者认为,学习投入应当加入社交这一维度。其中,行为投入主要是指学生参与学业和课堂表现的情况;认知投入指学生坚持不懈理解复杂概念的技能;情感投入主要指认同心理,包括对教师、活动及同伴等的积极情绪或者对学校和学科发展的积极态度;社交投入指学生与同伴和教师互动的社会行为。③ 本研究拟采用学习投入的四维度来分析不同背景学生的发展特征。

二、研究工具与研究设计

（一）调查工具

为深入探究民族院校本科生学习投入的现状及特点，本研究借助科学严谨的调查工具“中国大学生就读经验问卷”（Chinese College Student Experience Questionnaire，CCSEQ）进行调查。问卷主体包括学生背景信息、大学活动、校园环境感知、学习收获四个方面。本研究主要针对学生的背景信息以及学习投入进行分析。其中，背景信息主要包括学生的年龄、性别、专业、户籍所在地、民族等情况，共23个题项；学习投入主要包括参与大学活动、人际交往等77个题项；校园及校园环境认可度共10个题项。

---

① 李新，李艳燕，包昊罡，等．学习投入测评新发展［J］．电化教育研究，2021（10）：100-107.

② CURTIS R，HENRIE R，CHARLES R. Measuring Student Engagement in Technology-Mediated Learning：A Review［J］．Computers&Education，2015（10）：36-53.

③ FREDRICKS J, FILSECKER M, LAWSON M, et al. Student Engagement，Context, and Adjustment: Addressing Definitional，Measurement and Methodological Issues[J]. Learning and Instruction, 2016 (43):1-4.

（二）调查对象

通过对北京市M大学全体在校本科生进行抽样调查，建立了较大规模的样本数据库，共回收545份问卷。通过整理和剔除无效问卷，共获得有效问卷525份。根据分布特点统计，从年级分布来看，大学一年级45人、二年级160人、三年级69人、四年级251人，二年级和四年级占比较大，共占78.3%；从性别分布来看，男生133人，女生392人，女生人数是男生人数的近3倍；从城乡分布来看，来自城镇的学生384人，农村的学生129人，城镇学生占比达到74.85%，占总人数的三分之二以上；从专业分类来看，排名为教育学、法学、艺术、文学、理学、经济学、工学等，基本囊括了所有的学科门类。综上所述，从学生的分布情况来看，研究样本兼顾本科生的年龄、性别、专业、户籍等因素，能够较大程度说明学生的学习情况。

（三）信效度分析

通过SPSS分析软件对CCSEQ问卷的调查数据进行信效度分析。首先，从信度分析来看，主要采用内部一致性信度系数，问卷整体的克隆巴赫α系数为0.936。其中，学习投入的克隆巴赫α系数为0.804，各变量的克隆巴赫α系数均为0.7以上，如表1所示。这表明问卷具有较高的信度。其次，根据问卷工具的理论基础，学习投入活动包括：图书馆学习、计算机及信息技术应用、课程学习、与教师相处的经验、写作经验、美术音乐戏剧、个人经历、学生社团和组织、科学的和数量的经验、同学交往、信息交流、校园环境及对学院或大学的意见。运用主成分分析法测量问卷效度，当KMO值愈大，表示变量间的共同因素越多，越适合进行因素分析。根据学者Kaiser的观点，如果KMO的值小于0.5时，不适宜进行因素分析，而此处的KMO值达到0.784，巴特利特球形度检验中近似卡方值为22968.226，自由度为9045，显著性0.00<0.01，呈现出极其显著的水平，各项指标均符合效度标准，适合进行因子分析。①

① 白华，龚美琼．少数民族本科生学习成果的增值发展研究：基于CCSEQ实证数据分析[J]．民族教育研究，2019（03）：107-115.

表 1 各变量的内部一致性系数（α）

变量	内部一致性系数	变量	内部一致性系数
学生社团与组织	α=0.846	计算机及信息技术	α=0.758
课程学习	α=0.802	校园设备	α=0.798
写作经验	α=0.779	图书馆学习	α=0.812
同伴交往	α=0.848	与教师相处经验	α=0.878
信息交流	α=0.812	人际环境	α=0.703
学术环境	α=0.755	职业环境	α=0.851

三、本科生学习投入的总体状况

根据学习投入的四维度划分，将 CCSEQ 问卷中的各方面进行分类整合，归纳为：行为投入——计算机及信息技术、课程学习、校园设施及学生社团和组织；认知投入——写作经验和图书馆学习；情感投入——人际环境、学术环境及职业环境；社交投入——与教师相处的经验、同学交往、信息交流。对以上维度进行描述性统计分析，获得数据如表 2 所示。

根据调查数据显示，民族院校本科生在情感领域投入最多，在认知领域投入最低。在行为投入方面，总共包括 27 个题项，总体均值为 2.47。其中，本科生对于计算机和信息技术的投入最多，均值达到了 2.69。对于学生社团和组织的投入最少，均值只有 2.11。在认知投入方面，总共包括 16 个题项，总体均值为 2.28。其中，写作经验均值相对较高为 2.34，图书馆学习投入均值相对较低为 2.23。在情感投入方面，总共包括 10 个题项，总体均值为 4.85。其中，学生对于人际环境的态度均值最高为 5.09，对于职业环境态度均值最低为 4.46。在社交投入方面，总共包括 24 个题项，总体均值为 2.42，与教师相处的投入最低为 2.03，与同学相处的投入最高为 2.70。

表 2　本科生学习投入的描述统计分析

学习投入指标	维度	项目数	N	极小值	极大值	均值	标准差
行为投入	指标总和	27	508	1	4	2.47	0.432
	计算机及信息技术	9	517	1	4	2.69	0.519
	课程学习	7	518	1	4	2.58	0.469
	校园设施	6	522	1	4	2.51	0.607
	学生社团和组织	5	524	1	4	2.11	0.725
认知投入	指标总和	16	423	1	4	2.28	0.486
	写作经验	7	427	1	4	2.34	0.572
	图书馆学习	9	520	1	4	2.23	0.548
情感投入	指标总和	10	519	1	7	4.85	0.925
	人际环境	3	521	1	7	5.09	1.020
	学术环境	4	519	1	7	5.01	1.099
	职业环境	3	521	1	7	4.46	1.253
社交投入	指标总和	24	508	1	4	2.42	0.450
	与教师相处的经验	12	516	1	4	2.03	0.536
	同学交往	6	522	1	4	2.70	0.636
	信息交流	6	519	1	4	2.54	0.557

四、本科生学习投入的基本特点分析

民族院校的学生进入本科阶段学习，具有不同的背景特征，在学习投入上也呈现出不同的发展特点。因此，在学习投入发展现状的呈现基础上，进一步对不同背景的学生在学习投入方面可能存在的差异进行分析。根据个体背景特征因素的构成，主要采用独立样本 t 检验和单因素方差分析的方式。学生的背景因素包括性别、民族、生源地、家庭背景、年级，探究本科生的学习投入在以上个体背景因素上所呈现出的差异性状况。

（一）学习投入在性别维度的差异分析

为了解不同性别的学生在学习投入的差异性，主要采用独立样本 t 检验的方式。研究发现，男、女学生在情感投入方面呈现出比较显著的差异（$t=-2.192$，$p=0.023<0.05$），女生的均值显著高于男生。其中，学术环境方面呈现出极其显著的差异（$t=-3.155$，$p=0.002<0.01$），女生的均值显著高于男生。男、女生在其他投入维度没有呈现出显著差异，在投入均值方面比较一致。

表 3　学习投入在性别维度的差异分析

学习投入指标	性别	N	均值	标准差	t 值
行为投入	男	125	2.42	0.423	−1.554
	女	379	2.49	0.435	
认知投入	男	101	2.21	0.546	−1.679
	女	320	2.30	0.464	
情感投入	男	128	4.70	0.949	−2.192*
	女	387	4.90	0.914	
社交投入	男	124	2.43	0.423	0.351
	女	380	2.42	0.457	

注：* 代表显著性水平 $p<0.05$；** 代表显著性水平 $p<0.01$。

（二）学习投入在民族维度的差异分析

根据对民族的划分，将藏族、壮族、苗族、蒙古族、维吾尔族等变量转化为“少数民族”，经统计共有汉族学生 237 人，少数民族学生 285 人，进行独立样本 t 检验。通过分析发现，汉族和少数民族学生在学习投入维度上未呈现出显著差异（$p>0.05$），即汉族和少数民族学生在行为、认知、情感、社交四方面的学习投入均值上比较一致，并无明显差异。

表 4　学习投入在民族维度的差异分析

学习投入指标	民族	N	均值	标准差	t 值
行为投入	汉族	228	2.47	0.439	−0.123
	少数民族	277	2.47	0.429	
认知投入	汉族	201	2.24	0.492	−1.763
	少数民族	221	2.32	0.478	

续表

学习投入指标	民族	N	均值	标准差	t 值
情感投入	汉族	234	4.88	0.985	0.709
	少数民族	282	4.83	0.874	
社交投入	汉族	224	2.41	0.471	−0.500
	少数民族	281	2.43	0.435	

注：* 代表显著性水平 $p<0.05$；** 代表显著性水平 $p<0.01$。

（三）学习投入在生源地维度的差异分析

从生源地维度来看，主要分为城镇与农村，采用独立样本 t 检验的方式进行分析。来自不同生源地的学生在行为投入方面呈现出极其显著的差异（$t=2.933$，$p=0.004<0.01$），在社交投入方面呈现出比较显著的差异（$t=2.168$，$p=0.031<0.05$），且城镇学生的均值显著高于农村学生。在行为投入方面的计算机及信息技术投入（$t=-2.723$，$p=0.007<0.01$）和课程学习投入（$t=2.622$，$p=0.009<0.01$）呈现出极其显著的差异，学生社团与组织呈现出比较显著的差异（$t=2.256$，$p=0.025<0.05$）。在以上三方面，城镇学生的投入均值都显著高于农村学生，呈现出显著性差异。

表 5　学习投入在生源地维度的差异分析

学习投入指标	户籍所在地	N	均值	标准差	t 值
行为投入	城镇	368	2.50	0.417	2.933**
	农村	128	2.38	0.461	
认知投入	城镇	306	2.28	0.472	−0.322
	农村	105	2.29	0.530	
情感投入	城镇	382	4.86	0.923	0.917
	农村	126	4.78	0.926	
社交投入	城镇	372	2.44	0.444	2.168*
	农村	125	2.34	0.460	

注：* 代表显著性水平 $p<0.05$；** 代表显著性水平 $p<0.01$。

（四）学习投入在家庭背景维度的差异分析

从家庭背景维度来看，将父母的学历作为家庭背景可以划分为“父母都未大学毕业”“父母都是大学毕业”“只有父亲大学毕业”“只有母亲大学毕业”“不知道”五个维度。据统计，双方都未大学毕业的人数有 276 人，占比 53.2%；父母双方或一方大学毕业的人数为 136 人，占比 25.9%。根据现有研究，可以将上述变量转换为“一代大学生”及“非一代大学生”①，主要采用独立样本 t 检验的方式分析。结果表明，学生的行为投入（$t=-2.821$，$p=0.005<0.01$）、情感投入（$t=-2.508$，$p=0.012<0.05$）和社交投入（$t=-3.695$，$p=0.0005<0.01$）在父母受教育背景上均呈现出显著差异。非一代大学生的行为投入和社交投入均值明显高于一代大学生，而情感投入维度则与之相反。

表 6　学习投入在家庭背景维度的差异分析

学习投入指标	家庭背景	N	均值	标准差	t 值
行为投入	一代大学生	270	2.42	0.401	-2.821^{**}
	非一代大学生	229	2.53	0.462	
认知投入	一代大学生	236	2.26	0.463	-1.103
	非一代大学生	179	2.31	0.515	
情感投入	一代大学生	273	4.74	0.935	-2.508^{*}
	非一代大学生	236	4.94	0.880	
社交投入	一代大学生	265	2.35	0.411	-3.695^{**}
	非一代大学生	234	2.49	0.469	

注：*代表显著性水平 $p<0.05$；**代表显著性水平 $p<0.01$。

（五）学习投入在年级维度的差异分析

从年级维度来看，包括四个年级的学生，主要采用单因素方差分析（One Way ANOVA）的方式进行分析。首先，进行方差齐性分析，经检验发现四个维度的方差均为齐性。其次，进行组内差异分析，行为投入（$F=5.138$，$p=0.002<0.01$）和情感投入（$F=7.070$，$p=0.000$）在年级维度呈现出极其显著的差异，认知投入（$F=3.444$，$p=0.017<0.01$）和社交投入（$F=2.960$，$p=0.032<0.05$）在年级维度呈现出比较显著的差异。不同年级的学生由于在校时间、经历等的不同对学习投入有不同的感知。

---

① 季月，杜瑞军．第一代和非第一代大学生师生、同伴互动的差异分析：基于 CCSEQ 调查数据（2009—2018 年）的解析［J］．北京教育（高教），2021（08）：81-83.

最后，进行事后检验，行为投入和认知投入方面的均值都为大一>大二>大四>大三，表明大一学生在计算机及信息技术的学习、社团组织、校园设备、图书馆及写作方面的投入方面最多，可能因为本科生在初入大学时愿意并且能够花费较多的时间和精力在这些方面，而大三由于面临各种考试等在此方面的投入最少；情感投入方面的均值为大二>大一>大三>大四，大二学生在学术环境、职业环境和人际环境方面的态度最高。一方面，大二学生相对成熟，更能潜心学习，没有更多的杂念；另一方面，在经历了大一的青涩后能慢慢适应大学的学习和人际氛围。相反，大四学生精力大多集中于就业或者深造，对于学校投入降到最低；社交投入方面的均值为大二>大四>大一>大三，大二学生均值最高，表现为在与教师和同学的相处中投入最多，大三学生投入最少。

表 7　学习投入在年级维度的方差分析

维度		平方和	自由度	平均平方和	*F* 检验	事后比较 Tukey 法
	组间	2.814	3	0.938		
行为投入	组内	92.010	504	0.183	5.138**	大一>大二>大四>大三
	总和	94.824	507			
	组间	2.395	3	0.798		
认知投入	组内	97.119	419	0.232	3.444*	大一>大二>大四>大三
	总和	99.514	422			
	组间	17.518	3	5.839		
情感投入	组内	425.349	515	0.826	7.070**	大二>大一>大三>大四
	总和	442.867	518			
	组间	1.778	3	0.593		
社交投入	组内	100.910	504	0.200	2.960*	大二>大四>大一>大三
	总和	102.688	507			

注：* 代表显著性水平 $p<0.05$；** 代表显著性水平 $p<0.01$。

五、分析与讨论

经过上述数据统计分析，可以得出一些基本结论。由于研究样本的有限性，还需进行深入调查方可推广使用。

（一）研究结论

结论一：总体而言，学生在情感领域投入最多，在认知领域投入最少，且学习投入在不同民族中未呈现出显著性差异。

相较于学术和专业学习，本科生更倾向于将自己的时间和精力用于学习计算机与信息技术、参加学生社团及校园设备使用等外在有形的活动方面。学生进入大学校园后脱离了紧张的高中学习氛围，学习热情逐渐削减，取而代之的是各种社团活动及对于新鲜事物的探索，因此在图书馆学习及写作经验方面的投入是最低的。相反，从学生与教师、同学及学校行政人员的关系描述可以看出，大部分学生对于校园环境是有归属感的，表现为与同学不是简单的、疏远的、不相容的竞争关系，而是有一定归属感的、相互支持的关系；教师也不是没有同情心且遥不可及的，而是鼓励型且能够谅解学生的；学校的行政人员并非教条刻板而没有人情味的，而是能够灵活处理事务的。学生在进入大学校园学习时，校园文化建设是增加学生认同感并且能促使其很快融入学校的有效手段，应该加以重视。虽然处于民族院校环境，但是本科生学习投入并未在不同民族间呈现出显著性差异，表明不同民族学生均愿意花费相当的时间和精力在学习方面。

结论二：来自城镇和农村的学生在行为投入和社交投入方面呈现出显著性差异，且来自城镇的学生在学习投入方面均高于来自农村的学生。

行为投入的差异主要表现在课程学习及学生社团和组织方面，来自城镇的学生在参与课堂讨论、角色扮演和模拟展示、将课堂知识应用于其他领域及向他人展示课堂所学知识方面更加积极。从以上维度看，来自城镇的学生比来自农村的学生更加大胆展示自己，有更强的表现欲。在学生社团和组织方面来自城镇的学生投入更多的时间和精力，从而尽可能丰富自己的大学生活，增加相应的经验。在社交方面，与同伴交往并无显著差别，但在向教师请教问题及与教师积极进行沟通方面农村学生普遍较少。总体而言，来自农村的学生由于过往所受教育、生长环境及学习资源的影响，整体表现出内敛的行事风格。

结论三：一代大学生与非一代大学生在行为、社交及情感投入方面呈现出显著性差异，且非一代大学生的学习投入均显著高于一代大学生。

在行为投入、情感投入及社交投入的所有子维度中，除去图书馆学习及计算机和信息技术的学习外，其余维度均呈现显著的差异，且非一代大学生均值都高于一代大学生。非一代大学生从家庭学习环境、学习资源等方面都处于优势地位，良好的家庭文化背景给孩子以较高的期待和鼓励，而一代大学生父母和周围人的期待较低，认为考上大学已然是非常不错的事情，继续深造学习及参与大学活动的要求偏低，整体的社会目标也相对较低，因此造成学习投入度不如非一代大学生高的情况。

结论四：不同年级的学生在行为、认知、情感及社交投入四个方面均呈现出显著性差异。

不同阶段的学生无论从学习还是人际交往都有不同的需求。大一新生怀着新鲜感与好奇心进入大学，学习劲头很足，且能够非常积极地参加学校组织的各种活动。大二较大一身心相对成熟，对学校产生更多的情感，同时在与教师和同学相处中产生深厚的感情，因此情感投入和社交投入较多。大三学生在行为投入、认知投入和社交投入方面均最少，可见大三学生面临就业和升学压力在学习中投入不足。大四学生在情感投入方面最低，他们即将离开学校走向不同的地方，没有过多的机会与教师和同学进行互动，并且大多数大四学生已经结课，与学校的联系较少，在人际环境、学术环境和职业环境方面都觉得不被学校重视。

（二）改进建议

根据上述研究结论，民族院校本科生在学习投入上呈现出的特点及问题，可以从以下方面提出一些改进建议，以促进民族院校本科生学习投入度的有效提升。

建议一：增加与学业认知有关的活动，加强民族院校本科生的认知投入

本科学习具有更强的专业性和自主性，相较于高中阶段的多科学习，本科阶段的学习更强调专、精、深，因此对于学生的自主学习能力及钻研程度提出较高的要求。但是在以上关于学习投入的研究中发现，民族院校本科生无论从性别、民族、生源地还是家庭教育层面而言，认知投入都呈现出较低水平。针对这一现状，应加强学生的学习意识，开展学习交流活动；改善教学方法，增加互助合作从而提高学生的学习效能，提倡学生参与课堂讨论及课后交流，将所学知识转化为能力；引导学生充分利用图书馆资源，设置讨论活动，督促学生通过各种资源收集材料，培养学生的开放思想及批判性思维，引导学生积极主动思考问题，形成良好的问题意识，从而提高认知投入。

建议二：加强校园文化建设，促进城乡学生及各民族学生的交往交流交融

校园文化建设是提高本科生学校认同感和归属感的有效手段。无论从学生的民族背景、城乡背景还是家庭背景来讲，学生以往的教育经验对文

化的适应尤为关键。尤其是在民族院校中，文化表现出多样性和差异性，更需要增强文化建设。从城乡教育的不同方面可以看出，农村出生的学生教育资源相对匮乏，能接触到的信息技术及艺术类学习较少，进入大学后，此类学习需要投入较多的时间和精力。学校的课程知识传授，能力的培养对学生价值观的树立，品质的培养有至关重要的作用。因此，可以设置文化活动月，鼓励城乡学生及各民族的学生积极参与文化互动，在此过程中增强对各民族文化的了解及对中华文化的认同，促进各民族交往交流交融，形成相互尊重、相互欣赏、相互学习、相互借鉴的美好愿景，共同携手铸牢中华民族共同体意识。

建议三：促进教育资源合理配置，提升农村生源与非一代大学生的学习投入

无论是学习投入的城乡差距还是家庭文化背景的差别，都体现出掌握不同资源的学生在人际交往、参与活动方面的积极性与主动性有着根本的区别。来自城镇的学生及非一代大学生享受丰厚的教育资源，包括优良的师资、高端的设备、先进的教育理念和模式等，在人际交往、言谈举止都可能胜于来自农村的学生及一代大学生。因此，民族高校可以采取一定的措施，如加强师资培养，为民族院校本科生提供优质教师资源；加大对民族院校本科生的投入，完善奖助学金体系及发放各种补贴，保障上学机会公平，提高学习质量；加大对来自农村的学生及一代大学生的关注，为他们营造团结和谐的学习氛围，培养这些学生与他人沟通交往的能力及积极乐观、主动进取的个性品质。

建议四：针对高年级学生进行辅助，加强对本科三年级学生的关注

大三年级是本科阶段较为关键的时期，面临着升学和就业的选择，学生大多准备各种类型的考试，在行为、认知、情感和社交四方面的投入都相对最少。因此，民族院校应当增加对大三学生的关注和引导，有针对性地举办学术活动和就业活动，供学生自主选择，防止学生专注自己的生活而与学校出现脱节，从而降低学生对于学校的归属感和认同感。大四学生即将离开校园，课程和活动较少，也应当增加大四学生的学习投入，激发学生的成就动机，引导学生多学习社会所需要的知识和技能，为步入社会或更高一级学府积蓄力量。

（作者单位：教育学院）

社会工作专业教育中的文化胜任力培育路径探析[①]

杨 慧 吕哲臻 辛鸿睿

文化胜任力是个体与服务体系能够尊重并有效回应不同的文化、语言、阶层、族群背景及其他差异因素的过程，也是在某种程度上能够识别个人、家庭及社区的价值，并能保护及维持其尊严的过程。[②] 随着我国社会的发展，社会文化日益多元，社会工作者需要跳出单一的文化视角，以提升服务效果。文化胜任力的提升不仅能够确保服务过程的持续性，建立良好的信任关系，而且能够确保社会工作机构和社会工作从业人员设计符合服务对象文化的相关服务方案，避免社会资源的浪费。从社会工作专业教育的角度而言，文化胜任力并不意味着简单的使学生在意识层面关注到社会工作者与服务对象群体间的文化差异，还要求学会在实务中有效地与不同文化背景的服务对象进行互动。因此，对于学生文化胜任力的培养必须超越传统单一的文化敏感性意识提升，还需要社会工作者对服务对象及其所在社区所表现出来的包括文化、语言、阶层等差异信息保持敏感的基础上，针对差异性发展出不同的文化知识和技能，提供具有文化适切性的服务。目前文化胜任力所涵盖的领域仍较多的局限于民族社会工作，非民族地区和非少数民族服务对象的社会工作对文化胜任力的研究相对缺乏，在文化胜任力的建设方面，这一专业素养的培养责任往往只落在部分民族院校的部分课程。因此，本文基于教学过程中文化胜任力培养现状及对学生文化胜任力的展现，从培养理念、教师、课程设置及专业实习四个方面对文化胜任力的培育路径进行阐述。

---

① 本文是 2020—2023 年度北京市高等教育本科教学改革创新项目“社会工作专业教学本土化及其在民族院校的实践模式改革”的阶段性成果。

② National Association of Social Workers. NASW Cultural Standards [EB/OL]. [2021-10-04]. http://www.socialworkers.org.

一、培养理念：社会工作专业教育的文化意识与文化自觉

（一）明确社会工作专业教育的培养目标

高校希望有针对性地培养社会工作专业学生的文化胜任力，必须对该校社会工作专业培养理念具有清楚的认识，对于文化胜任力的概念、文化胜任力的各个层面及如何培养文化胜任力进行深入研究。培养社会工作专业学生文化胜任力是高校多元文化教育的重要形式，目的在于培养社会工作学生扎实的专业知识和多元文化意识，并且服务于多元文化背景的对象群体。因此，在这一层面社会工作专业教育的培养目标应当强调以下几点：

1. 以尊重、宽容、理解和肯定为基本的文化意识

具备文化胜任力的社会工作专业学生，应当将服务对象的不同文化背景和文化差异看作服务对象所持有的独特资源，这要求社会工作专业学生尊重与服务对象文化间的差异，以优势视角看待文化差异，并对不同文化持以非评判的态度，将其作为服务对象所持有的一种特有优势，而非问题和缺陷。在提供服务前，除了对于其文化的理解，社会工作专业学生还需要主动去了解这种文化，并在服务过程中将这种文化优势加以利用，作为服务的更优解决方案。

2. 具备差异文化背景下的文化知识和文化技巧

社会工作专业学生应当对自己即将介入的服务对象群体的文化背景和文化知识进行了解，以便对服务对象的需求有一个更好的评估，并将文化要素融入服务中。社会工作专业学生应当意识到服务对象不同的价值观、文化背景、语言等文化因素会影响其对于服务需求的界定和后续的介入服务。因此，社会工作专业学生应当了解不同差异文化的表现形式，对于这种差异文化的表现具有一定的判断能力和识别技巧。同时，社会工作专业学生还应当具备跨文化的交往技巧，在意识到差异文化背景的基础上，较好的文化交往技能可以使社会工作专业学生在与服务对象的交往过程中建立良好的信任关系，为后续提供文化适切性的社会工作服务奠定基础。

3. 发展一定的“语言基础”

“语言基础”的重要性在不同的文化胜任力相关文献中都有所提及，“语言基础”的缺乏也会影响部分学生在实习过程中对服务对象群体的介入和信任关系的建立，因此注重文化胜任力培养的社会工作专业教育需要

发展一定的“语言基础”。当然，在当前多元文化的背景下，不论是各类民族语言还是各类方言都数不胜数，想要在社会工作教育的过程中穷尽对于不同语言知识的培养是不可能也是不必要的。“语言基础”的培养目标应当是发展学生在服务过程中优先考虑使用服务对象习惯用语的意识，在服务前对服务对象所使用语言进行基本的了解，如有必要可寻求熟悉服务对象群体语言的人士作为翻译，在服务过程中避免由于语言差异所造成的误会甚至冲突。

（二）促进社会工作专业学生文化觉察与文化自信

培养具备文化胜任力的社会工作专业学生首先需要培养其对于自身文化的文化自觉与文化自信。对自身文化越了解、越自信的个体，在保持和维护自身文化时就越积极，在与非自身文化的人际交往中就越活跃，从而获得较高的文化适应和文化敏感。[①] 同时，社会工作专业学生长期处于培养自己文化的环境中，往往会对自己的价值观、思维和行为模式所属的文化因素缺少必要的觉察。因此，对自身文化进行必要的觉察并对自己所处的文化背景自信，是文化胜任力培养的重要基础。

而缺乏对于自身文化的觉察，容易导致社会工作专业学生在与不同文化背景的服务对象进行跨文化交流时缺乏文化自信或者形成文化优越感，不仅无法进行正常有效的交流，也会导致社会工作专业学生在面对不同文化背景的服务对象时无法对自身的态度、行为从文化层面做出及时、客观、合理的解释，在面对不同文化时缺乏有效的参照物，最终导致与服务对象的沟通效率低下，甚至由于文化差异而产生冲突。因此，培养社会工作专业学生对于自身文化的认识和扎实的知识及对自身文化的觉察能力，是构建社会工作专业学生与不同文化背景服务对象积极主动沟通状态的重要基础。

二、培养结构：社会工作专业学生文化胜任力的三维结构

社会工作专业学生的文化胜任力分为认识层面、知识层面及行为层面。其中，认识是前提条件，知识是必要条件，行为是关键。因此，在社会工作专业学生的文化胜任力培养教学中，文化意识、文化知识与实践能

---

① 丹·兰迪斯，珍妮特·M. 贝内特，米尔顿·J. 贝内特．跨文化培训指南（第三版）[M]．关世杰，何明智，陈征等，译．北京：北京大学出版社，2009.

力缺一不可，三者相辅相成，互相促进。

（一）文化意识层面

文化意识包括对于自身文化的觉察、对差异文化的认识及文化相对意识。其中，对于自身文化的觉察要求社会工作专业学生充分接受、理解自身文化。对差异文化的认识是指社会工作专业学生应当意识并承认差异文化的存在，而不是视而不见，无视差异的存在。而文化相对意识是指摒弃文化中心论，避免将自己的文化视为相对于服务对象文化的优越文化，并能够接受其他不同文化的存在。这种相对意识也是在跨文化背景下与服务对象成功交流的必要条件。同时，社会工作专业学生也应当意识到，文化不是一成不变的，会随着时间、地点的变化而呈现出动态性，因此，社会工作专业学生需要培养这种意识，不断学习服务对象的文化，时刻关注改变。

（二）文化知识层面

文化知识包括语言基础知识及来自服务对象文化背景的知识。社会工作专业学生在确定服务对象群体之后，应了解不同文化背景服务对象的语言及其文化的历史与发展，了解其价值观和风俗习惯等。以此避免在服务过程中由于文化知识缺乏而导致对服务对象的无知及其带来的不信任关系。

（三）实践能力层面

实践能力包括文化调适能力和跨文化实践能力。文化调适能力是指社会工作专业学生为适应与服务对象间文化差异而调节自身实践行为的能力，社会工作专业学生需要在实践中不断调适自己的文化适切性实践，以减少与不同文化背景服务对象的摩擦。同时，专业的实践能力则给这种调适提供了基础，只有基础的实践能力得到保证，才能根据不同的文化背景进行有效的调适。

文化意识、文化知识与实践能力三个部分相互影响、缺一不可，尽管社会工作是实践导向的专业，但并不意味着文化知识这一层面可以忽视。因此，在文化胜任力培养的教学模式中，文化知识培养的主要方式——课堂教学需要与着重培养实践能力的实习体系置于同等地位。

三、培养模式：社会工作专业学生文化胜任力培育的基本原则与策略

当前对于社会工作专业学生文化胜任力的培养，学界并没有一个统一的、系统的模式。社会工作专业虽是实践的导向，但是文化胜任力的培养在前期的理论学习中同样重要。因此，对于社会工作专业教育中文化胜任力的培养应当同时注重理论教学与实习实践。将理论与实践嵌入文化胜任力培养模式中，使理论与实践相辅相成，系统性地培养学生文化胜任力，通过教学模式的改善来解决“如何做”的问题。

（一）基本原则

基本原则是基本策略的前提和指导，通过对于社会工作专业教育文化胜任力培养基本原则的界定和分析，能够使这一培养框架服务于既定的培养目标，为基本策略的提出明确方向。

1. 系统性和综合性

社会工作专业各个理论及相关概念都有系统性和综合性的特点，文化胜任力也是如此。正如前文所指出的，文化胜任力包括文化意识、文化知识及实践能力的培养，涉及了不同的文化历史、价值态度、风俗习惯及行为模式。这种系统性与综合性要求：（1）社会工作专业学生文化胜任力的培养应当选择系统的、连续性的教材，避免其不同层面需要不同的教材造成的碎片化，增加学习难度。（2）文化胜任力的培养应当系统地结合语言和跨文化沟通技巧，使这两个因素能够成为文化胜任力培养的重要组成部分。（3）授课教师应当接受系统性的文化胜任力培训，能够系统教授文化胜任力相关知识，传授多元文化理念，提供从课堂到实习的完整的文化胜任力教学。（4）在文化胜任力的讲授上，应当遵循从易到难，从意识到知识再到实践能力。比如，在系统性的学习文化胜任力前，可以带领学生到多元文化背景的社区观看相关影片，提前感受文化胜任力所产生的环境因素，培养文化胜任力意识之后再注重知识和实践能力的培养。系统性和综合性属于文化胜任力培养基本原则中的基础性问题，为复杂的文化胜任力培养提供助力，避免了文化胜任力培养单一的问题。

2. 动态性

文化具有动态性，同一文化背景随着时间、地点及服务对象个体的生理或心理因素变化而不断发生变化。因此，以文化为基础而产生的文化胜

任力概念及其所构成的不同层面也处于不断的变化之中。在这样一个动态发展的过程中，社会工作专业学生文化胜任力的培养也应当根据变化进行及时的补充和改善，这包括对于国内外文化胜任力相关的知识进行及时获取和学习，对于差异文化在现代社会变迁的关注，学生文化胜任力评估指标的及时更新等。这要求文化胜任力的培养模式需要反映出社会、文化、课程、实习间的动态结合，适应文化变迁。

3. 可持续性

可持续性是与动态性相关联的基本原则之一，由于文化和文化胜任力的动态性特点，社会工作专业教育不可能穷尽和教授所有最新的文化知识和文化技巧。因此，仅仅在某一个学期、某一个阶段设置与文化胜任力相关的课程，而不顾持续的文化胜任力培育是不够的。文化胜任力的提升应当成为社会工作专业学生的终身学习目标，培养其终身学习的意识。因而应当在不同学习阶段对文化胜任力教学内容进行分层设计，持续推动社会工作专业学生文化胜任力培养教学的改革。

（二）基本策略

1. 发展具有文化胜任力的教师团队

社会工作教师队伍是培养社会工作专业学生文化胜任力的重要主体，教师队伍所持有的专业知识、理论基础及价值取向等会对接收其知识传播的学生产生很大影响。因此，培育学生自身的文化胜任力素养，教师需要具备一定的文化胜任力。当前我国高校社会工作专业教师文化胜任力发展存在一定问题，表现为学校之间差距明显，对文化胜任力的理解有偏差及缺乏文化胜任力的系统性等。鉴于文化胜任力在社会工作专业教育中的长期缺失，教师应当学习国内外有关文化胜任力的教学实践案例，不断从多方面提升自身和教学过程中文化胜任力的素养。教师队伍的文化胜任力培养需要突出以下几点：(1) 形成多元文化教育理念，对差异文化具有正确的认识，了解不同个体、群体之间文化的差异性，并持有尊重、包容和非批判的态度。(2) 教师自身应当不断积累多元文化知识和有关文化胜任力的最新研究，不断改进和完善自身教学方式。(3) 选择合适的文化胜任力教材，并对教材进行系统性学习。当前有关文化胜任力的专业教材较少，且实地研究案例缺乏，因此需要教师对自身参与和指导的相关实践进行反思性总结，在课堂教学时进行分享。对文化胜任力各个方面的理论、要素进行梳理，总结出较为适合课堂教学的文化胜任力教学讲义，并为出版做好准备。

2. 文化胜任力在专业课程中的显性设置与隐性嵌入

多元文化课程是培养社会工作专业学生文化胜任力的重要载体。其中，文化胜任力的显性课程指的是设置专门培养文化胜任力各个方面——文化意识、文化知识及跨文化实践技巧的专业课程。通过专业课程的教学，可以使学生经历一个更系统、持续性的文化胜任力培养过程。同时，考虑到教学成本及当前我国文化胜任力教育资源能否支撑起设立单独课程的问题，多元文化课程的隐性嵌入可成为培养社会工作专业学生文化胜任力的必要选择。具体来说，可以在一些社会工作专业必修课及选修课中嵌入文化胜任力的相关内容。比如，在民族类院校“民族社会工作”课程中，除了对民族社会工作一些理论的梳理，还应当运用比较教学方法对不同文化背景下的服务对象及其所在的群体和独特的文化现象进行讲解，使学生对不同文化背景有一定的了解和理解。“社会工作实务”课程，除了讲授通用社会工作方法的案例，还应当包括深入不同文化背景的地区、服务对象群体的案例，侧重从跨文化沟通、跨文化介入等方面实现文化胜任力实务的具体操作。在其他社会工作分支领域的课程中，如面向不同群体的妇女社会工作、儿童社会工作、老年社会工作等，重点讲解服务对象需求产生的社会文化背景和政策背景，对这些背景的深刻把握能够使社会工作专业学生形成更具有文化胜任力特点的专业价值观。同时，对于这类课程中文化胜任力的隐性嵌入也能够使社会工作专业学生对于文化胜任力的概念有更清晰的认识，即文化胜任力不仅是面对少数民族群体所需要的专业素养，也是面对各类来自不同文化背景的服务对象群体所必需的专业能力。

3. 注重语言基础的培养

不论是国内还是国外文化胜任力的相关文献，都着重强调了语言在文化胜任力中的重要性，语言是与服务对象进行正常交流和建立信任关系的基础。大多数学生在介入不同文化背景服务对象过程中，首先面临的就是语言方面的问题，由于服务对象使用的是民族语言或者方言，在沟通方面会存在一定的障碍。

因此，有针对性地培养社会工作专业学生的语言基础，可以提升我们对不同文化的接受与调适程度，增强对不同文化的信任感和认同感。当然，在我国不论是少数民族语言还是各地的方言成千上万，不可能耗费大量的课程资源和教师资源为学生开设专门的语言课。这类语言基础的培育不应以学生流利表达和书写为目的，而是在不同语言的交流过程中，描述语言的特点及语言所产生的文化背景，增强其对于语言要素的重视，在今后的实习及从业过程中，能将语言作为服务介入的基础性因素。在课堂教学中，教师可以适当地利用学生文化背景多样性的特点，使不同方言或民族语言的学生进行语言交流和分享，增强课堂教学的趣味性，并加深学生对于不同语言的包容和理解。

4. 突出文化胜任力评估的重要作用

文化胜任力评估分为学生个人文化胜任力评估和文化胜任力课程效果评估两个部分。文化胜任力课程的相关评估是社会工作专业学生文化胜任力教育的重要组成部分，其目的是不断改进社会工作教学中文化胜任力培养的效果。由于学生自身在学习社会工作专业前就处于不同的文化环境，所受的教育不同，因此其文化胜任力的程度也是不同的。对此，教师需要在学生接受正式的社会工作教育前进行文化胜任力评估，了解学生文化胜任力的平均水平，并根据测试结果，制定不同课程的教学大纲；在课程结束后，需要对学生文化胜任力进行再次评估，了解文化胜任力培养的有效性，不断调整教学方法。

另外，也需要制定学生个人文化胜任力评估的标准，可以结合我国的具体情况对国际社会工作协会的文化胜任力标准进行修订，可在专业实习环节统一安排，使学生在日常的理论学习和实践学习中有一个明确的能力提升。

5. 进一步完善专业实习，提升实践能力

不论是社会工作专业的实践导向，还是文化胜任力的能力导向，其最终目的都是将所学理论知识应用到与服务对象的接触和提供服务的过程中。因此实习与课下的社会实践对于社会工作专业学生文化胜任力的培养是非常重要的。社会工作专业学生文化胜任力的实践，培养主要遵循四个策略，即适时性、针对性、专业性及跨文化边界。

社会工作专业实习一般安排在大部分理论课程学习之后，这样就影响了在课程学习中获得的文化胜任力知识无法及时地运用到实践过程中，在间隔时间较久的情况下，文化胜任力的形成会受到影响，并且会使社会工作专业学生感到实践困难。因此，社会工作专业实习首先要做到适时性，在部分核心课程接近结束前，应当适当地鼓励、安排学生进行小规模、短期的实习，如“个案社会工作”和“小组社会工作”结课前要求学生进行个案或小组工作的实践，并且这种实践不能是流于形式的。社会工作的实习、实践需要具有针对性，选取特定的地区、特定的服务对象群体。同时，社会工作专业实习还应当具备专业性，在实习过程中，教师应当起到督导的作用，对学生在介入前、介入时、介入后文化胜任力的展现进行评估和指导，在学生文化胜任力展现较少时及时提醒并适当进行演示，在实习结束后引导学生总结反思，并为其文化胜任力提升提供改进意见。此外，还应注意社会工作专业实习的跨文化边界。跨文化边界是指社会工作专业学生突破自身文化界限，在对不同文化背景下服务对象的理解和共通中拓展服务对象、提升服务领域，以解决社会工作专业学生进入实习场域时面临的问题。① 社会工作专业实习应当确保实习场域的文化多样性，促使学生跨越自身文化界限，提升文化胜任力。跨文化边界还要求社会工作专业学生突破以往“社会工作者—服务对象”这一单一、线性的服务输送关系，向不同文化背景的服务对象群体学习，以学习者的身份浸入服务对象的现实生活中，建立“社会工作者—服务对象—社会工作者”这种互为主体的社会工作专业关系。

四、结语

文化胜任力在与不同环境的文化接触、文化浸润中产生，这个过程涉及了文化胜任力培养理念、培养结构与培养模式的三重互构。本文基于对社会工作专业教育中文化胜任力的相关培养理念（文化意识与文化自觉）、培养结构（认识层面、知识层面与行为层面）及培养模式（理论教学与实习实践）的分析，总结出文化胜任力的培育路径，如图1所示。

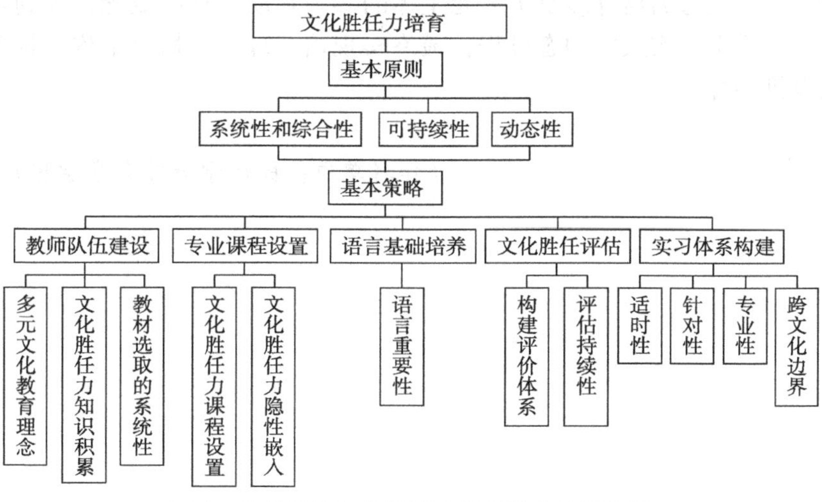

图1 社会工作专业教育文化胜任力培育路径

① 张群．社会工作硕士专业研究生文化敏感能力培养研究［J］．内蒙古农业大学学报（社会科学版），2019，21（4）：21-24.

社会工作文化胜任力的培养首先需要遵循系统性和综合性、可持续性、动态性的原则，为基本策略的提出明确方向。在教师队伍建设方面，教师应该坚持多元文化教育理念，在教学方式、教学内容、教学目标中体现文化敏感性，注重日常教学过程中文化能力知识的积累和总结，在对话性交流和合作中形成具有文化胜任力的教师共同体，综合性提升教师团队的文化能力水平。同时要以系统性和综合性的标准进行教材选取，由易到难推进对学生文化意识、文化知识和实践能力的培养。在专业课程方面，需要将文化胜任力的培养作为单独的课程进行设置，将文化胜任力的意识和能力培养蕴含于其他课程之中，一方面可以达到“润物无声”的效果，另一方面也可以促进学生对社会工作分支领域的深层理解。语言是重要的沟通渠道，应注重描述语言的特点及语言背后的文化含义，增强学生对语言要素与文化的重视。在文化能力的评估方面，构建包括对学生个人文化胜任力评估和文化胜任力课程效果评估体系，同时注重评估的持续性和标准性，并根据评估结果为其他策略的实施不断提供反馈。社会工作文化胜任力的最终面向是实践，因此实习体系的构建是文化胜任力培养策略中重要的一环。社会工作专业实习应根据课程设置和学生的学习程度适时安排，并能契合学生学习的特点和不同阶段的教学培养目标，及时为学生提供专业督导，在跨文化边界的实践中对其能力进行提升。总之，社会工作专业文化胜任力的培育涉及了多元主体的参与互动，是由概念认知到经验建构不断反思、实践的动态过程，最终实现培养理念、培养结构、培养模式的有机融合。

（作者单位：民族学与社会学学院）

混合式教学

汉语国际教育专业微课交互性的分析与思考

——以第二届全国汉语国际教育专业微课大赛特等奖作品为例①

田　艳　徐小童

微课作为一种新型教学模式，打破了传统课堂的束缚，运用新平台和新技术更好地促进学生学习效果的提升。汉语微课体现了“互联网+教育”的变革趋势，有利于解决汉语教师资源不平衡问题，可以丰富汉语教学的手段和途径并体现国际中文教育对新技术的重视与应用。

微课交互性中的交互即交流互动，主要指师生之间的交流互动。不同于传统课堂教学，微课教学过程中师生无法直接面对面交流。加强汉语微课的交互性可以打破时空限制，强化师生之间的交流，从而为深度学习提供有效的途径，最终提升学习者的学习效果。

我们在中国知网（CNKI）进行文献检索，发现微课的交互式教学的相关文章共有 113 篇。相关文献多为对交互式教学的建构方式、学生与环境的交互过程及交互式教学的教学效果进行的探讨。有关汉语微课交互性的研究共有 46 篇，但将汉语微课交互分析与具体案例结合的研究尚未见到。

全国汉语国际教育硕士专业微课大赛是目前关于汉语信息化教学较有影响力的微课比赛，面向汉语国际教育专业学生，大赛获奖作品对职前教师培养的研究具有重要意义。② 因此，本文在前人研究的基础上有所创新，以第二届全国汉语国际教育专业微课大赛中特等奖作品为研究对象，采用

① 本文为世界汉语教学学会 2020 年“全球中文教育主题学术活动资助计划”学术研究类课题（课题编号：SH20Y30）的阶段性成果。课题名称：深度学习理论指导下的汉语微课框架构建及应用。

② 该比赛共有 62 所高校的 866 名研究生参加，共提交了 592 件作品，其中特等奖作品 3 件。

内容分析法、案例分析法等多种研究方法，结合祖晓梅（2009）、王添淼（2010）等学者对于课堂教学师生互动维度的研究并基于汉语微课特点①，从教学设计、教学语言、媒介手段三个维度探讨汉语微课的交互性并对交互情况进行延展性思考，以期促进对微课交互情况的探讨和研究，推动汉语微课教学设计和教学理念进一步发展。

一、教学设计的交互性

教学设计是汉语课堂教学的必要环节，也是优化教学过程的必要步骤，教学设计中最重要的就是教学情境和教学活动的设计（田艳，2010）。教学情境是指教师在教学过程中创设的情感氛围，可以分为理智类情境（启发学生思维）和情感类情境（激发学生情感）（袁维新，1999）。教学活动是体现教师教学理念及激发学生参与感的重要方式和手段。语言课堂的交互活动反映教师、学生、教学环境及其一切交互表现的形式和结果（郑艳群，2020）。

（一）教学情境的交互

3 件特等奖微课作品教学情境类型为理智类情感类相结合，有利于在汉语教学交互中帮助学生加深对知识的理解和掌握，激发学生学习热情。如表 1 所示。

表 1　教学情境的交互情况

作品	教学内容	交互主题	交互情境	情境类型
T1	中国新四大发明	大龙的留学生活	教大龙买高铁票 教大龙进行网购 教大龙滴滴出行	理智情感类结合
T2	“的”字短语	小玉的生日会	帮小玉选裙子 寻找小玉家人 观察小玉礼物	理智情感类结合

① 祖晓梅（2009）从教师提问、意义协商、更正性反馈三个方面，探讨了语言课堂师生互动的研究对汉语教学的重要性。王添淼（2010）分析了体态语、面部表情、目光语等因素对课堂教学的影响。

续表

作品	教学内容	交互主题	交互情境	情境类型
T3	“是……的”强调句	尼克的北京生活	尼克自我介绍 尼克与教师对话 尼克学习成果展示	理智情感类结合

T1 微课以“大龙的留学生活”为主题设计情境。教师根据“大龙”的真实生活，创设了三个交互情境，分别为：大龙买高铁票、大龙网购、大龙滴滴出行。微课在情境设计中将情境与生活紧密结合，将网购、高铁等文化词汇的学习融入教学情境之中，激起学生对学习内容的兴趣和主动联想，最终达到交互效果。

T2 微课以“小玉的生日会”为主题设计情境。教师根据“‘的’字短语”的意义和用法设计了交互情境。以“小玉的生日会”为主题设计情境并贯穿始终，分别为帮小玉选裙子、寻找小玉的家人、观察小玉的礼物。T2 教学情境的创设从生活选题，将复杂的语法知识融入生动、具体的生活场景“生日会”中，有效增强了学习者的带入感和参与热情。

T3 微课以“尼克的北京生活”为主题设计情境。教师根据“是……的”强调句的意义和用法设计了教学情境。教师在讲解中创设了“尼克自我介绍”“尼克与教师的对话”“尼克的学习成果展示”三个功能性情境，具有真实性和趣味性，可以帮助学生置身于交际或半交际的语言环境之中，实现情感交互。

总体来看，3 件微课作品在教学情境的创设上注重趣味化和生活化。在具体情境的设计上，能够做到将情境创设与学生生活环境、学习背景等紧密结合。在线上教学的过程中，真实有趣的情境更能够激发学习者的情感共鸣，提高学生的学习兴趣，提升学习者自主学习的效果。

（二）教学活动的交互

教学活动的交互设计应充分考虑教学情境的交互性。生动、有趣的教学情境能帮助学习者快速、准确地感知学习内容，降低学习难度。我们根据教学活动交互程度的不同，将其划分为控制性活动、半控制性活动、自由活动。控制性活动和半控制性活动多由教师主导，其优点在于能较好地控制交互程度及输入输出频率。自由活动开放性较强，能够给予学习者足够的表达和交际空间。微课教学活动的交互情况如表 2 所示。

表 2 教学活动的交互情况

作品	教学内容	教学活动	活动类型
T1	中国新四大发明	造句：网购回家的礼物 造句：如何进行滴滴打车	半控制性活动
T2	“的”字短语	填空：小玉挑礼物 造句：小玉找朋友	控制性活动 半控制性活动
T3	“是……的”强调句	填空：随讲随练 交际活动：采访尼克 成段表达：说说北京生活	控制性活动 半控制性活动 自由活动

T1 微课设计了两个交互活动。在造句练习“网购回家的礼物”中，教师首先讲解了“淘宝”“天猫”等名词。其次出示图片，以“过年回家”为文化载体，学生运用所学文化词汇“网购”进行造句表达，加深对这一文化词汇的理解。在造句练习“如何进行滴滴打车”中，教师首先讲解了“滴滴打车”的含义及操作方式，接着学生进行造句操练。上述两个教学活动中，教师始终把握课堂节奏，使得不同汉语水平的同学在交互过程中均获得参与感。

T2 微课共设计了两个交互活动。填空练习“小玉挑礼物”为控制性活动，学生根据教师提问说句子，问题的正确答案具有限定性。造句练习“小玉找朋友”这一活动为半控制性活动，教师在活动中赋予学习者一定的自主性。例如，教师通过图片及关键词提示引导学习者自主表达产出句子，如“睡觉的是小龙”等。

T3 微课共设计了三个交互活动。在讲解部分，每一语法点后设置填空练习，使教学层次更加清晰。在练习部分，教师设置了半控制性活动“采访尼克”及自由活动“说说你的北京生活”。在师生交互中，“采访尼克”模拟了真实的交际任务，为学生展示了语法点运用范例。在自由活动“说说你的北京生活”中，学生可以自主输出表达，有利于激发学生的表达能力和交际能力。

由此可见，3 件微课作品教学活动设计多为控制性活动与半控制性活动，这可能与在汉语微课中设置自由活动较难操作和展开有关。我们认为，在微课教学过程中，只要方式得当，难度适宜，自由活动也是可以设置的。汉语微课应敢于创新，对教学活动进行了“组合设置”，使活动类型由控制性活动向自由活动层层递进，实现交流互动的纵深发展。

二、教学语言的交互性

教学语言是教学过程中的媒介语与学习者的目的语，具有双重性、受限性、动态性的特点（孙德金，2003）。教师语言是连接教学的手段，促进学习者对所学的知识深入探究，最终实现师生之间的交互。下面我们从教学过程中的语言交互及教学提问中的语言交互来分析教学语言的交互性。

（一）教学过程中的语言交互

微课中师生无法直接面对面交流互动，但是教师如果能够恰当使用教学语言，则可以有效帮助学生增加自主输出，实现交流互动。结合李泉、高增霞（2010）和陈良飞（2018）等人对教学语言的理解和分类，我们从组织教学、引导衔接、提醒注意、确认效果四个方面对教学过程中教师语言的交互进行分析。组织教学是实现有序教学的前提，其能够有效调动学生的注意力，激发学生的情感。引导衔接是依据汉语微课的整体框架，有效衔接前后各个部分，使课程成为一个有机统一的整体。提醒注意是在讲解关键内容时为吸引学生注意，防止学习者注意力分散所采用的语言。确认效果是为了进一步了解学生的掌握情况，增加与学生交流频率的语言。下面我们将从这几个方面进行探讨。①

我们将 3 件特等奖微课作品的教学语言转写入 Excel 表格并进行了内容分析。其中，教学过程中语言的交互情况如表 3 所示。

表 3　教学过程中的语言交互

作品	总句数	教学过程中的语言交互							
		组织教学		引导衔接		提醒注意		确认效果	
		句数	比例	句数	比例	句数	比例	句数	比例
T1	53	18	34%	17	32%	15	28%	3	6%
T2	27	3	11%	9	33%	10	37%	5	19%
T3	40	9	22%	17	43%	10	25%	4	10%

① 在 3 件特等奖微课作品中，教师提问语言占比较大，且交互作用多样，因此本文将对“教师提问中的语言交互”专门进行分类研究。

T1 微课作品组织教学及引导衔接的语言占主体①，分别占教学过程中交互语言的 34%和 32%。该微课教学语言注重整体衔接与串联，如微课在讲解“高铁”时，首先在导入部分运用语言“如果你来到中国，这些肯定对你有帮助”强调课程的实用性，引发学习者的兴趣；其次教学互动语言围绕“大龙”这一主题人物展开，如运用“大龙坐高铁去中国”“大龙网购回家的礼物”“大龙打车去中山桥看夜景”等教学语言引出对相关文化词语的讲解，营造交互的氛围。在微课中，其引导衔接语言的设计都与学习者的生活密切相关，能够激发学习者的情感共鸣，实现交互效果。

T2 微课作品引导衔接及提醒注意的语言占主体，分别占比 33% 和 37%。在引导衔接方面，该微课在语法讲解、问题讲练、情境展示方面注重语言的前后衔接。教师的引导衔接设计始终以学习者为中心，使课程的交流互动更加自然得体，实现了课程交互设计的整体性和持续性。在提醒注意方面，教师多次运用语言“大家看屏幕”“我们一起来看看”“我们看例句”来吸引学生注意，防止注意力分散，提高交互效率。

T3 微课作品引导衔接语言占比 43%，可以看出教师非常注重引导衔接语言在交互中的作用。教师运用“我们一起走进尼克的北京生活”引入课程学习，运用“我们一起采访尼克”引入课堂活动，运用“我们一起来看看尼克学会了吗”引入成段表达。这些引导衔接语言有效推动了教学过程，提高了学生对语言点的认知效果，最终有利于提升师生交互的质量。同时，教师注重组织教学（22%）及提醒注意（25%）中教学语言的交互性。总体来看，该教师教学语言类型较为全面，语言运用环环相扣。

由此可见，从语言交互类型来看，3 件微课作品均注重引导衔接和提醒注意语言的运用，T3 作品更倾向于用交互性讲解语言代替陈述性讲解语言。从语言交互数量来看，T3 更加注重教学语言的交互频率。我们认为，从语言交互在语言节奏正常、时长相等的情况下，从某种程度上来说，教学过程中交互语言数量较多，交互效果会相对较好。

（二）教学提问中的语言交互

提问是教师为引发学生思考、增强学生参与感的教学方式，也是师生交互的重要途径之一。有效的提问能够启发学生思考、促进学生对语言的

---

① T1 微课作品为系列课程，组织教学的语言在教学过程的语言中占比较高。

掌握和表达。在微课教学环境下，教师与学生长期处于异步空间分离状态，若教师提问类型单一、交互性弱，会造成学生课堂参与感低，难以融入课堂情境等。

我们依据 Wajnryb（1992）的分类，将课堂提问方式分为展示性提问（display question）、参考性提问（referential question）及非回顾性提问（non-retrieval question）三种。展示性提问是封闭性问题，在师生交互前教师已知晓标准答案，提问目的是为了考查学生对知识点的理解情况。参考性问题是开放性问题，在交互过程中的主要功能为考查学生的理解和表达能力。非回顾性提问是利用已知信息引发综合思考，在交互中可以进一步调动学习者的思维活动。

我们将 3 件特等奖微课作品的教学提问语言进行数据转写，填入 Excel 表格并进行了内容分析。其中，教学提问的交互情况如表 4 所示。①

表 4　教学提问的交互情况

作品	总句数	提问频率（句数/分钟）	教师提问形式及所占比例					
			展示性提问		参考性提问		非回顾性提问	
			句数	比例	句数	比例	句数	比例
T1	20	1	8	40%	5	25%	7	35%
T2	11	2	6	55%	3	27%	2	18%
T3	46	5	21	46%	7	15%	18	39%

T1 微课作品共有教学提问 20 句，平均提问频率为 1 句/分钟。其中，展示性提问为 8 个句子，占 40%（0.4 句/分钟），主要考查学生对知识的表层理解，确认学习效果。教师在讲解“高铁”的含义时首先提问“高铁的含义”，以引出对概念的讲解。此外，教师设置了参考性提问来加深学生对所学内容的迁移运用。这部分问题大多具有一定开放性，赋予学习者一定的表达空间，促使学生在交互过程中积极思考并主动交流。例如：“今年回家你想带什么礼物给家人呢？”

T2 微课作品共有教学提问 11 句，平均提问频率为 2 句/分钟。例如：在“小玉找朋友”这一活动中，教师多次提问：“大家都找对了吗？”以体

① T1 为文化系列微课，时长为 20 分 30 秒；T2 为语法微课，时长为 7 分 21 秒；T3 为语法微课，时长为 9 分 28 秒。3 件微课作品时长共为 38 分 19 秒。

现教师对师生交互的关注，这也体现出教师的互动意识较好。

T3 微课作品共有教学提问 46 句，平均提问频率为 5 句/分钟。展示性问题主要用于知识学习和理解初期，教师所提出的问题多与所学句型紧密相关。例如："尼克是怎么来北京的？"这有利于教师有效控制课堂，带领学生紧跟微课节奏进行语法学习。此外，非回顾性提问也比较多，占比为 39%（2 句/分钟）。这类问题赋予学生更多表达空间，帮助学生在师生互动中实现语段表达，引导学生产出更多的语言。例如："我们已经知道了尼克的北京生活，那你的北京生活是什么样的呢？"

由此可见，3 件微课作品在教学提问中的语言更倾向于设置展示性问题，这有利于激发学习者的浅层认知，及时了解学生的学习和掌握情况，但不利于对学生自主表达能力以及交际能力的培养。从 3 件微课作品的对比来看，T3 微课更倾向于在课程中运用提问的方式讲解语法内容，T1 微课、T2 微课更侧重于运用讲授的方式来推进课程。我们认为，教师在微课中可以增加提问的类型和频率。适当在讲解结束后加入参考性提问以及非回顾性提问，锻炼学习者的自主表达能力和交际能力。

三、媒介手段的交互性

媒介手段的使用也是交互的重要环节。作为新形势下的产物，汉语微课的交互性应与"互联网+时代"理念相结合。一方面，要把多媒体和网络技术引入课堂，使课堂教学更加完善；另一方面，在网络教学中，应当尽可能地再现课堂教学中人的因素和优势（郑艳群，2001）。技术手段能够使语言可视化，在一定程度上解决师生交互的难题，对增强课程趣味性，达到教学交际目的具有重要意义。

在汉语微课中，视觉占据交互的重要地位。① 3 件微课作品运用的媒介手段共有四种，分别为视频、动画、图片、表格。其中，视频可以根据类型分为短视频、动画视频、真人拍摄视频。图片可以根据来源分为：网络下载、图片截取及自行制作图片，具体如表 5 所示。

---

① 我们认为，教学媒介在汉语微课中的交互作用可以分为四个方面：A. 创设语言情境，激发学生学习热情；B. 提供直观展示，指导学生操练；C. 进行归纳总结，巩固学生所学知识；D. 增加学习趣味，提高学生学习效率。

表 5 媒介手段的交互情况

<table>
<tr><th>作品</th><th>教学内容</th><th>媒介类型</th><th>媒介来源</th><th>表现内容</th><th>交互作用</th></tr>
<tr><td rowspan="3">T1</td><td rowspan="3">中国新四大发明</td><td>真人视频</td><td>自行拍摄</td><td>教师与大龙对话</td><td>A</td></tr>
<tr><td>短视频</td><td>网络下载</td><td>“高铁”宣传片</td><td>B</td></tr>
<tr><td>图片</td><td>网络下载</td><td>高铁、支付宝、微信、二维码</td><td>D</td></tr>
<tr><td rowspan="2">T2</td><td rowspan="2">“的”字短语</td><td rowspan="2">图片</td><td>自行制作</td><td>“小玉”动画图片</td><td>B、D</td></tr>
<tr><td>网络下载</td><td>书、裙子、礼物等图片</td><td>B</td></tr>
<tr><td rowspan="4">T3</td><td rowspan="4">“是……的”强调句</td><td>动画视频</td><td>自行制作</td><td>采访尼克</td><td>D</td></tr>
<tr><td>图片</td><td>网络下载</td><td>天坛、老舍茶馆、长城图片</td><td>A</td></tr>
<tr><td>表格</td><td>自行制作</td><td>语法点总结</td><td>B、C</td></tr>
<tr><td>真人视频</td><td>自行拍摄</td><td>尼克谈北京生活</td><td>B、C</td></tr>
</table>

T1 作品共运用了两种媒介手段，即视频（真人视频、短视频）、图片。教师运用真人视频导入，通过与“大龙”的对话，了解“大龙”在出行方面遇到的困难。接着，教师通过短视频介绍“高铁”，呈现可视化信息，帮助学生创设语言情境，减轻因词语抽象、交流不便所带来的交互距离感和疏离感。此外，教师在讲解“支付宝”“微信”等文化词汇时，采用了图片展示的方式，直观形象，简明易懂。

T2 作品共运用了图片（自行制作、网络下载）这种媒介形式。课程动画图片展示“小玉”形象，使人物形象主题鲜明、脉络清晰，实现了与学习者的情感交流。同时，在教学中运用动画图片与学生进行交流互动可以增加学习趣味，提高学习者的积极性和主动性。

T3 作品共运用了三种媒介手段，即视频（动画视频、真人视频）、图片、表格。教师运用动画视频“采访尼克”模拟真实交际场景，增强了课堂趣味性和学生参与感，一定程度上解决了微课教学过程中真实交际场景缺失的问题，快速拉近了“学习者—内容”的交互距离。“真人视频”展示了“尼克的北京生活”，帮助学生进一步巩固记忆，并通过趣味可感的方式在交互中实现自我监控。此外，该微课运用表格对语法点进行总结概括，有利于更加直观形象地帮助学习者降低学习难度、扫清交互阻碍。

由此可见，3 件微课作品不仅使用了图片、PPT 等教学媒介，还自制了丰富有趣的真人视频、动画人物。这些可视化媒介手段符合汉语微课教学的特点，能够帮助学生更好地创设情境，增加学习的趣味性。

四、结语

本文以第二届全国汉语国际教育专业微课大赛特等奖作品为例，从教学设计、教学语言、媒介手段三个方面进行考察，对国际汉语微课的交互性进行了分析与思考。基于上述分析，我们发现：

第一，关注教学设计的情境性。微课教学设计时应注重教学情境的创设要与学生的生活环境、学习背景等内容相结合，尽可能为学生营造真实的交际场景，减少因时空距离而造成的交互疏离感。

第二，关注教学活动的综合性。微课教学设计时应注重教学活动类型的综合性，虽然在微课教学过程中自由活动的开展相对困难，但只要方式得当、难度合宜，自由活动同样可以应用在微课教学中。

第三，关注教学语言的启发性。教师在微课中要注重提问、反馈等教学语言的启发性及在交互活动中不同类型的教学语言对课堂的推动作用，激发学生学习兴趣，促进交互活动的进行。

第四，善于运用多样的教学媒介。国际汉语微课教学应充分体现“互联网+时代”的优势，在师生交互过程中应充分利用多样的教学媒介提升课程的趣味性，吸引学生的学习兴趣，直观清晰地展示教学内容。

通过研究我们发现，当前汉语微课教学中已经认识到交互性对于课程质量和效果的重要意义，但当前汉语微课交互的质量与水平仍处于初级阶段。在今后的汉语微课教学中，如何提高交互性，提升学生的参与度与学习效果，是学界需要关注的课题。

参考文献

[1] 李泉，高增霞. 汉语综合课教学原则和教学意识 [J]. 海外华文教育，2010 (4)：8-21.

[2] 林秀琴，吴琳琳. 关于线上国际中文教学的调查与思考 [J]. 语言教学与研究，2020 (4)：39-46.

[3] 毛瑞，丁安琪. 对外汉语教师课堂行为对留学生汉语课堂焦虑的影响 [J]. 人文丛刊，2011 (6)：78-89.

[4] 孙雁雁. 体态语在对外汉语教学中的意义及应用 [J]. 语言教学与研究，2004 (2)：64-69.

［5］孙德金．对外汉语教学语言研究刍议［J］．语言文字应用，2003（3）：98-105．
［6］田艳．国际汉语课堂教学研究［M］．北京：中央民族大学出版社，2010．
［7］田艳，谭斌．汉语国际教育硕士微课教学设计与教学技巧［A］．汉语本科教育研究［C］．北京：时事出版社，2021（2）：67-77．
［8］王少蒙．赴泰汉语教师志愿者微课比赛中副语言和体态语运用情况调查［D］．云南：云南师范大学，2021．
［9］王添淼．对外汉语教学中教师体态语的运用［J］．汉语学习，2010（6）：98-103．
［10］王向云．微课中的教学交互设计研究［D］．云南：云南师范大学，2017．
［11］徐小童，田艳．汉语微课交互式效果考察与分析［A］．汉语本科教育研究［C］．北京：时事出版社，2021（02）：219-227．
［12］杨成洋．初级汉语综合课中教师体态语研究［D］．黑龙江：哈尔滨师范大学，2020．
［13］周小兵．情景和情景教学［J］．中山大学学报论丛，1994（2）：68-73．
［14］郑艳群．课堂上的网络和网络上的课堂：从现代教育技术看对外汉语教学的发展［J］．世界汉语教学，2001（4）：98-104．
［15］Wajnryb，Ruth. Classroom observation tasks：a resource book for language teachers and trainers［J］．The Modern Language Journal 1992（78）：111．

（作者单位：国际教育学院）

试论哲学方法论向教学方法的转变

刘 然

方法论是哲学的重要内容之一，不仅具有操作性，而且具有普遍性。因而在探索教学方法的过程中，哲学方法论是重要资源。但是需要注意的是，哲学方法论是一种理论探讨，因而带有很强的思辨性。大部分方法论探讨的是思维、逻辑、理论运行和操作的方法，即使一小部分具有较强实践性的方法论，和现实也是间接关系。因此我们在利用哲学方法论进行教学方法探讨时需要做一些转换的工作。以下是我们在教学实践中尝试进行运用的部分重要的哲学方法论。

一、集中归纳法和分散归纳法

归纳法和演绎法是对应的方法，不仅具有悠久的历史，而且在各个领域普遍应用。具体言之，早在古希腊时期，哲学家就开始提炼归纳法的一些基本要义。其中，最为著名的就是苏格拉底的“精神助产术”。之后各个时代，从古希腊的亚里士多德，中世纪的托马斯·阿奎那，近代经验论哲学家培根和休谟，直到现代西方哲学，从未停止对于归纳法的研究。

在具体的教学实践中，我们主要应用了两种归纳法的形式：集中归纳法和发散归纳法。

集中归纳法比较适合探讨大家熟知但未必真知的问题，主要是受到苏格拉底的启发，实质就是对其精神助产术的具体应用。苏格拉底哲学最重要的内容是通过这种方法讨论道德定义，主要形式就是对话。因此特别适合教学中的互动环节。苏格拉底的精神助产术主要分为四步：讽刺、助产术、归纳和总结。在教学实践中我们可以直接运用。

例如，我们和学生一起探讨“真”的问题。这个问题学生比较熟悉，即使理科生也能大致描述。下面展示一个比较典型的实际对话。问：“什么是真？”答：“对的。”问：“什么是对的？”答：“……”问：“比如，今天下雨了，A说今天没有下雨，B说今天下雨了。我们就说A是错的，B是对的。我们评价的是什么?”答：“我们评价的是他们说的内容。”问：“也就是?”答：“也就是他们的想法和观点。”问：“那么为什么A就是错的，B就是对的呢?”答：“因为A的观点不符合事实，B的观点符合事实。”问：“现在我们已经接近真理了，这说明在真的问题中是有主观和客观两个方面的，根据刚才我们的对话，在真的问题中主观和客观哪个处于核心地位呢?”答：“客观。”问：“非常好，下面你简单梳理一下，对‘真’下一个定义如何?”答：“‘真’是关于事实的探讨，当主体的观点符合客观事实，即为真，否则为假。”这样我们就通过集中归纳法对“真”进行了定义，而且是在教师的辅助下，由学生自己说出来的。课堂效果非常好，学生也能够长时记忆。甚至我们还可以在此基础上触类旁通地探讨善的问题。善的问题也是主体和客体关系问题，但是核心发生变化，以主体的需要为核心，而且善分为广义和狭义两种，广义上客体可以是任何事物，类似于价值问题，狭义上客体专指人。

集中归纳法之所以集中，就是目的明确，而且试图直接找到定义。虽然需要发散思维，这是归纳法的基本特点之一，但是由于教学对象对此问题比较熟悉，没有必要从头做起，因此直接集中归纳，最终确定位置，合理定义。

分散归纳法则比较适合学生不是非常熟悉的问题或者比较深奥的问题。由于不熟悉或者比较深奥，因此需要外围工作，然后逐渐集中深入，这也是我们对于归纳法的一般印象。培根在《新工具》中将归纳法概括为三步：广泛搜集自然史和科学实验的材料、整理材料、归纳。① 我们可以将之转化为教学中的列举法、归类法和归纳法。

比如，我们和学生探讨人的本质的问题。这个问题比较深奥，需要使用分散归纳法。首先我们可以把问题简化为：“人和动物不同的地方有哪些?”让学生列举。实际教学中，学生会列举出很多：使用工具、聪明、情感丰富、社会活动、直立行走、大脑发达、理性思考、有文化生活、懂得创造、语言、抽象思维、文字等。尤其是研究生，基本上能够把可能的路径没有遗漏地全部列举出来。然后我们再和学生一起进行归类，即合并同类项，总结出五条路径，即神学本质、自然本质、精神本质、社会本质和文化本质。最后我们集中对这五条路径进行比较探讨，最后得出各自的合理性，和后两个本质的优越性。人是进行现实的实践活动的人，人在社

---

① 北京大学哲学系．西方哲学原著选读［M］．北京：商务印书，2004：359-361.

会性的物质和精神生产中，创造区别于自然的文化世界，这就是人的本质。

集中归纳法和分散归纳法虽然在具体形式和应用情境上有所区别，但是它们都具有归纳法的基本特征，就是从分散到集中，最终确定内涵。但是正如休谟所说："因果关系永不能使我们由我们知觉的存在或其性质，正确地推断出外界的继续不断的对象的存在。"① 归纳法不是万能的，而且需要注意归纳中材料的典型性，甚至需要如培根提醒我们的那样，注重反面例证的收集。这样就会使归纳法更为可靠。当然在一般知识传授时，无须如此复杂，但是如果在探讨一些学术极限问题时，必须将这些因素考虑其中。

另外，这里我们虽然重点讨论归纳法，但是由于归纳法和演绎法的密切关系，我们有必要简单提及演绎法。演绎法是在唯理论和先验论哲学家中非常流行的一种哲学方法。他们常常通过直观寻求真的观念，然后以此为前提演绎出新的知识，如斯宾诺莎就是典型的代表。当然依靠理性直观获得的真的观念，谬误的可能性很大，但是我们不能由此就忽视演绎法的优势，演绎法往往渗透着整体的或者系统的观念。因此如能将归纳法和演绎法进行合理的结合，在教学方法上会取得不错的效果。

二、辩证法与形而上学的互动

形而上学有两个含义：一个是指搭建抽象逻辑体系的哲学，主要是现代哲学对古代和近代哲学的批判；另一个是指相对于以发展和联系为特征的辩证思维的以静止和孤立为特征的思维方式。我们这里使用的是第二个含义。由于近代哲学向现代哲学过渡时期辩证法思维的兴盛，形而上学往往受到诟病。其实两者之间存在互动关系，严肃的形而上学往往最接近于辩证法，或者说，不懂得形而上学是无法真正理解辩证法的。比如：古希腊的芝诺关于否定运动的论证，完美地推动了人们对于运动的认识；康德关于"二律背反"的深刻探讨，催生了黑格尔的辩证法。因此我们在教学实践中运用辩证法的时候，没有必要排斥形而上学，甚至可以加以利用。

辩证法是以形式逻辑为基础的思维方法。在古希腊时期，亚里士多德探讨了逻辑学的一些基本问题，这些内容直到今天在一般逻辑学和心理学中还作为常识加以介绍，如探讨思维形式的范畴、命题（即判断）、推理

---

① 休谟．人性论［M］．北京：商务印书馆，1980：244.

和证明学说，关于思维规律的矛盾律和排中律。其中，矛盾律和排中律相对辩证法来说就是形而上学思维，因为它们的基本内容是一个事物不能同时是A又是非A，而且要么是A要么是非A，不能什么都不是。在一定范围内作为形式逻辑基本规律的矛盾律和排中律是正确的，但是一旦超出一定范围就是错误的。形式逻辑和辩证逻辑的关系如同初等数学和高等数学的关系。但是辩证法离不开形式逻辑，辩证法就是关于矛盾的规律。尽管此矛盾非彼矛盾，但是有一点是一致的，就是事物包含两个方面。我们只有将事物本身的矛盾双方分析清楚探讨明白，我们才能形成对两者辩证关系的深刻理解。没有分析的综合只能是空想、假设和先验论。

但是需要注意，辩证法毕竟超越了形式逻辑，因此我们要特别地把握好它的特质。辩证法所探讨的矛盾是事物内部本身所具有的矛盾，两者的对立统一和运动变化，决定了事物自身的变化和发展。因此在使用辩证法进行教学实践时，不能任意地收罗两点，然后进行所谓的辩证分析。

辩证法在向教学方法转变的过程中，一般是作为分析方法进行的，教师带领学生辩证地分析个人与社会的关系、美与丑的关系、效率与公平的关系、理性与非理性的关系等。这种分析配合经典的案例，可以起到非常好的效果。比如，在介绍理性和非理性的关系时，我们就可以首先分析什么是理性和非理性。理性包括作为感性知识的感觉、直觉、表象、记忆、联想和作为理性知识的概念、判断、推理、证明等；非理性包括情感、情绪、意志、悟性、直觉、本能等。然后对比两者，理性往往可以进行逻辑表达，但是非理性则很难用逻辑显示。最后把人的心理作为一个整体，将理性和非理性进行整体描述。这个过程当然可以借鉴一些现成的理论，如弗洛伊德、弗洛姆等人的心理学，也可以联系希腊神话中阿波罗精神和狄奥尼索斯精神的故事，当然更为重要的是可以联系社会现实，将理性和非理性的关系进行充分展示。理性是明眼的瘸子，非理性是身体强健的盲人，两者只有完美结合，才能创造舒适的人生和社会。

这里我们作为重点想要介绍的是辩论教学方法。辩论在教育界经常被使用，但是在课堂上使用并不容易，需要注意的是形而上学和辩证法的互动。具体言之，我们需要注意以下几点：第一，选题必须具有辩证性，也就是说正反辩题确实是事物内部矛盾双方；第二，矛盾双方必须势均力敌，不能一弱一强，这样就无辩自明；第三，必须明确辩论的明暗关系，显性的是形而上学思维，集中表达对自己有利的论据，隐形的是辩证思维，要知道自己的观点其实存在几乎同样的不利因素，因此需要防守，对自己的弱势也要了如指掌，对方一旦进攻，我们要打有准备之仗；第四，辩论教学方法不是辩论，可能在辩论中能够分出胜负，但是在现实中，双方都是有道理的，而且他们合在一起才是真理，因此最后需要我们跳出辩论的形而上学思维，进入辩证思维，获得我们想要得到的结果。

比如，在全球化背景下的中国，就存在中国传统文化与西方文化的碰撞和融合。探讨中西文化的关系对于建构当代中国文化具有重要意义。因此在世界文化的专题研究中，我们就可以以中西文化为主题采取辩论的教学方法，即辩证法与形而上学互动的教学方法。我们具体的操作方法是超越于辩论的。我们可以将学生分成两队，一队是中国文化派，另一队是西方文化派。分别安排一次课，让他们按照发展历程、主要内容、地理环境和类型特点四个主题进行汇报。在此基础上，在这个专题的第三次课，安排双方以辩论的方式进行中西文化优劣的辩论。在故意的形而上学中达到对于中西文化的辩证理解。古代中国儒道释的合流首先是在儒道之间展开的，儒道之间相互补充、相辅相成的关系是中国传统文化的基本结构；中西文化互补构成综合创新的基本结构。当然后来糅入的佛教和马克思主义文化在地位上存在很大区别。马克思在《1857—1858 年经济学手稿》中曾说："人的依赖关系（起初完全是自然发生的），是最初的社会形态，在这种形态下，人的生产能力只是在狭窄的范围内和孤立的地点上发展着。以物的依赖性为基础的人的独立性，是第二大状态。在这种形态下，才形成普遍的社会物质交换，全面的关系，多方面的需求及全面的能力体系。建立在个人全面发展和他们共同的社会生产能力成为他们的社会财富这一基础上的自由个性，是第三个阶段。第二个阶段为第三个阶段创造条件。"①中国文化显然更适应人对人依赖关系的社会，而西方文化更适合人对物依赖关系的社会。在未来的自由人联合体的社会，需要两种文化的互补结合。在后工业社会这一带有过渡性的历史时期，西方文化自身的局限性已经比较明显地暴露出来。

三、经济原则与情感原则

在经院哲学末期，唯名论在与实在论的争论中获得胜利，涌现出多位著名的唯名论哲学家，其中有一位叫作威廉·奥康。奥康是 14 世纪最彻底的唯名论者，他认为只有个别事物才是真实的，并在此基础上提出了著名的"经济原则"，也被称为"奥康剃刀"。这是针对中世纪经院哲学热衷于

① 马克思恩格斯全集：第 46 卷上［M］. 北京：人民出版社，1979：104.

虚构和赘述提出的一种哲学方法。“没有必要，就不应增加本质”；“少做能达到的事，多做则无益”。[①] 这就是经济原则的基本要求。

经济原则转变为教学方法要求我们做到两点：一是尊重感性生活；二是经济高效，实事求是。

马克思在《关于费尔巴哈的提纲》中说：“从前的一切唯物主义——包括费尔巴哈的唯物主义——的主要缺点是：对事物、现实、感性，只是从客体的或者直观的形式去理解，而不是把它们当作人的感性活动，当作实践去理解，不是从主观方面去理解。因此，和唯物主义相反，能动的方面却被唯心主义抽象地发展了，当然，唯心主义是不知道现实的、感性的活动本身的。”[②] 据此，我们可以将第一点“尊重感性生活”引申为实践的方法。就是要求我们在教学中注重观察法、实验法、实践法，让教学内容不仅具有理论张力，而且具有现实感，实现客观规律性和主观能动性的统一，从而避免培根所说的“种族假象”“洞穴假象”“市场假象”“剧场假象”。

至于“经济高效，实事求是”，同样具有批判意味。我们的教学不是把学生讲糊涂，而是把学生讲明白，因此需要深入浅出。而深入浅出容易理解，却不容易做到。因为深入浅出需要教师对于问题的深刻把握及对于现实的敏锐观察。浅入浅出，可以把问题说清楚，但是没有水平，无法完成教学任务；但这还不是最坏的，最坏的是浅入深出，没有什么水平还故弄玄虚，把学生讲糊涂，以证明自己有水平；大多数教师更容易做到深入深出，有理论水平，但是无法清楚明白地讲清楚；深入浅出，需要一定的功力，也是经济原则在教学方法上的要求。

比如，讲理想。如果简单地问学生：“你的理想是什么？”或者仅仅讲一个励志故事，这就是浅入浅出；如果玄而又玄长篇大论地谈论理想的抽象含义，但是实际效果上最终无非就是原地打转，这就是浅入深出；如果能够找到理想的学术根源，如将理想与人的生存方式联系起来，或者梳理人类思想史关于理想的探讨，这就是深入深出；而深入浅出要求我们找到理论与实践的黄金分割点和有机结合的方式，如我们可以将理想放在理想与现实这对矛盾中进行讲述，再将理想和现实的关系放在中国文化的矛盾体中展现。在中国传统文化的研究中分析理想主义和现实主义的关系，既具有学术高度，又有现实支撑。

---

① 冒从虎等．欧洲哲学通史［M］．天津：南开大学出版社，2002：165.

② 马克思恩格斯选集：第1卷［M］．北京：人民出版社，1995：54.

情感原则与经济原则有一定的对应关系。经济原则要求深入浅出，要求言简意赅；而情感原则相反，需要不厌其烦地渲染，甚至需要艺术介入。在前面我们提到理性与非理性的关系，其实情感原则就是对非理性的重视。教学实践，即使像数学这样的几乎纯粹理性的事物，也需要情感的介入，需要兴趣，需要热情，需要用美的眼光去欣赏，何况充满人文色彩的社会科学。因此我们在教学中，不仅要投入感情，而且要激发学生的情感，甚至有计划地重视对于学生非理性素质的培养。

具体言之，我们觉得情感原则要求我们至少做到以下几点：其一，表现出对于教学活动的热情，积极地讲解、积极地互动、积极地组织活动等；其二，如果教学内容合适，可以直接进行非理性素质的培养，如在艰苦中磨炼意志，在情境中体味灵感，在话语中表现对于生活的热爱，在情绪上带动乐观向上的精神；其三，还可以借用一些艺术手段，如切合主题的舞蹈、音乐、美术作品等。

总之，教学方法不仅需要深刻的理论支撑，而且需要很强的操作性。哲学方法论是教学方法的重要资源，但是需要我们积极的探索和转化。通过积极有效的探索，我们应该能够挖掘出更多的好的教学方法，深化已有的教学方法。

（作者单位：马克思主义学院）

民族传统体育特色育人体系的建构策略与价值分析

——以中央民族大学民族传统体育教学实践为例

刘昌翠　张　帅

探索全面多元、具有鲜明特色的育人体系是高校自觉的使命和担当。打造一套来之有据、行之有效的教育教学模式，是深入激发高校育人创新活力的重要发力点。一直以来，处于德智体美劳“C”位的体育在推进高校“课程思想政治”建设、落实“立德树人”根本任务中发挥重要作用。

2020年10月16日，中共中央办公厅、国务院办公厅印发的《关于全面加强和改进新时代学校体育工作的意见》指出：“学校体育是实现立德树人根本任务、提升学生综合素质的基础性工程，是加快推进教育现代化、建设教育强国和体育强国的重要工作，对于弘扬社会主义核心价值观，培养学生爱国主义、集体主义、社会主义精神和奋发向上、顽强拼搏的意志品质，实现以体育智、以体育心具有独特功能。”① 同时强调，以“加强大学生体质健康、培养健全人格”为目标的高校体育教学实践，为建设伟大工程、推进伟大事业、实现伟大梦想提供强大人才支持。

中华民族5000年的文明史造就了内容丰富、独具特色、功能独特、价值巨大的民族传统体育文化，如何发掘中华民族丰富的体育文化资源并实现有效的教学转化，从而形成强大的育人合力是高校需要集中精力加快建设的重点，汇聚各民族学子的民族类院校在这方面担负着特殊使命。以中央民族大学为代表的民族类高校将铸牢中华民族共同体意识作为立德树人根本任务，促进思想政治教育与民族传统体育项目教学实践有机结合，自觉承担起了构建民族传统体育特色育人体系的历史重任。本研究旨在通过对中央民族大学民族传统体育教学实践的系统分析，为深化民族团结进步

① 中共中央办公厅、国务院办公厅印发. 关于全面加强和改进新时代学校体育工作的意见和关于全面加强和改进新时代学校美育工作的意见［N］. 人民日报，2020-10-16（004）.

教育、拓宽“三全育人”路径、创新打造多元育人模式贡献经验。

一、核心要义：打造民族传统体育特色育人体系是历史所托、时代所盼

（一）民族传统体育蕴含丰富的育人元素，契合“立德树人”根本任务的内在需求

民族传统体育发端于民俗，溯源于历史，是各民族历史内流传或继承的体育活动总称，是各民族优秀文化的载体和民族精神的集中展现形式。56个民族丰富的体育文化资源蕴含着中华儿女的文化根脉和文化基因，是惠及世代的文化宝藏，包含着丰富的育人元素，始终发挥着立德树人的教育功能。高校育人工作具有明确的路线规划和发展体系，在道德修养、人格品质、身心健康、人文素养等多维度人才培养目标要求下，跨学科的全局思路和超越视角为民族传统体育融入育人工作提供了理论逻辑与实践必要。2017年12月，教育部制定印发了《高校思想政治工作质量提升工程实施纲要》，其要旨是构建一体化高校育人体系，将育智、育心、育体的多维元素融入高校育德过程。因此，挖掘简单易行、创编相对成熟、运用业已成型的民族传统体育项目，将其应用融入高校教学实践之中，可以充分发挥它们愉悦学生心理、提高学生体质、锤炼学生人格、传承民族文化、促进民族交流、强化民族感情、增强民族认同的功能，真正实现高校立德树人的人才培养目标，为国家培养合格的社会主义建设者和接班人。

（二）打造民族传统体育特色育人体系，契合“三全育人”核心理念的内在需求

首先，民族传统体育作为一种教学实践资源和媒介，在育人过程中可以充分调动学校、社会等多方力量参与其中，实现“多方联动”共同育人，使资源利用最大化，效果收益最优化，有效拓宽教育主体的参与范围，契合全员育人的内在需求。

其次，民族传统体育蕴含着内容丰富、历史绵延、价值宝贵的文化资源，既有阐释的深度，又有创新的高度，可以融入高校人才培养全过程的各个环节，保证各个环节同向同行、共同育人，契合全程育人的内在需求。

最后，民族传统体育与思想政治教育的有效融合，可以实现“以体育

德、以体育智、以体育心”的立体育人结构。大学生通过对民族传统体育项目的学习，在练习过程中育体、在学习过程中育智、在弘扬过程中育心，在潜移默化的氛围中不断激发育人的自觉性，强化育人的目标性，丰富育人的多元性。因此，民族传统体育是实现“三全育人”的重要途径和有力抓手，而全方位育人是民族传统体育特色育人体系的核心要义。

二、深度解构：四大维度建设多元立体的民族传统体育特色育人体系

近年来，青少年体质的下降，已经引起国家高度重视，并陆续出台一系列旨在加强青少年体质发展的文件，《“健康中国2030”规划纲要》更是将建设“健康中国”上升为国家战略。在此背景下，高校深刻认识到“强国必先强种，强种必先强身”，并采取切实措施丰富强化体育教学，提升学生体质健康。不少高校将民族体育项目引入体育教学中，对体育课程设置、教学内容、教学方法进行了有益且有效的改革探索。但从目前总体来看，民族传统体育项目在高校体育教学实践中的开展仍存在覆盖范围不够广泛、教学体系不够系统、教学效果不够理想等问题，而且由于受到定位不清的影响，很多高校在民族传统体育教学、竞赛、传承等人才培养和环节方面表现出参差不齐的现象。中央民族大学作为民族类院校“领头羊”，充分发挥自身资源优势，依托北京市少数民族传统体育训练基地建设项目，立足学校定位，因校因事制宜，发挥民族特色，坚持“大众化和专业化两手抓、普及性和竞技性两腿走”，从四大维度全力打造民族传统体育特色育人体系。

（一）构建特色化与专业化相结合的民族传统体育课程体系，激发育人潜能

首先，民族传统体育特色育人体系的构建与实施必须依托专业化的课程设计，通过课堂这个主媒介发挥其育人功能。一直以来，中央民族大学以公共体育和专业体育课程顶端设计为抓手，从本源上深度挖掘、利用民族传统体育优势资源，构建起项目众多、独具特色的公共体育和专业体育课程体系。

在公共体育课程体系方面，将武术、木球、陀螺、珍珠球、高脚马、藤毽球、抢花炮、板鞋竞速等民族传统体育项目作为副项课程，形成以“现代竞技体育项目为主、民族传统体育项目为辅”的主副项课程体系。

在专业体育课程体系方面，设置了少数民族传统体育理论课程以及武术、散打、木球、陀螺、抢花炮、民族健身操等民族传统体育实践课程，形成了“理论与实践相结合、普及与提高相促进”课程体系，并以“项目普修+专项训练”的形式构建起普及与提高相结合的一贯式教学。

优秀的教学团队是实施和完成课程教学的核心，中央民族大学在近 80 年的体育教学实践中形成了一支理论扎实、技能过硬、推介自觉的教学团队。这支优秀的民族传统体育教学团队，通过公共体育和专业体育两条线的教学训练，让所有在校生掌握民族传统体育专业技能和基础理论的同时，从深层次理解民族传统体育项目所蕴含的民族文化，从而进一步铸牢中华民族共同体意识。

其次，相比发端于西方国家的现代竞技体育项目，起源于中华大地的民族传统体育项目不仅蕴含各民族的优秀传统文化，也彰显了中华民族的先进思想，在思想引领、文化传承等精神层面具有更加鲜明的育人特性。在中央民族大学体育教学过程当中，教师有针对性地从各民族传统体育项目中提炼特色育人元素，并将其融入课程内容和日常教学，在满足高等体育教育基本目标要求的同时，实现了民族传统体育丰富内蕴价值的生动输出。这些内涵丰富、特色鲜明的教学内容，不仅让学生学习和掌握了民族传统体育专业技能，而且使学生潜移默化地接受民族文化中的优秀特质，从而影响其价值观念和意志品质，自觉地将大局意识、集体意识、竞争意识、团结意识等民族传统体育文化精神融会贯通，并与自身认知相结合，实现技能外化、道德内化。

（二）依托少数民族传统体育训练基地资源平台打造人才队伍，实现集约型开发

民族传统体育在育人体系化、工程化的发展道路上，必须要有真正专业技能强的擎旗之辈接力而出，为不断推进体育教育专业化和高水平建设提供人才战略支持和高端引领保证。2004 年 9 月，中央民族大学被正式命名为北京市首批少数民族传统体育项目训练基地（包括木球、陀螺两个项目），得益于基地平台建设，中央民族大学传统体育项目的教学训练和人才培养取得巨大突破。2007 年，在第八届全国少数民族传统体育运动会上，陀螺项目获得女子个人冠军、木球项目获得亚军。优异成绩的取得起到了良好的辐射引领作用，民族健身操、龙舟也顺利入选北京市少数民族传统体育基地建设项目。2019 年，在第十一届全国少数民族传统体育运动会上，中央民族大学木球、陀螺、龙舟和民族健身操四个项目代表队为北

京市代表队获得 3 金、2 银、5 铜的优异成绩，并被北京市授予“突出贡献奖”单位。回顾历程，中央民族大学民族传统体育项目运动队自建立之初，即秉承促进民族体育文化事业发展、弘扬民族传统体育精神的初衷，逐渐形成和完善“以教促训—以训促赛—以赛促训—以训促教”的螺旋式上升发展模式。随着越来越多不同民族大学生加入各项目运动队，在训练和比赛中，各民族大学生相互交往、相互交流，不断形成共识、凝聚力量，不仅有效促进了民族传统体育项目的和谐发展，而且有力保证了民族团结进步教育的落地生根。“工欲善其事，必先利其器”，为了促进和加快中央民族大学民族传统体育的发展，学校不断完善专业队伍建设，持续加大扶持力度，全力搭建竞赛平台，建构民族传统体育特色育人体系，为其集约型开发和可持续发展提供了强大动力。

（三）大力加强民族传统体育校园推广，打造育人体系化良性生态

构建民族传统体育特色育人体系，不可局限于单一受众群体，务求注重育人群体的全面发展，这就要求高校必须加强校园推广，提高学生自主参与度，积极推进自我教育和同伴协作教育，拓宽民族传统体育特色育人体系实践空间，增强学生创新意识和时代活力。中央民族大学在全校性群众体育活动中，以“校运会、单项赛、体育节”三个校内常设体育活动为基础，以北京市和全国民运会、民族传统体育单项赛等校外体育比赛为依托，积极动员、组织学生参与校内校外民族传统体育活动，并面向全校选拔全国少数民族传统体育运动会参赛队员，着力加强人才储备。

各项校园推广活动的开展和校外竞赛活动的参与，拓展了民族传统体育的受众群体，让学生在这个过程中潜移默化地形成自发的、积极的学习态度，主动了解民族传统文化，培育核心价值观，提升中华民族认同感及文化自信。

在加强民族传统体育校园推广过程中，打造体系化良性生态，是建构民族传统体育特色育人体系的有效保障，也是促进育人体系、打造品牌特征和学校风格，形成更大视野格局和参与效力的有效途径。中央民族大学体育教学的独特优势在于能够最大限度还原民族体育的活态语境，让学生充分认识到自身主体性学习的核心地位，能够及时主动地投入外强体质、内塑精神的学习氛围中，从而破除教学实践模式的时空局限性。同时，学生特点、师资力量是品牌化教学实践的重要支撑，中央民族大学充分利用少数民族学生人数众多、体育教师具备民族传统体育基础的优势，在教学过程中将体育与思想政治教育相结合，不断更新完善课程设计理念和教学

内容，不仅拓宽了学生视野，提高了学生对我国民族体育文化的认识，增强了学生民族自豪感，而且造就了多元的校园体育文化氛围；同时借助新媒体矩阵，利用信息科学技术等载体，让民族传统体育“看得见”“学得到”“玩得开心”，学校体育教学实践模式日趋鲜活。

（四）构建多维互动推广路径，深化民族传统体育特色育人体系的社会价值

民族传统体育特色育人体系受众范围广泛，只有不断走出校园、走向大众，才能够真正发挥其在思想引领层面的实质性作用。为了进一步扩大受众群体和辐射面，中央民族大学利用自身优势，通过“进校园、进社区”两条途径，积极推广民族传统体育项目。

依托北京市教委“高参小”项目，中央民族大学将民族传统体育融入中小学体育课程设计和开发，协助北京市宣武回民小学、农业科学院附小等学校，通过广泛开展“一校一品”和“一校多品”等活动，扩大了民族传统体育的文化影响力，营造首都各民族手足相亲、守望相助的良好社会氛围，自觉践行“首善之区”和“人文北京”的精神内涵，为促进北京市民族团结进步工作贡献力量。

文化是一个国家不可或缺的精神力量，民族文化更是久经岁月沉淀的象征，传播弘扬民族传统体育文化是民族高校不可推卸的特殊使命和时代责任，是特色育人体系的最终升华，是民族传统体育走向社会、服务大众的必由之路。中央民族大学民族健身操代表队经常深入附近社区和公园，义务指导、教授民族健身操，同时在长城、故宫等北京标志性建筑内录制民族健身操视频，通过这些社会辐射和普及的有益实践，有助于加深人民群众对民族传统体育的了解与鉴赏，使民族传统体育文化得到有效传播，实现由点到面、由面到体的多维互动推广路径，强化民族传统体育服务大众的社会职能，这是对民族传统体育特色育人体系建构策略的价值定义和正确定位。

三、价值剖析：民族传统体育特色育人体系构建的价值归宿

民族传统体育的内蕴精神与高校育人体系的价值归宿不谋而合，两者同根同源，互为补充，互相促进，两者的协同建设和发展将实现高校优势资源效应最大化。中央民族大学在探索民族传统体育特色育人体系的建构过程中，以“体质强人、精神立人、文化塑人”为根本价值归宿，不断加

强当代民族大学生的民族精神、人文视野、家国情怀培养，真正体现和落实“三全育人”的核心要义。

（一）回归本质，充分发挥民族传统体育强身健体功效，以体质强人

“大学生是国家的栋梁，是担当民族复兴大任的重要力量，他们的体质健康问题事关国家和民族未来。大学教育有助于促进大学生身心全面发展，大学生成长、发展一刻也离不开体育。”① 增强学生体质健康，是学校体育教育工作的根本目标。通过体育锻炼，大学生可以加强自身体质、促进体能发展、养成积极健康生活方式，而种类繁多的民族传统体育项目，具有很强的健身功能和锻炼价值。以太极拳为例，此项民族传统体育项目已成为我国社会大众健身项目中颇具影响力的一项运动，其影响范围、受众人群及组织规模相当广泛。太极拳的动作舒展又不失力道、缓慢又不失流畅，外练筋骨皮，内练精气神，对学生的身体健康和心理健康具有很强的促进作用。充分利用民族传统体育的健身价值和相关功能，使之与学校体育教育教学实践活动完美融合，可达到增强体质的最终目标。

（二）深掘内蕴，共同续写民族传统体育的精神图谱，以精神立人

精神力量无论在什么时候都至关重要。自古以来，中华民族高度重视人的精神品质的培养。在中华民族5000年的历史长河中，民族传统体育一直根植于各民族人民的生产、生活、劳动之中，具有非常鲜明的民族个性、人文风情等文化内涵和德育价值。中央民族大学包含了全国56个民族学生，每个民族虽然风俗习惯不同、文化特点各异，但每位学生都具备深厚的爱国热情和民族自豪感。构建民族传统体育特色育人体系，使民族传统体育与学校体育教育高度融合，通过教学、实践和推广，可以不断提升学生的民族认同感和文化自信心，树立正确的祖国观、历史观、民族观，凝聚团结奋进的精神力量。以龙舟项目训练基地建设为例，龙舟项目本身需要所有队员团结协作、共同努力，最终才能完成比赛，在队员选拔过程中，学校本着“一船一队”的原则进行选拔，训练的形式以集体练习为主，大大提高了学生的集体主义精神，增进了民族团结、强化了爱国意识。

---

① 杨祥全．铸魂育人：体育课程思政建设的紧迫性与自身优势探究［J］．天津体育学院学报，2020，35（01）：13-16.

（三）文武并蓄，探寻民族传统体育的历史渊源，以文化塑人

党的十九大报告强调："文化是一个国家、一个民族的灵魂。文化兴国运兴，文化强民族强。没有高度的文化自信，没有文化的繁荣兴盛，就没有中华民族伟大复兴。"民族传统体育具有深厚的文化积淀和文化内涵，不仅是中华民族传统文化的重要组成部分，而且是传承弘扬中华民族传统文化的重要表达形式，同时也是文化认同教育的重要手段。以武术项目为例，传统体育的武术项目种类有100多个，地域来源众多、结构内容复杂，但却能在中国大地上长久并存，并呈现系统性、规律性和科学性的一致特征，传统体育中的高度文化认同发挥了重要作用。中央民族大学将民族传统体育项目与公共体育和专业体育课程相结合，并通过承担北京市木球、陀螺、龙舟、民族健身操项目训练基地工作，有效地将教学与训练相结合，积极推进校内与校外共同推广普及。这种独特的教学实践模式，让参与其中的师生、市民自觉成为民族传统文化的学习者、传播者和践行者，从而提升了人的发展水平，这正是民族传统体育特色育人体系的根本目的所在。

综上所述，探索民族传统体育特色育人体系的建构策略是一个长期过程，其要旨在于将民族传统体育作为载体，结合思想政治教育，创立和发展独特的教学实践模式，更好地传承和发展民族传统文化，培养学生的文化认同，增强文化认知，树立文化自信，铸牢中华民族共同体意识，从而实现全员、全过程、全方位育人的核心价值理念，促进各民族共同团结奋斗、共同繁荣发展，守护好我们共有的美好家园。

参考文献

[1] 中共中央办公厅、国务院办公厅印发关于全面加强和改进新时代学校体育工作的意见和关于全面加强和改进新时代学校美育工作的意见［N］. 人民日报，2020-10-16（004）.

[2] 习近平．决胜全面建成小康社会　夺取新时代中国特色社会主义伟大胜利［N］. 人民日报，2017-10-28（001）.

[3] 杨祥全．铸魂育人：体育课程思政建设的紧迫性与自身优势探究［J］. 天津体育学院学报，2020，35（01）：13-16.

[4] 夏贵霞，舒宗礼．课程思政视角下高校体育课程育人质量提升体系的构建：以华中师范大学为例［J］. 体育学刊，2020，27（04）：7-13.

［5］常爱铎．民族传统体育在高校课程思政中的价值及实现路径研究［J］．武术研究，2019，4（10）：98-100.
［6］李子乔．民族传统体育课程思政建设研究［J］．体育风尚，2021（10）：295-296.
［7］赵冬刚．传承与创新视角下高校民族传统体育教学改革的实践研究［J］．当代体育科技，2021，11（09）：7-9.

（作者单位：体育学院）

在创造性实践过程中体会整体性学习

——以明代“四大奇书”的文体教学与实践为例[①]

刘紫云

古代文学的教学，一直以来较为重视知识和理论的传授，而对创作体验与实践关注不足。对传统文学创作规律缺乏感性的认识，反过来也会制约学生对具体作品的深度理解。尤其是自 20 世纪八九十年代部分高校中文系提出“中文系不培养作家”以来，文学性的写作与表达能力的培养被大大弱化了。但是，随着全社会对传统文化的弘扬与复归，传统文体尤其是诗词等抒情文体的创作，吸引了社会人士和年轻学子的兴趣。同时，随着网络文学的兴起和繁荣，小说这一占垄断性优势的文体，也越来越为广大年轻学子所青睐，不少学生对传统章回小说表现出浓厚的兴趣。

相较而言，诗词的创作仍有法度可循，而章回小说这一传统叙事文体由于其体量庞大、构思繁复等特点，遂令青年学子不得其门而入。在这一背景下，“明代四大奇书专题”课程的开设，尝试将章回小说的理论研究与创作实践相结合，不仅可以满足年轻学子对章回小说的创作兴趣，而且还能进一步加深学生对章回小说及传统文化的认识与理解。为了纠正古代文学教学中重知轻行的偏向，这门课进行了全新设计，结合线上线下的教学方式，以问题为引导，注重知识传授向创作实践的转化，并以创作实践加深对传授知识的理解。

一、“奇书”文体特点及教学的重点与难点

“奇书”最初为明末清初通俗小说的批评术语，并非文体概念。将“奇书”作为文体概念使用，始于清人对明人四部章回小说——《三国演

① 本文是 2020—2021 年度中央民族大学一流本科课程“明代四大奇书专题”建设项目的阶段性成果。

义》《水浒传》《金瓶梅》《西游记》——的标举与抬高。明末清初文人李渔曾于《古本三国志序》中称引明代文坛巨擘王世贞和晚明出版权威冯梦龙的“四大奇书”之说，通过赞同后者之说充分肯定《三国演义》作为“第一奇书”的地位：

> 昔弇州先生有宇宙四大奇书之目，曰《史记》也，《南华》也，《水浒》与《西厢》也。冯梦龙亦有四大奇书之目，曰《三国》也，《水浒》也，《西游》与《金瓶梅》也。两人之论各异。愚谓书之奇，当从其类。《水浒》在小说家，与经史不类。《西厢》系词曲，与小说又不类。今将从其类以配其奇，则冯说为近是。

据称“四大奇书”有李渔芥子园刊本，惜已不见，而李渔序之。《三国演义》则冠以“四大奇书第一种”名目刊行。因此，我们或可推测，很可能这四部明代的长篇小说在清初曾以丛书的形式合刊过。

诞生于清中叶（乾隆时期）的两部文人章回小说《儒林外史》和《歧路灯》，其后序言中均已将“四大奇书”作为一个被广泛接受的提法加以引用。也是在乾隆中期，随着一批富于创造力的文人作家参与创作章回小说，作为开山鼻祖的前明“四大奇书”的文体意义才真正被凸显。同时，“四大奇书”的文化品位，也是在明清文人的评点中得到提升的。“‘四大奇书’的文化品位也是在不断累积中逐步形成的，从万历时期‘李卓吾评本’对《水浒传》‘忠义’内涵的倡扬，到金圣叹许《水浒传》为‘才子’之书，再到明末清初所标榜的‘奇书’系列，通过不断的理论评判和文本修订，‘四大奇书’的文化品位在不断提升。”①

随着“四大奇书”文化品格的提升，“四大奇书”的文体风格也成为后世文人创作时借鉴、模仿的重要对象；而后世文人尤其是清代文人的创作，反过来强化并固化了“四大奇书”所代表的“奇书体”小说所应具备的文体规范。因此，浦安迪在《明代小说四大奇书》一书中从小说史的角度，将这样一类小说统称为“奇书文体”：

> 自弘治（1488—1505）至万历（1573—1619）中期100多年间，不晚于16世纪的一种散文小说体裁，代表作为《三国演义》《水浒传》《西游记》《金瓶梅》。这些小说在叙事结构和叙述的修辞方面存

① 谭帆．“奇书”与“才子书”：对明末清初小说史上一种文化现象的解读［J］．华东师范大学学报，2003（6）：95-121.

在共性，又可称为文人小说。在叙事结构上，多为100回，每10回构成一个单元分段。在叙述的修辞上，对原存叙事素材进行反讽修正是这种新文体的核心概念。①

从上述的概括中可以看出，“奇书文体”的文体风格是一系列叙述特点的集合。其中，以“叙事结构”和“叙述修辞”方面的特点最为显著。“叙事结构”的特点通过外在形式结构的分析，便可轻松把握；而“叙述修辞”的特点涉及对语言风格、美学手法的理解，较难把握。较之“叙事结构”，“叙述修辞”对于“奇书文体”的建构更为根本。所谓“奇书文体”，即“有一套固定而成熟的文体惯例，无论是就这套惯例的美学手法，还是就它的思想抱负而言，都反映了明清读书人的文学修养和趣味”。②

有鉴于“奇书文体”的上述特点，如何在教学中引导学生在掌握叙事结构的基础上，深入理解“四大奇书”的叙述修辞，便成为“明代四大奇书专题”教学中的重点。“叙述修辞”本质上是语言的艺术，而语言的运用及其艺术风格，是理解、把握“四大奇书”文体风格最关键也是最难以把握的一部分。语言是通向风格的钥匙，正是语言塑造了各种“奇书体”小说异彩纷呈、富于个性的风格特征。因此，如何从语言的层面把握“四大奇书”的文体风格之异同，是教学中的难点。

二、通过跨文体、跨文化的戏仿实践深化整体学习

文体是一部小说全部形式风格的总和，是各种风格要素协作而成的整体。“形式的另一方面是风格。风格指结构如何起作用；指作者的手法，他的癖好，各种专用的技巧……风格的功效是通向文学的关键。”③ 而文体的学习，在以往的教学中沿着逆向思维，将“整体”“拆解”还原成“部分”，如结构形式、修辞手法、语言特点等。这种教学法的弊端是忽视了文体内部各要素“可拆解”程度的差异，也导致学生对风格把握的碎片化。结构形式相对来说可以独立于其他风格要素而存在，而修辞与语言则很难独立于其他风格要素而存在。

---

① 浦安迪．明代小说四大奇书：第6章［M］．北京：生活·读书·新知三联书店，2015：501-502.

② 浦安迪．中国叙事学［M］．北京：北京大学出版社，1996：24.

③ 弗拉基米尔·纳博科夫．文学讲稿［M］．上海：生活·读书·新知三联书店，2005：101.

因此，考虑到文体风格的整体性特征，针对文体教学的重点和难点，本课程尝试在理论学习的基础上，鼓励学生通过模拟创作的方式，达到对“四大奇书”文体风格的整体理解和把握。那么，模拟创作以什么方式呈现，如何达到对“风格”的模拟而不是对“内容”的模仿，如何评估模拟创作是否成功，这些问题是本课程文体实践教学的难点，也构成了文体实践教学展开的思路。

比较教学法，是教学活动中操作方便且富于成效的一种教学法。对比归纳被广泛运用于人类认知、学习的各个领域，对比是产生差异的前提，也是认知差异的重要方式。文体的认知和学习也不例外。因此，在文体的教学中，我们可以将目标文体称为主位文体，通过引入一种客位文体，在主客文体的比对参照中达成对主位文体的整体学习。当主位文体与客位并置的时候，两种文体的差异首先会引起学习者的关注，而这种差异又反过来让学习者重新审视本已较为熟悉的主位文体的特点，同时也加深对并不熟悉的客位文体的认识。这是一种相互补充、相互完成的认知过程。

比较教学法，对于帮助学生认识、把握每一部奇书的语言风格有着不可替代的优势。有一些文体要素，就其本身而言，可能是不显著的，甚至不为人所注意。尤其是语言的特点，往往没有像题材内容那么显著地构成“四大奇书”之间的差异，但却最根本地决定“四大奇书”的文体风格。以往对“四大奇书”语言风格的教学，尤其是在文学史的教学中，主要通过举例式的赏析法，尤其是通过分析人物语言引导学生感受、理解小说语言的个性化特点。这种教学法将学习者放在一种被动接受的位置上，在这一学习情境中，“四大奇书”的语言现象是无法与学生产生互动、无法令学生参与其中的既成事实。如何激活“四大奇书”的语言？如何让学生在一种主动创造的情境中体悟语言的精微奥秘？

本课程为了解决上述问题，设计了一份由小组协同完成的文体实践作业。该文体实践的具体安排和要求如下：

> 4~5人为一组，分工协作，戏仿“四大奇书”文体，重写《哈姆·雷特》中的某一幕或某一场，每一种奇书体1000字左右，总体篇幅在4000字以内；请务必注明戏仿改写的情节出处（具体到某一幕或某一出），具体细节可以自由发挥。如果用四种文体戏仿某一幕或某一场很有困难，那么可以更放开一些，用四种文体模仿《哈姆·雷特》中不同的部分（需要一一注明）。比如，戏仿《三国演义》风格重写第一幕，《水浒传》风格重写第二幕。

在这份文体实践的作业要求中，贯穿了比较文化与比较文体的双重视野。首先，是中西的对比，“四大奇书”是中国古典文学经典，《哈姆·雷特》属于西方古典文学经典，那么，用中国古代文学经典的语言及文体范式重新演绎西方文学，有助于学生在此过程中充分认识到二者的差异，并且加深对中国古典文学相关问题的理解。其次，“四大奇书”和《哈姆·雷特》分别属于小说与戏剧这两大文体，用小说文体重写戏剧故事，这就是要求学生在内容转译的基础上，还要处理文体的转译。戏剧与小说这两种不同的文体，最根本的区别是前者为代言体，而后者为叙事体。更具体而言，“戏剧关注的是人生矛盾，通过场面冲突和角色述怀——英文所谓的舞台‘表现’（presentation）或‘体现’（representation）——来传达人生的本质’。唯有叙事文展示的是一个延绵不断的经验流（flow of experiences）中的人生本质”。[①] 如何用叙事体去再现代言体所表达的内容，或者说，如何将代言体转译为叙事体，这个过程中势必涉及两种文体最根本的特点。因此，这份文体实践作业的设计，旨在让学生在一种跨文化、跨文体的模拟性、创造性学习活动中，切实掌握奇书的形式结构、语言风格特点，深入理解小说这一文体的特点及其魅力，并激发对古典文化的兴趣和感知。这一教学目标体现循序渐进、整体学习的观念，由掌握技能到深化认知，再到文化感染与审美培养，而这三个层面的教学目标在学生提交上来的作业中均有所体现。下文将结合学生具体作业进行分析。

首先，就技能掌握层面而言，通过这次作业，学生能够迅速掌握“四大奇书”的形式结构方面的特点，包括拟定回目、插入韵文、运用套话等。章回小说，通常是将整个故事分作一百个左右的小故事，此即章或回；每章（回）讲述一个完整的小故事，同时于结尾处引出新的人物或新的变化，以之作为下一章（回）的开头，如此使故事不断延续。在整个叙事过程中，叙述者会综合运用上场诗、散场诗、插入韵文、说书口吻、套语等形式虚拟一种说书情境。例如，回目的拟定，这是依次以《哈姆·雷特》第三幕第一至四场的内容为基础，戏仿“四大奇书”文体风格拟定的回目：

第一回　太子装疯叱国贼　君臣设计献美姬（三国演义版）
第二回　哈姆运筹戏中戏　克劳恼羞怒更怒（金瓶梅版）
第三回　假国王跪拜忏己罪　真王子延宕误良机（西游记版）

---

① 浦安迪．中国叙事学［M］．北京：北京大学出版社，1996：6.

第四回　盛怒王子下杀手　母子相争意难平（水浒传版）

几乎所有学生都能熟练运用章回小说的叙述套语。例如，在戏仿《三国演义》《水浒传》的作业中，往往以“话说”“却说”引起正文，以“毕竟……，且听下回分解”收束全文。此外，在一些戏仿《三国演义》的作业中，学生还尝试用三国时期常用的公文文体，重写《哈姆·雷特》中原本以人物自白形式陈述的内容。尤其值得注意的是，多数学生反映在诸多风格要素中，语言风格的模拟与再现是最难的，但也是最有趣的，尤其以《西游记》的语言最难模拟也最有趣。在以往的文学史教学中，《西游记》因其内容的家喻户晓，往往对学生缺乏吸引力，但在文体实践过程中，许多学生反映更新了对《西游记》及其语言艺术的认识。

其次，就深化认知层面而言，通过这次作业，学生加深了对小说这一叙事文体的理解，特别是小说中的人物话语与叙述话语的特征。在一些同学的“创作心得”中，谈到从戏剧人物对话到小说人物对话的转写：“对话的文体改写上出现的冲突是我们小组所解决的第二个问题，不仅在于选择用词的处理上谨慎，避免出现所改写文体中的不应当存在的生硬用法，也充分考虑了人物的性格与身世特点，采用合适的语言技法进行改写。”考虑到小说与戏剧的最根本差异，即叙事与代言的差异，为了适应小说的叙事文体特征，有一些同学将原本在《哈姆·雷特》中通过人物连篇累牍的对话呈现的内容，改用古代小说特有的第三人称说书人口吻来呈现，如这段对哈姆雷特之父的介绍：“看官听说，原来那鬼魂本是丹麦朝哈宗皇帝，身长七尺，膀阔三停，学得一手好枪棒，上阵杀敌，无有不胜的，四方百姓无不称赞。”这样的改写，让我们深刻意识到小说与戏剧的差异，即叙述者的存在及其对叙述信息的支配和控制。

最后，这次作业也大大激发了学生对古代文化及其知识的兴趣，因为在具体写作过程中涉及对西方文化知识大到典章制度、风土人情，小到面貌风度、器物服饰的“本土化”改写。

三、在参与创造、共同评价中体会过程学习的乐趣

本课程将文体实践称为“戏仿”，旨在营造一种“游戏笔墨”的轻松氛围，充分调动学生的积极性和创造性。文学起源的“游戏说”认为，文学起源于人类早期的游戏，而正是在游戏中人类的创造性才得到酣畅淋漓的施展。文体实践作业共分为三个环节：协作戏仿、总结报告、反馈评

价。三个环节都是由学生的参与来共同促成的。作为“戏仿”实践的延伸，报告环节与评价环节的设计也充分彰显了本课程对参与性、过程性学习及其乐趣的重视。

第一，写作戏仿环节，要求必须以小组协作的方式完成，重视学生之间的相互激发，同时又给予学生充分的自由发挥空间。这体现在：协作方式不限，可以是若干个组员一起写某一段，也可以是每个组员负责一段(这种情况需要注明主笔组员姓名)。最后呈现给大家的成果，应该是经过小组所有成员共同努力、反复修改的结果。总之，以学以致用、共同促进为第一要义。

第二，总结报告环节，分两部分进行：一是展示戏仿作品中的精彩内容；二是结合对“四大奇书”文体特点的理解，分享创作心得。尤其是第二部分，有了文体戏仿实践的经验基础，多数学生的分享都能较好地做到用理论知识观照实践经验，以实践经验反哺理论认知。

第三，反馈评价环节，在网络学习平台的技术支持下，实现了评价的多元，使学生自我评价、相互评价与教师评价相互补充。其中，学生自评占5%，组内互评占10%，组间互评占25%，教师评价占60%，由学生参与的评价占到总成绩的40%。为学生赋权，是该评价设计的核心理念。这是因为评价是意义生产的重要方式，而所有的意义都是在一个动态过程中被创造出来的。让学生参与评价，也就意味着让学生见证意义诞生的过程，这无疑是任何机械、静态的知识传授所无法取代的。然而，评价是把双刃剑，如何用好这把剑，让它发挥正向作用，还取决于评价标准的制定。客观全面的评价标准，有助于培养学生公正、公平的信念，可以让所有参与评价的学生有据可依，而不是凭借主观好恶行事。具体而言，以实现的难易程度而论，一次文体作业由易到难可以分成五个层次：情节内容、文体形式、文字规范、语言风格、创造性发挥，在这个基础上由多到寡分配分值，情节内容满分50分、文体形式20分、语言风格10分、文字规范10分、创造性发挥10分，构筑出一个梯形的分值分配图。每一项的评价标准如下：

（1）情节内容（50分）：分别戏仿“四大奇书”风格进行重写，情节合理，内容完整，四个段落所体现的水平较为均衡，体现团队协作精神。

（2）文体形式（20分）：采用章回小说文体，融汇回目、上场诗、插入诗、下场诗、叙述套语等文体要素。

（3）文字规范（10分）：标点规范，极少错别字，行文流畅。

（4）语言风格（10分）：四个段落分别使用具有区分度的语言，尤其是人物语言富于个性风格。

（5）创造性（10分）：富于想象力，有创造性的发挥和描写。

之所以将较多的分值分配给较容易达成的层面，正是出于过程重于结果的理念。通过这样的分值分配，本课程旨在向学生传递这样的信息，即在过程中收获意义和喜悦本身，就是对学习者最大的回馈。

综上而论，本课程在学生对“四大奇书”的基础理论问题获得总体且具体的认识之后，鼓励学生以小组合作的方式，完成对“四大奇书”文体的戏仿实践。此前有关人物出场方式、情节叙事模式、悬念设置类型等理论问题的总结，为学生的文体实践提供了理论依据与方法论的指导；在模仿“四大奇书”文体对外国文学经典作品进行改写的过程，让学生更为直观地理解章回小说构成要素、“四大奇书”艺术风格的异同，并切身体会到中国文学与外国文学、戏剧与小说的共性与个性。通过戏仿实践，可以有效激发学生的学习积极性，并加深对“四大奇书”、章回小说乃至古代小说艺术规律的把握和理解。因此，艺术规律的总结指导创作实践，而创作实践又反过来增进、深化对艺术规律的认识与理解。最重要的是，学生在创作实践过程中体会创造的乐趣与收获意义的充实，并且通过理论与实践结合的方式达成对文体风格的整体性学习。

（作者单位：文学院）

建构主义理论视域下高校英语混合式教学模式探索①

郑 琦

21 世纪初，美国各大高校通过网络平台发布免费在线课程，引发了全球范围内的慕课（Mooc，Massive Open Online Course）热潮。清华大学 2013 年推出了第一个中文慕课平台“学堂在线”②，开启了我国高校的慕课发展之路。尽管在线课程和学习人数呈现逐年增长的势头，大部分的教育工作者依然对线上教学的模式持谨慎态度。一些外语教师对在线教育课程是否能有效地为二语学习者提供一种获得语言熟练程度的方法有着根深蒂固的怀疑，尤其在学生口语技能提高方面。③ 越来越多的教育工作者发现，单一的在线课堂并不能为学生提供最有效的教学。与此同时，混合式教学模式，即将课堂教学与在线教学有机结合的新型授课方式，正在被高校教师接纳并付诸实践。

2021 年，中国教育部科学技术与信息化司第十六条工作要点中明确提出：“推进‘互联网+教育’发展，总结应对新型冠状病毒肺炎疫情以来大规模在线教育的经验，以互联网为动能，利用信息技术更新教育理念，变革教育模式，破解新时期教育改革与发展的主要问题，加快发展面向每个人、适合每个人、更加开放灵活的高质量教育体系。”④ 探索互联网技术支

---

① 本文是 2019—2021 年度中央民族大学校级教学改革立项项目“一流课程建设”（项目编号：10301-2021000201/202）的阶段性成果。

② “学堂在线”网址：www. xuetangx. com.

③ Blake, Robert, Nicole Wilson, Maria Cetto, and Christina Pardo-Ballester. “Measuring Oral Proficiency in Distance, Face-to-Face, and Blended Classrooms.” Language Learning & Technology 12 (2008): 114.

④ 教育部科学技术与信息化司 2021 年工作要点［EB/OL］. http://www. moe. gov. cn/s78/A16/tongzhi/202103/t20210319_520941. html.

持下新型的混合式教学模式成为高等院校教师的职责和使命。日前，教育部发布对政协第十三届全国委员会第四次会议第4271号（教育类437号）提案《关于高质量做好线上线下融合，推动教育事业健康发展的提案》答复的函中明确提出，高度重视教育信息化工作，促进信息技术与教育教学深度融合。完善线上线下教育融合机制，推动教育教学改革。①

在这样的教育发展趋势和国家教育改革发展战略的大背景下，混合式教学模式成了高等院校授课模式发展改革的必然趋势。本文试图从一线教师的授课视角，以高校英语教学为例，探讨以下问题：

（1）什么是混合式教学？混合式教学的理论依据是什么？

（2）混合式教学模式是否符合我国现阶段高等学校人才培养的目标，为什么？

（3）混合式教学中教师的角色和职责是什么？

（4）如何在高校英语课堂中践行混合式教学模式？

一、线上线下混合式教学的定义及其理论依据

混合课程的概念由来已久，2006年，Scida和Saury对混合课程进行了初步的定义，他们认为混合课程是在传统课堂环境下通过在线活动进行补充的课程，所进行的在线活动可以取代传统课堂中的一部分就座时间。在此基础上，一些学者还进一步对面授课堂和在线活动的比例进行了相关的探讨。其实，早在2004年，北京师范大学的何克抗教授就对国外学界出现的这个新的教育术语进行了解读："Blending（Blended）Learning是把传统学习方式的优势和E-Learning（即数字化或网络化学习）的优势结合起来；也就是说，既要发挥教师引导、启发、监控教学过程的主导作用，又要充分体现学生作为学习过程主体的主动性、积极性与创造性。只有将这二者结合起来，使二者优势互补，才能获得最佳的学习效果。"② 可见，混合式教学并不是课堂教学与线上教学的简单叠加，而是两者的有机融合，发挥各自的优势，以期达到教学效果的最优化。

20世纪90年代，随着网络信息技术的发展和普及，建构主义理论逐

---

① 关于政协第十三届全国委员会第四次会议第4271号（教育类437号）提案答复的函［EB/OL］. http://www.moe.gov.cn/jyb_xxgk/xxgk_jyta/jyta_kjs/202111/t20211104_577687.html.

② 何克抗．从Blending Learning看教育技术理论的新发展［J］．中国电化教育，2004（3）：5-10.

渐在教育领域获得认可并在全世界范围内日渐流行。建构主义学习理论的思想核心是教学应该以学生为中心，强调学生自身在学习过程中对知识的主动探索；学生获取的知识不是主要通过教师上课得到的，而是学生通过教师和同伴的帮助，利用学习资料，通过意义构建获取的。建构主义学习理论强调为学生创设有利于知识建构的情境，组织学生间的合作学习，包括资料的搜集和分析，提出和验证假设，评价学习成果等，使学生能分享到合作伙伴的思想成果，最终完成自己的意义构建。决定学生获取的知识量多少的并不是记忆能力，而是他们自身构建知识的能力。

由此可见，建构主义学习理论在传统课堂时间和空间受限的情况下很难得以实践。而得益于现代网络和信息技术的发展，线上线下混合式教学为建构主义学习理念从文字转为现实提供了可能性。

二、建构主义学习理论与高等学校人才培养目标

（一）新时代高校人才培养的目标

高等教育的人才培养目标是所有高等教育问题的核心，具有深刻的时代烙印。随着国家进入了新的发展阶段，我们正处在实现国家复兴的关键时期，信息时代带来的全球化和多元化既是机遇也是挑战。高等教育的人才培养需要适应经济和国际社会的各种风云变化，需要大量具备创新能力和自我发展能力的社会主义建设者，我们要“在创新实践中发现人才、在创新活动中培育人才、在创新事业中凝聚人才”①。而创新精神、创新能力与合作精神恰恰是21世纪所需人才应当具备的最重要的素质——这点已成为当前国际教育界的基本共识②。由此可见，新时代高等教育人才培养目标的关键词应该是“社会主义核心价值观、专业能力和创新能力”。

（二）建构主义学习理论符合我国现代人才培养的目标

通过建构主义学习理论的正确指导，确实可以有效地培养学生的创新能力与合作精神。更重要的是，建构主义学习理论倡导学生自主学习，自

① 习近平．坚持中国特色社会主义教育发展道路　培养德智体美劳全面发展的社会主义建设者和接班人［N］．人民日报，2018：09-11.

② 何克抗：从 Blending Learning 看教育技术理论的新发展［J］．中国电化教育，2004（3）：5-10.

我知识建构的观念正是将来高素质人才的基本素养。学生养成自主学习和主动探究的能力才能成为终身学习者。科技的高速发展决定了很大一部分知识都有了一定的“保质期”，知识的获得永远都不是一劳永逸的，所以学习能力和习惯的培养才是高等学校人才培养的最终目标，也是唯一可以让学生在今后的人生中一劳永逸的“财富”。

（三）混合式教学模式是实现培养目标的途径

混合式教学模式使教师成为课程的设计者，而学生则是课程的主动学习者。教师为学生创设的学习环境突破传统的课堂，走向了课后的在线和线下环境。在线学习环境中，教师可以为学生准备充分的学习资源，启发和鼓励学生对相关知识进行主动的学习和探索。线下学习环境中，课堂学习为师生交流与探讨提供机会，线下的学生合作学习小组则可以促进学生间的会话交流，培养他们的合作能力与交际能力。知识已经不再是教学的唯一目标，更不是教学目标中的核心元素，通过获取知识的过程来习得学习能力才是最终的教学目标。

目前国内开设在线课程和混合式教学中存在一定的认识误区，认为只要教学中有信息技术的辅助，如在线学习平台的使用和在线资源的供给，就可以被视为混合式教学。有些课程在设计中甚至出现了本末倒置的现象，为了在线而在线的情况愈发严重。教师设计教学活动时并没有从教学目标和人才培养需求出发，分析面授课程和在线课程的优势与劣势后进行相应的配置，而是为了将课程达到混合教学的模式而生硬地套入在线教学活动。那么，新时代的高校一线教师应该树立怎样的教育理念来践行这样的人才培养目标呢？教师在践行混合式教学过程中如何定位自己的角色、学生的角色？如何选择传统教学资源和网络教学资源？何时采用信息技术手段为自己的教学服务？

三、混合式教学中教师角色的转变与职责

混合式教学模式本身就是一种教学创新，对面授课堂和在线教学两种方式的选择取决于教师的教学需求。面授课堂有着在线教学无法替代的优势，不仅是教师言传身教的重要场域，更是建立师生情感纽带的主要途径，创建和谐的课堂环境能有利于激发学生的学习热情，刺激学生交流欲望，培养他们的交际能力。同时，面授课堂更有利于加深学生的学习记忆，便于教师因材施教，及时给予课堂反馈。但是，面授课堂存在时间和

空间的限制，课堂人数众多时教师无暇顾及所有学生等劣势。

而在线教学则可以弥补这些缺陷，学生是知识获得的主体。教师在准备在线教学资源时应坚持多元化的原则，不同程度和爱好的学生可以从中提取适合自己的资源，形成个性化的学习。在线学习模式能较好地锻炼学生的主动思维能力，培养他们良好的自主学习习惯。

教师已经不是学生主要的知识信息来源，学生可以通过网络获取大量的知识信息。教师要扮演脚手架和组织者的角色，我们是教学资料的提供者，教学活动的设计者和引导者、学习过程的监督者及学习结果的评估者。教师必须发挥教学中的主导作用，利用两种教学模式的优势设计教学活动，引导和启发学生进行积极主动的自主学习，并对学生的学习过程进行监督和反馈，对学习成果进行评价和反思，始终以有助于培养学生的自主学习和合作学习能力为所有教学活动设计的出发点和归宿点。

首先，在教学资源的选择和教学内容设计上要时刻保持思想政治意识，充分挖掘符合社会主义核心价值观的材料和主题，帮助学生在众多纷繁复杂的信息中辨别是非，让学生在自主学习和探究中感受国家的伟大，培养学生的家国情怀，比传统的政治说教更效。其次，在专业知识获取方面应改变教师单方面向学生大量灌输专业知识，而学生更多的只是被动接受专业知识的模式，鼓励学生积极主动地探索新知识，培养他们的自主学习能力、合作学习能力，不仅关注学生专业知识的获得，更关注学生专业学习能力的发展。最后，充分调动学生的创新能力，采用多样化和个性化的教学手段，启发和引导学生发现问题、分析问题、研究问题和解决问题。教师在教学中应始终以发展的眼光看待教学、学生和教学结果，克服知识本位的思想，以培养学生的学习兴趣、学习能力和终身学习的学习习惯为基本原则。

四、混合式教学在高校英语教学中的应用

语言教学课堂不同于其他学科的专业课堂，高等教育中的英语教学也不同于基础教育阶段语言技能获得的教学。作为高校英语教师，首先要明确高校英语教学的目标是什么？哪些教学内容可以通过学生的自主学习实现？哪些教学活动需要教师的指导与辅助？在对相关问题进行思考后，笔者采用了以任务为驱动，以小组合作学习为主要形式，将线上和线下教学活动有机结合开展英语教学。

（一）混合式教学模式的初步探索

首先，通过在线学习平台为学生提供自主学习的资源，发布学习任务，要求学生在相应时间内完成相关教学内容的学习，并鼓励学生提出自己的问题，记录自己的兴趣点以备课堂讨论和合作小组学习讨论。这一环节的目标是培养学生的主动学习和自主学习的能力，同时培养他们发现问题和探究问题的习惯。在任务的设定和资料的选择上同时兼顾知识和语言技能。为了引发学生的学习兴趣，选择有趣味性的英文视频资料，并布置相关的写作任务，将语言能力中的听力和写作技能有机结合。同时，要求学生根据自己的实际语言掌握情况制作自己个性化的词汇表，对格式作出统一的要求，并将在单元学习结束后对课文的相关词汇进行检测。

在小组合作学习的任务安排中，培养学生在自主学习过程中发现问题的能力，要求学生根据自身的兴趣和对资料的理解提出相关问题以供小组成员讨论，为合作小组的每位成员分配相应的任务。同时，以合作讨论各自发现的问题、选择问题进行探究分析和讨论、分配各自产出任务及在课堂中呈现学习成果的顺序进行。在面授课堂中，教师对小组成果展示中出现的问题进行分析，并给出相应的建议。

为此，本文尝试设计了高校英语混合式教学的初步模式，如下图 1-1 所示：

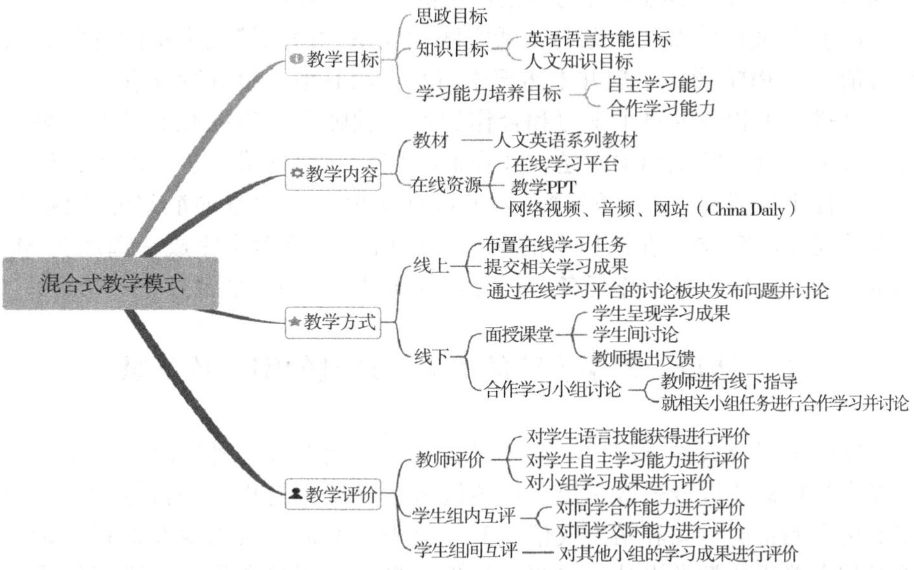

图 1-1　高校英语混合式教学设计模式

（二）混合式教学模式的实践探索

依据这一混合授课模式，对清华大学出版社人文英语系列教材中《综合英语 1》的 Unit4：Philosophy 单元进行了相应的混合式教学安排。在单元学习之初就安排整个单元需要完成的任务及预习阶段的任务，具体如下：

一是阅读课文并整理自己的词汇表。

二是为学生提供线上的教育小视频（What is philosophy），并要求学生自主学习后完成相应的听力笔记。

三是对小组合作任务进行具体的分配和解释，要求小组成员商讨后提交小组成员自主学习和合作讨论的时间表，对每个小组任务规定完成期限，组长负责上传学习成果。每个合作小组有 4 名成员，分别对应不同的任务角色。除了最后总结呈现小组学习成果以外，所有任务都必须由小组成员合作讨论完成。小组任务一共分为四项，按照任务提交时间的顺序，安排如下：

（1）整理课文结构并以思维导图形式呈现。

（2）整理文中相关的背景知识，选择最感兴趣的内容，查询相关资料并进行整理，以 PPT 形式呈现。

（3）深入阅读和理解相关的内容，提出有创意或可以激发同学们思考的问题，并发布在学习平台的讨论模块供同学们思考和留言。

（4）将文章涉及的主题与生活实践相联系，深入挖掘文章的现实意义和价值，以 PPT 形式呈现并上传至学习平台与其他小组进行分享。

经过学生相应的自主学习和合作学习，教师对学生提交的学习成果进行检查和分析，发现相关问题，并在面授课堂中挑选成果进行展示，讨论问题，提出反馈和建议。同时，为了检查学生自主学习词汇部分的效果，会在单元授课完成后进行相应的测试。最后，要求学生完成一篇题为 My favorite philosopher 的写作任务，提交至外研社的 iwrite 平台。

五、结论：教学实践的成果、遇到的困难及反思

在整个混合式教学流程的实践过程中，笔者发现这种以培养学生的学习能力为目标的混合式教学模式比传统教学模式具有更大的挑战性，教师需要付出的备课时间和精力成倍上升。首先，教师不仅需要在课程开始完成对整个课程的教学设计，更要对学生的自主学习和合作学习进行指导和

监督，对学生在学习过程中容易出现的问题进行预测，并做出相应的准备。其次，由于网络信息资源的丰富，教师在选择相应资料时需要耗费大量的时间，寻找适合学生目前语言程度和认知能力的视频、音频和其他相关教学资料。如果找不到合适的资料，就需要对可利用的资料进行再加工，以期能被学生有效使用。最后，面授课程中的时间把控难度上升，学生的讨论环节会延长预期的授课时间，影响整个课程实施的进度。这些都需要在后续的教学实践中加以思考和改进。

但是，经过混合式教学模式的实践，学生给予了积极的评价。笔者通过问卷星进行了匿名调查，93%的学生认为自己的学习能力得到了提升，非常喜欢小组合作学习的模式，认为在与同学们的讨论中收获很大。学生的学习热情得到了激发，对学习充满了兴趣，并愿意深入探究自己感兴趣的知识领域。其中一位同学在完成任务中对哲学家斯宾诺莎产生了浓厚的兴趣，并深入研究了其相关的哲学思想，得出了自己对哲学的理解，并与同学们进行分享。可见，混合式教学模式对激发学生的学习主动性，以及培养学生的自主学习和合作学习能力方面有着非常积极的作用，经过长期的实践一定能实现高等学校人才培养的目标。

参考文献

[1] J. D. Snowball. Using interactive content and online activities to accommodate diversity in a large first year class[J]. Higher Education, Special Issue: Large Class Pedagogy: Opportunities and Challenges of Massification. 2014(67/6):823-838.

[2] June Griffin and Deborah Minter. The Rise of the Online Writing Classroom: Reflecting on the Material Conditions of College Composition Teaching[J]. College Composition and Communication , SPECIAL ISSUE: The Profession ,2013(65/1):140-161.

[3] Tara Leigh Tharp. " Wiki, Wiki, Wiki—WHAT?" Assessing Online Collaborative Writing [J]. The English Journal,2010(99/5)M:40-46.

[4] 谢萍．基于慕课的混合式学习在英语学科教育课程中的应用研究［J］．外语教育研究，2021（3）：43-92.

[5] 王丽丽，张晓慧．基于产出导向的大学英语混合式“一流课程”建设研究，［J］．黑龙江高教研究，2021（39）：146-151.

（作者单位：外国语学院）

融入国民教育：非物质文化遗产进校园实践路径研究①

王 丹

我国非物质文化遗产保护开展20年来，始终坚持“保护为主、抢救第一、合理利用、传承发展”的工作方针，在学理研讨、传承实践、宣传展示等方面均取得了巨大成就，提出了抢救性保护、生产性保护、整体性保护和法律保护等方式，建立了符合中国国情和非物质文化遗产特点的保护体系与机制，这是中国贡献于世界的智慧和经验。当前，在我国非物质文化遗产保护过程中，校园传承亦成为重要的途径，“学校应当按照国务院教育主管部门的规定，开展相关的非物质文化遗产教育”②。非物质文化遗产进校园就是我国非物质文化遗产融入国民教育体系重要且有效的传承实践和教育实践。

学校是开展非物质文化遗产教育的重要园地。作为培养少数民族干部和高级专门人才的高等学校，中央民族大学在相关院系、专业的本科生和研究生课程设置和科学研究中均有非物质文化遗产的教学内容与人才培养，非物质文化遗产进校园的实践活动持续推进，极大地推动了一流专业、一流课程体系建设。

一、非物质文化遗产进校园：弘扬中华优秀传统文化的必然选择

1989年联合国教科文组织通过的《保护传统文化和民俗的建议》认为：“民俗（或传统大众文化）是文化团体基于传统创造的全部，通过群体或个体表达出来，被认为是就文化和社会特性反映团体期望的方式；其

① 本文是2022年度国家社会科学基金一般项目“非物质文化遗产的文化基因赓续与构筑中华民族共有精神家园研究”的阶段性成果。

② 中华人民共和国非物质文化遗产法［M］. 北京：中国民主法制出版社，2011：10.

标准和价值是通过模仿或其他方式口头流传的。”① 1998 年联合国教科文组织在《宣布人类口头和非物质遗产代表作条例》② 中复述了对民俗的界定，并将其更名为“口头和非物质遗产”，将“口头”与“非物质遗产”并列，体现了“口头”之于非物质文化遗产的重要性。2002 年 9 月 16—17 日，联合国教科文组织举办以“非物质文化遗产——文化多样性的体现”为主题的圆桌会议，通过了《伊斯坦布尔宣言》，明确提出“非物质文化遗产”概念。2003 年 10 月 17 日，联合国教科文组织通过的《保护非物质文化遗产公约》指出：“非物质文化遗产是世代相传，在各社区和群体适应周围环境以及与自然和历史的互动中，被不断地再创造，为这些社区和群体提供认同感和持续感。”③ 可见，从民俗、口头和非物质遗产到非物质文化遗产是一个认识不断转化和深化的过程。非物质文化遗产存续的形态和内涵逐渐得到世人认同，其优秀传统文化的价值和意义也得到确认。

我国大规模开展非物质文化遗产保护工作始于 2005 年。各省、直辖市、自治区着手调查非物质文化遗产状况，申报并认定了国家级、省级、地（市）级、县级非物质文化遗产项目，形成了一套代表作名录体系。2011 年出台的《中华人民共和国非物质文化遗产法》提出：“对体现中华民族优秀传统文化，具有历史、文学、艺术、科学价值的非物质文化遗产采取传承、传播等措施予以保护。”④ 2017 年 1 月，中共中央办公厅、国务院办公厅印发《关于实施中华优秀传统文化传承发展工程的意见》，明确“实施非物质文化遗产传承发展工程，进一步完善非物质文化遗产保护制度”，“注重实践与养成、需求与供给、形式与内容相结合，把中华优秀传统文化内涵更好更多地融入生产生活各方面”。⑤ 这些均表明中华优秀传统文化传承发展工程就是非物质文化遗产传承发展工程，将优秀传统文化融入生产生活就是将非物质文化遗产融入生产生活，弘扬优秀传统文化就是

① 联合国教科文组织．保护传统文化和民俗的建议（1989）［EB/OL］．［2010-04-21］．中国非物质文化遗产网：http：//www. ihchina. cn/zhengce_ details/15720.

② 联合国教科文组织．宣布人类口头和非物质遗产代表作条例（1998）［EB/OL］．［2010-04-21］．中国非物质文化遗产网：https：//www. ihchina. cn/zhengce_ details/15719.

③ 联合国教科文组织．保护非物质文化遗产公约（2003）［EB/OL］．［2003-12-08］．中国非物质文化遗产网：http：//www. ihchina. cn/zhengce_ details/11668. html.

④ 中华人民共和国非物质文化遗产法［M］．北京：中国民主法制出版社，2011：2.

⑤ 中共中央办公厅，国务院办公厅．关于实施中华优秀传统文化传承发展工程的意见［N］．人民日报，2017-01-26（06）.

弘扬以非物质文化遗产为主要内容的文化传统。

2021年8月，中共中央办公厅、国务院办公厅印发的《关于进一步加强非物质文化遗产保护工作的意见》指出："非物质文化遗产是中华优秀传统文化的重要组成部分，是中华文明绵延传承的生动见证，是连接民族情感、维系国家统一的重要基础。"① 保护传承非物质文化遗产要"坚持马克思主义祖国观、民族观、文化观、历史观，铸牢中华民族共同体意识"②，全社会力争从多方面、多层次推进非物质文化遗产与国民教育的连接与互动，将非物质文化遗产融入国民教育就是深化优秀传统文化融入国民教育的重要举措。教育部着力部署和促进学校教育中的优秀传统文化教育、知识教育、技能教育等，高度契合了非物质文化遗产进校园的初心使命。2015年开始实施的"中国非物质文化遗产传承人群研修研习培训计划"现已完成了"十三五"时期培训传承人群10万人次的目标任务，形成了较为完备的教学体系、工作规范和管理方式，有效调动了院校参与非物质文化遗产保护工作。③ 文化和旅游部、教育部、人力资源社会保障部将继续在"十四五"期间在全国推进"中国非物质文化遗产传承人研修培训计划"。

非物质文化遗产进校园，在于传授中华优秀传统文化，展示中华民族社会历史发展和民众生活方式，让学生受到知识教育、道德教育和美学教育，实现"以文化人，以文育人"的目的。非物质文化遗产饱含着中华民族的传统美德、传统精神，非物质文化遗产进校园对传承非物质文化遗产，完善我国国民教育体系，进行中华优秀传统文化教育具有特殊的功能和价值。为此，我国许多学校都开展了非物质文化遗产进校园实践活动，在文化和旅游部支持下，中国青年报社在全国征集评选出两届"非遗进校园"十大优秀实践案例，有力宣传和推动了非物质文化遗产在青少年群体中的普及与传播。然而，非物质文化遗产进校园实践活动仍有待继续探索。比如：存在重形式、轻内容的倾向；偏重某些类别的非物质文化遗产，忽视其系统性和生活性；侧重非物质文化遗产的娱乐性，内涵挖掘不

---

① 中共中央办公厅，国务院办公厅．关于进一步加强非物质文化遗产保护工作的意见［N］．人民日报，2021-08-13（02）．

② 中共中央办公厅，国务院办公厅．关于进一步加强非物质文化遗产保护工作的意见［N］．人民日报，2021-08-13（02）．

③ 文化和旅游部、教育部、人力资源社会保障部关于印发《中国非物质文化遗产传承人研修培训计划实施方案（2021—2025）》的通知［EB/OL］．［2021-10-09］．中华人民共和国文化和旅游部官网：http：//zwgk. mct. gov. cn/zfxxgkml/fwzwhyc/202110/t20211019_ 928411. html.

够等问题均须修正。尤其是非物质文化遗产如何在校园文化建设中发挥作用，引导师生积极弘扬中华优秀传统文化，健康幸福地生活和学习，值得深入研讨。

二、以文化人、以文育人：非物质文化遗产提升教育自信力

学校是培养人才的地方，肩负着文化传承创新的重要使命。为了更好地让下一代接受和继承中华优秀传统文化，“要更加注重以文化人以文育人，聚焦主题，创新形式，搭建平台，进一步增强师生文化自信，为落实立德树人根本任务、培养高素质人才提供文化支撑”①。学校应运用特色鲜明的非物质文化遗产作为教育资源，建立非物质文化遗产传承实践基地，引领师生传承和弘扬非物质文化遗产及其文化基因，构建以非物质文化遗产蕴含的中华思想道德文化为龙头、传统审美文化为内核的文化育人格局。

非物质文化遗产是流传在广大民间社会的传统知识，先秦时期《诗经》就收集了不少西周初年至春秋中叶的民间歌谣，这些歌谣广泛传播，流传至今，对中华文化传承发展具有深远影响。类似《诗经》的中华民族民间传统知识的生产、传承和弘扬从未停歇。进入新时代，我国政府不断加强对非物质文化遗产的保护工作，以多种方式将非物质文化遗产引入校园，作为教育教学的内容之一，向学生传授非物质文化遗产知识和技能，建设有温度、有厚度、有深度的课堂，发挥学生的主体能动性，使学习与实践紧密结合，激活非物质文化遗产的育人功能，强化非物质文化遗产传承的实践取向，搭建非物质文化遗产传承与校园生活、学生教育互动相融的平台，创新非物质文化遗产立德树人的行动措施。包括清华大学、中央民族大学在内的我国121所高校参与的“中国非物质文化遗产传承人研修培训计划”，极大地推进和深化了非物质文化遗产保护和传承人的传承实践。2018年，中央民族大学承办的民间文学类非物质文化遗产传承人研修培训培养了传承人才队伍，丰富了教学形式，增强了社会影响力，助推了非物质文化遗产融入生活、融入时代的步伐。

挖掘和阐释非物质文化遗产及其文化基因，并依据不同年龄层次学生的心智水平，有针对性地在学校教育中传播、弘扬，使学生沉浸于德育、

① 郑萼．以文化人以文育人　增强师生文化自信［J］．思想政治工作研究，2017（10）：27.

智育、体育、美育中，增强中华文化自信。贵州黎平将人类非物质文化遗产代表作“侗族大歌”融入小学音乐合唱教学中，向学生传授并使其继承多声部、无指挥、无伴奏、自然和声的歌唱传统。在此基础上，师生们也自主探究、创新创编，感知和体验侗族传统音乐的艺与美，很好激发了学生对侗族大歌的学习兴趣及创造力，进而培育了审美情趣，提升了艺术素养。也就是说，非物质文化遗产能够从不同方面培养学生鉴赏美和创造美的能力，起到涵养心灵、启迪心智、陶冶情操的作用。我国各级各类学校贯彻落实国务院办公厅《关于全面加强和改进学校美育工作的意见》，开展以民间文学、传统美术、传统舞蹈、传统音乐、传统游艺等类别的非物质文化遗产为主题的校园文化活动，让学生在感受和欣赏非物质文化遗产美的同时创造美、实践美。学校应当积极借助现代教育的多样化形式，讲好中国非物质文化遗产故事，传承发展中华优秀传统文化，持续增强中华文化自信，铸牢中华民族共同体意识。

三、构建国民教育体系：助力多层次非物质文化遗产教学

“将非物质文化遗产内容贯穿国民教育始终，构建非物质文化遗产课程体系和教材体系，出版非物质文化遗产通识教育读本。在中小学开设非物质文化遗产特色课程，鼓励建设国家级非物质文化遗产代表性项目特色中小学传承基地。加强高校非物质文化遗产学科体系和专业建设，支持有条件的高校自主增设硕士点和博士点。在职业学校开设非物质文化遗产保护相关专业和课程。加大非物质文化遗产师资队伍培养力度，支持代表性传承人参与学校授课和教学科研。引导社会力量参与非物质文化遗产教育培训，广泛开展社会实践和研学活动。建设一批国家非物质文化遗产传承教育实践基地。鼓励非物质文化遗产进校园。”① 将非物质文化遗产融入国民教育体系，涵盖各层次非物质文化遗产课程体系和教材体系建设，从“十一五”时期开始，我国高等院校和科研机构的学者就着手编写非物质文化遗产教材，在本科生、研究生教学中开设非物质文化遗产课程，进行文化通识教育。包括中央民族大学在内的一些高校自主设置非物质文化遗产专业硕士点和博士点，开展学科教学、田野调查和科学研究，培养专门人才，非物质文化遗产的学科体系和专业体系逐步得以确立。

---

① 中共中央办公厅，国务院办公厅．关于进一步加强非物质文化遗产保护工作的意见［N］．人民日报，2021-08-13（02）．

我国不少中小学实施了分层、分级的非物质文化遗产校本教材建设，“以幼儿、小学、中学教材为重点，构建中华文化课程和教材体系。编写中华文化幼儿读物，开展‘少年传承中华传统美德’系列教育活动”①。厦门市国祺中学自2000年起把人类非物质文化遗产代表作“南音”引进校园，成立了南音传承工作坊，在初一、初二、高一、高二每学期开设三节南音课，让学生了解和学习南音的演唱、演奏方法，形成了“人人唱南音，班班有歌声”的良好氛围。学校常年聘请南音传承人为辅导教师，他们走进校园，带领学生传承并创新南音曲谱，南音校本教材《千载南音》《南曲初步》等成为同安区“全领域阅读”的辅助读本。

“把中华优秀传统文化全方位融入思想道德教育、文化知识教育、艺术体育教育、社会实践教育各环节，贯穿于启蒙教育、基础教育、职业教育、高等教育、继续教育各领域。”② 非物质文化遗产进校园不是一种模式，也不是一个层次，而是以多种方式全方位地贯彻到国民教育体系中。编写非物质文化遗产通识读本，满足社会各类人群接触和认知非物质文化遗产的需求；编写适合不同年级的中小学非物质文化遗产校本教材，设立传习所；建设职业院校民族文化传承与创新示范专业点；发挥高等院校“在非遗保护和传承人才培养中的积极作用，帮助传承人增进对中华优秀传统文化的认识，坚定文化自信，提高专业技术能力和保护传承水平。推动院校的非遗相关专业建设和理论研究，提高院校的非遗教育水平和人才培养能力”③。在高等院校建立非物质文化遗产研究机构、高层次人才培养学位点，以及进行非物质文化遗产教材建设、非物质文化遗产理论研究，“统筹整合资源，加强国家非物质文化遗产专业研究力量，建设一批国家级非物质文化遗产研究基地。围绕国家重大战略、重大文化工程中涉及非物质文化遗产的重大问题等，建立多学科研究平台。加强非物质文化遗产重点实验室建设”④。加强中华文化研究阐释工作，推进非物质文化遗产国

---

① 中共中央办公厅，国务院办公厅．关于实施中华优秀传统文化传承发展工程的意见［N］．人民日报，2017-01-26（06）．

② 中共中央办公厅，国务院办公厅．关于实施中华优秀传统文化传承发展工程的意见［N］．人民日报，2017-01-26（06）．

③ 文化和旅游部、教育部、人力资源社会保障部关于印发《中国非物质文化遗产传承人研修培训计划实施方案（2021—2025）》的通知［EB/OL］．［2021-10-09］．中华人民共和国文化和旅游部官网：http：//zwgk. mct. gov. cn/zfxxgkml/fwzwhyc/202110/t20211019_ 928411. html.

④ 中共中央办公厅，国务院办公厅．关于进一步加强非物质文化遗产保护工作的意见［N］．人民日报，2021-08-13（02）．

民教育，构建有中国底蕴、中国特色的思想体系、学术体系和话语体系显得尤为迫切和必要。

四、聚焦非物质文化遗产遴选：成就区域文化品牌

非物质文化遗产是民众的生活文化，也是“经典”文化。历史上许多非物质文化遗产因被视为“经典”而得到传习，诸如“四书五经”等著述获得社会的广泛认可和推崇，在学校教育和民间教育中备受重视。我国中小学基本是以区域为单位招收学生，高等学校在招生上也一定程度体现这一特点。非物质文化遗产的区域性较强，在学校教育中融入非物质文化遗产，就应该关注师生所在区域的文化生活和文化传统。区域内的非物质文化遗产代表性项目就是其优秀传统文化，也是当代区域文化保护和建设的重点。区域非物质文化遗产进校园聚焦于多样化的传承和生活化的实践，由此丰富区域文化品牌建设及其内涵。

湖北省长阳土家族自治县都镇湾庄溪小学采取多种形式，推进国家级非物质文化遗产代表性项目“都镇湾故事”进入各年级的课程教学，邀请故事传承人进校园、开设校本课程、举办故事节、举行“大手牵小手”等活动，一方面将故事请进来，另一方面让故事走出去，将故事融入学校教育和日常生活，使学生在故事中成长，有效保护传承了“都镇湾故事”。学校以“博学创新，故事育人”为理念，探索“故事进校园”的可持续发展方案，整理汇编《我们在故事中成长》校本教材系列丛书共六册，按照不同年级学生认知水平的差异，分别为一年级《土家儿歌》，二年级《土家童话故事》，三年级《土家神话、传说故事》，四年级《土家地名、人物故事》，五年级《土家机智故事》，六年级《土家英雄故事》。故事教学通过听、读、讲等方式不仅让学生记住了故事情节内容，而且习得了逻辑表达和优美词句，更促成了积极向上的精神风貌，成为学校德育的有效途径。

四川省绵竹市政府打造孝德镇“年画、年俗、年趣”最美乡村，挖掘绵竹年画的独特内涵，建设美丽乡村学校，培养新时代好少年。当地清道镇学校立足地域特色，倡导“人人绘年画，个个有特长”，坚持上好绵竹年画校本课程；在绵竹年画村建立“乡村学校少年宫绵竹年画实践基地”，利用寒暑假开展丰富多彩的艺术教育；常态化推进讲绵竹年画故事比赛、“年画放歌伴成长”主题艺术周、争创“我是小小年画传承人”等活动。教师指导学生将现代多元的创作方式与传统年画艺术进

行整合，让年画与面塑、剪纸等艺术形态巧妙融合，创作出一幅幅生动立体的艺术作品。学校与年画村共创共建的年画特色教育，有力传承并助推国家级非物质文化遗产代表性项目“绵竹年画”成为区域文化品牌。

当前，创造生活文化的民众已经走向历史的前台，成为建构非物质文化遗产“经典”的主导力量。以非物质文化遗产进校园为主要形式的中华优秀传统文化的学校教育，不是要把非物质文化遗产仅作为一部分人的知识，而是要使更大范围的人群普遍接受和享用，并且产生经久不衰的影响力，将非物质文化遗产推向历史与现实交织的广阔时空。

五、结论及讨论

非物质文化遗产进校园，融入国民教育体系的方法和路径虽然各有特点，但始终要“坚持以社会主义核心价值观为引领，坚持创造性转化、创新性发展，坚守中华文化立场、传承中华文化基因”①。学校是国民教育体系的基础和关键，我国就各级各类学校加强非物质文化遗产教育、优秀传统文化教育印发了一系列政策文件，明确了教育重点、教育内容和教育方式等。非物质文化遗产由历史造就，薪火相传，当下与过去是承继关系，不是“断崖”式或“跃进”式的“复活”“新生”。因此，在非物质文化遗产融入国民教育体系过程中，要讲清楚非物质文化遗产的历史传承、传统形成及与当代生活存在的关系，并以多种方式阐发和弘扬非物质文化遗产及其包含的中华文化基因。

非物质文化遗产进校园既是实在性的实践本体，又是关系性的生活本体。非物质文化遗产进校园需要大力提倡，并规范制度建设，深化非物质文化遗产内涵建设与学校教育的互嵌、互助、互融。非物质文化遗产总是与时代发展结合在一起，其保护传承是在一定历史语境和文化语境中实现的。从这个角度上说，非物质文化遗产的时代特性和生活属性不容忽视。然而，非物质文化遗产进校园，构成校园文化的一部分，校园是现代教育的场所，这与非物质文化遗产在民间社会传承的环境有差别，因而其意义和功能就有所不同。但是，在非物质文化遗产的校园传承中，其核心传统和基因特质仍须保留和赓续。

---

① 中共中央办公厅，国务院办公厅．关于进一步加强非物质文化遗产保护工作的意见［N］．人民日报，2021-08-13（02）．

非物质文化遗产传承具有超越时间和空间的力量，在历史性与现实性之间建立起独特的张力关系。非物质文化遗产既是过去文明的见证，又对未来发展形成持续的影响，这也正是非物质文化遗产进校园，参与当代校园文化建设、学科建设的原因和动力。非物质文化遗产进校园不是非物质文化遗产传承人的表演秀，也不是校园文化的点缀，而是将非物质文化遗产融入学校教学和研究体系中，融入人才培养体系中，融入国民教育体系中，提升和拓展全民弘扬中华优秀传统文化的高度和广度，不断增强师生的参与感、认同感和获得感。

（作者单位：中国少数民族研究中心、少数民族事业发展协同创新中心）

打造国际贸易实务“金课”的探索与实践①

喆 儒

教育部教高〔2018〕2号文件指出：“当前，我国高等教育正处于内涵发展、质量提升、改革攻坚的关键时期和全面提高人才培养能力、建设高等教育强国的关键阶段。”② 教育部教高〔2019〕8号文件《教育部关于一流本科课程建设的实施意见》③ 再次明确要求各地各高校建设“一流本科”，打造“金专、金课”，特别强调要走“内涵式发展”道路，提升高阶性、突出创新性和增加挑战度，科学“增负”，切实提高学生学习的质量。

针对当前的新形势、新任务，结合我校国际经济与贸易系本科的专业特点，笔者对于所承担的国际贸易实务课程进行了一系列改革与创新。

我校国际经济与贸易专业于2002年设立，并于2020年获批国家级一流本科专业。作为国际经济与贸易学科的专业必修课及专业核心课的国际贸易实务课程于2005年首次开设。该课程具有实践性、应用性、灵活性、综合性强的特点。该课程是其他多门实务类专业课程（外贸函电、国际市场营销学、国际商务谈判、国际结算、外贸英语等）的基础，因此，无论从院系学科建设还是学生知识体系构建的角度来看，打造“金课”的重要性不言而喻。经过多年的建设和持续改进，目前国际贸易实务课程实现了双语教学、线上线下混合式教学、项目化教学（PBL）、案例教学（CBL）

---

① 本文是2020—2021年度中央民族大学校级教学改革立项项目“打造国际贸易实务金课的教学创新研究”的成果。

② 教育部．教育部关于加快建设高水平本科教育全面提高人才培养能力的意见［EB/OL］．（2018-10-08）［2021-11-15］．http://www.moe.gov.cn/srcsite/A08/s7056/201810/t20181017_351887.html

③ 教育部．教育部关于一流本科课程建设的实施意见［EB/OL］．（2019-10-30）［2021-11-15］．http://www.moe.gov.cn/srcsite/A08/s7056/201910/t20191031_406269.html

等多元模式。

一、教学目标及设计

（一）教学对象分析

改革的目标及设计应源于对教学对象的深入了解。我校国际经济与贸易专业学生具有以下几个特点：

1. 生源质量参差不齐

国际贸易实务课程自身特点以及双语教学都对学生的外语要求较高，但国贸专业学生的英文水平落差极大。据笔者的不完全统计，国贸专业中每年约有近20%左右的学生有出国留学的规划，这部分学生的英语水平较高，学习英文的积极性也较强；同时，也有近三分之一甚至近二分之一的学生来自边疆和民族地区，这些同学由于生源地英语教学师资瓶颈等原因，英文水平普遍较弱。在调研中，一些学生告诉笔者，他们是在进入高中以后才开始接触英文，单词量非常有限，只能读懂极其简单的英文句型，对于专业课程的英文教材和英语授课难免“望而生畏”。这部分同学由于英语基础薄弱，在双语教学条件下学习非常吃力，获得感和参与度不强。

2. 就业去向：较少从事进出口业务

由于民族院校的生源特点，决定了国贸专业的本科生除了继续深造以外，相当一部分毕业生选择了回到家乡就业。而我国中西部地区，特别是民族地区的外向型经济不发达，与外经外贸相关的工作岗位极为有限，所以国贸专业毕业生真正从事进出口业务的并不多。因此，国际贸易实务课程的教学目标也需要相应做出调整，重心由掌握进出口业务操作知识转向了解进出口业务流程以及基本的操作逻辑，并能够举一反三；学习实务课程不能仅仅停留在获取知识，而更多的是培养素质和能力。

3. “Z世代”的特点：获取信息能力强，更加依赖数字内容

在近些年的教学实践中，笔者发现在互联网时代成长起来的“Z世代”有着不同于往届学生的鲜明特点，如获取信息能力强、善用技术工具和更加依赖数字内容等。学生在课堂上经常是“一教即会”“一点就通”。但在批改作业和试卷的过程中，笔者发现，学生对于课程内容的掌握常常停留在熟记知识点的层面，并未能将各章的知识点融会贯通，特别是对于贸易术语和结算方式的法律意义和内涵未能真正理解。

（二）教学目标

国际贸易实务课程的知识点非常琐碎、分散，但各业务环节的内在逻辑性强，要求学生不仅熟悉知识点，更要理解知识点彼此之间的关联。如何将知识点融会贯通，并借此提升学生的综合分析能力以及学术能力成为最大挑战。教学过程中既要保证内容覆盖广，又要做到重点突出，同时体现学科的最新发展。为此，笔者将课程的教学目标调整为：

1. 知识目标

使学生理解国际贸易实务的一些基本概念、基本原理和相关惯例、法律，掌握交易磋商的程序、进出口合同各项条款的基本内容及合同履行要点。

2. 能力目标

使学生具备对外商务谈判、签订合同的能力，并能够灵活运用进出口知识要点，正确处理各环节操作业务，完成合同履行。

3. 素质目标

使学生具备科学的逻辑思维能力、综合分析能力和自主学习能力，能够正确判断并灵活处理贸易纠纷，具备较高的商业伦理和职业道德修养。

二、改革与创新内容

为实现上述教学目标，在教学过程中做了如下创新尝试：

（一）理念创新

将以“教”为中心转变为以“学”为中心，培养学生的自学能力。教学内容的设计和实施不再是以教师、教室和讲授为出发点，而是以学生、学习为中心，所有的手段、内容都应以激发学生的学习兴趣和潜能为核心，变“要我学”为“我要学”。为学生适当合理“增负”，让国际贸易实务课程更加具有挑战性。

（二）内容创新

在教学内容上突出实践性和体现高阶性。突出实践性具体表现在增加专业实践环节，鼓励学生深入进出口实务的各个业务环节体验式学习，并与专业实践活动相结合，在此基础上撰写英文案例报告。针对我校面向民族地区、面向西部培养人才的校情，在教学内容中增加与少数民族地区外经贸发展密切相关的内容，如跨境经济合作区、跨境电商等案例内容。高阶性主要是体现在教学中，让学生了解新时期外贸发展的新动向，激发学生的学术研究兴趣。

（三）模式创新

在2020年线上教学实践基础上，进一步探索采用线上线下相结合的混合式教学模式；施行PBL、CBL教学模式，倡导学生的研究性学习；根据problem posing、problem solving、peer persuasion的“3P”模型来设计学习项目，培养学生的创新能力。

（四）手段和方法创新

充分利用各种信息化教学手段和平台，如学校提供的超星“一平三端”学习通平台、学校网络教学平台、课程微信群，有效运用问卷星、互动游戏化平台Kahoot、PollEV投票软件等先进的教学手段，打造智慧教室。综合运用案例式（案例库）、启发式（头脑风暴法）、探究式（外贸福步论坛）、互动式（角色扮演）、沉浸式（真实案例模拟谈判）、讨论式等多种教学方法。

三、教学改革具体实践

（一）针对学生的学习能力和就业去向，实现分层培养

给学有余力的学生适当“增负”，鼓励学生参赛和撰写案例论文，以赛促学、以研促学。结合课程内容，带领学生积极参加各类案例研究大赛、谈判大赛、全国大学生创新创业大赛等。在参赛过程中，学生必须融合国际贸易实务及其他学科知识，与其他高校的谈判对手在谈判桌上博弈较量，既锻炼了学生的实践能力和创新能力，又增强了团队合作精神。通过参赛一方面调动了学生的求知欲和学习积极性，发现学生的知识盲点和薄弱环节；另一方面也帮助教师检验教学目标是否达成，并在之后的教学实践中加以调整和修正。基于课程内容指导学生发现研究问题、撰写学术论文。

继续开展双语教学，有助于出国深造的学生提早适应英语授课环境和英文思维习惯，也可以锻炼学生的英语沟通能力和思维能力。但同时也要考虑到基础薄弱的同学所面临的学习障碍。为此，一是设法消除这部分学

生的畏难情绪，帮助他们树立信心；二是提供切实的支持与帮助。例如，有意识地在课堂上多提问，对于重点和难点多用中文讲授，并在每次课上留出答疑时间；每堂课开始讲授新课前留出15分钟复习，帮助学生梳理各章知识点之间的内在逻辑关系和理论脉络。

（二）混合式教学方法

混合式教学方法的关键是线上教学的设计与实施以及线上线下的有机结合。通过在网络综合教学平台搭建课程体系，将教学目标分解，分章节上传中国大学（MOOC）慕课资源、教学课件与教材，为学生准备充足的学习素材。在教学平台上针对每一章节中的知识点创建作业，并充分利用平台的统计功能及时促学。课堂教学着重对学习难点和重点进行答疑解惑，并以大量的实际案例来加深学生对相关知识点的理解和灵活运用。课后进行复盘，通过课堂提问、回看作业、对测验以及期中考试成绩的评估和分析，随时把握学生的学习态度、水平和需求的动态变化。对于学生学习过程中存在的短板和薄弱环节，有针对性地加以改进。

（三）案例教学

由于目前成型的进出口实务英文案例极少，笔者通过追踪国际贸易时事开发了新的英文案例，并利用福步外贸论坛、中国贸促会、阿里巴巴外贸圈、进出口经理人、海运网等新媒体促使学生关注进出口贸易现实。打造了国际贸易实务教学案例库和习题库，整理了多年教学积累的中文案例和英文案例。通过案例教学激发学生的学习兴趣和专业热情，强化学生的实际操作能力和创造性思维。此外，案例教学也承载了一部分思想政治教育的功能。例如，带领学生进行案例讨论，根据相关国际法规惯例判别贸易纠纷责任方的同时，进行商业伦理教育。在每一章的案例分析环节中适时融入思想政治教育元素，将知识传授与价值引领相统一，有助于学生树立诚实守信、遵纪守法的价值观，增强学生的民族自豪感，坚定文化自信心。

（四）项目化教学

采用项目化教学方法打破了传统教学模式的束缚，根据外贸业务流程设计教学项目，以典型工作任务为主线，建立工作任务与知识、技能的联系。因此，将国际贸易实务的课程内容按照典型的进出口交易程序分解为七大模块，每一模块作为一个项目，并把每个项目中的知识点分解为具体任务，通过模拟案例交由学生组队完成，并面向全班进行展示或者角色扮演。项目的评价体系由自评、小组合作评价及教师评价共同构成，评价内容则同时涵盖知识、素质和能力。

（五）以“学”为中心

以“学”为中心意味着学习不仅局限于课堂上的有限学时，而是学生可以随时随地学，教师则要随时随地教。与此同时，为了培养学生自主合作探究式学习，沿袭了疫情期间线上教学组建课程微信群的做法，充分利用微信群、学习通的讨论功能来鼓励学生提问和讨论问题。

课堂呈现采用 BOPPS 教学方式，每个学习单元都遵循导入案例（B）、明晰学习目标（O）、先测（P）、参与式学习（P）、后测（P）、知识总结（S）的程序，并灵活运用 PBL、3P 等方式，配合课堂演示、模拟谈判、讨论和角色扮演等。

改革传统的评价方法，重点考核学生对相关知识点的灵活运用和解决实际问题的能力。课程考核内容主要包括国际贸易公约惯例、进出口合同的磋商与履行、进出口合同的主要条款、国际贸易方式。考核方法一改传统的单一评价手段，增加了线上考核，包括学习时长、作业、测验、签到等，强调过程评价，使得评价方法更加多元化，并更加注重学习效果评价，体现以“学”为中心。

课程建设的过程中也存在一些不足与遗憾。例如，课程的线上案例库有待完善和补充，部分案例老旧，已经脱离了时代发展；目前的课程融入思想政治教育也不成体系，需要更加精心地提炼和设计；课程的师资力量有待充实，梯队建设滞后等。

在未来的教学实践中，教学团队将继续完善对于国际贸易实务课程教学改革与创新，希望借此不断提升前沿教学理论水平，切实贯彻新时代对人才培养的新要求，挖掘建设高水平教学体系的重要元素，探索“内涵式发展”具体可操作的模式和方法，打造“金课程”和“金课堂”，实现“教”的课堂向“学”的课堂转变，引导学生进行自主-合作-探究学习，提高学生的学习绩效，全面实现课程目标，有效促进学生全面发展，为我国外经贸行业培养合格的人才。

参考文献

[1] 孙志娜，张飞艳．基于 PBL 的翻转课堂模式在全英文教学中的应用：以“国际贸

易实务”课程为例［J］．温州职业技术学院学报，2019，19（3）：5.
［2］樊晓云．国际贸易实务课程项目化教学改革探索［J］．对外经贸，2019（6）：3.
［3］廖倩．跨境电商时代的国际贸易实务教学探索［J］．教育信息化论坛，2018，2（9）：3.

（作者单位：经济学院）

教学改革实践与研究

叙事教学融入“形势与政策”课的应用价值及其实践路径[①]

李　雪

将叙事教学融入“形势与政策”课是大学生思想政治教育方法的重要创新，也是新时代“形势与政策”课适应不断变化的思想政治教育环境的现实需要。在“形势与政策”课中采取叙事教学法，就是叙事主体以现实事件为叙事内容，通过语言、影像等媒介手段将其情境再现，针对大学生产生现实疑问的社会现象进行分析与解说，科学回答大学生对现实问题的困惑，把道理讲深、讲透、讲活，避免大学生因有惑无解、有惑误解、有惑迟解或有惑自解而产生错误认知，不断增强大学生判断是非对错的能力，帮助大学生正确认识国内外形势、树立“四个正确认知”。要从理论视野探讨叙事教学融入“形势与政策”课的应用价值与范式结构、从实践视野探索叙事教学融入“形势与政策”课的实现路径，提升课程的教学效果。

一、叙事教学融入高校“形势与政策”课的应用价值

“形势与政策”课相较于高校其他思想政治理论课而言，具有较强的“理论武装时效性、释疑解惑针对性、教育引导综合性”，能够“第一时间推动党的理论创新成果进教材进课堂进学生头脑”[②]，使课程教学紧跟时代发展，充分发挥解惑答疑的重要作用。“思政课的本质是讲道理，要注重

---

① 本文是2020—2021年度中央民族大学思想政治理论课教学改革与创新成果孵化项目“美好生活提升思政课亲和力研究”成果。

② 中华人民共和国教育部．教育部关于加强新时代高校“形势与政策”课建设的若干意见［R/OL］．（2018-04-13）［2021-11-15］．http://www.moe.gov.cn/srcsite/A13/moe_772/201804/t20180424_334097.html.

方式方法，把道理讲深、讲透、讲活。”① 讲好“形势与政策”课离不开有效的教学方法，叙事教学能够通过故事化和情节性的表达吸引学生的注意力和好奇心，把课程内容转化为学生爱听、想听的有趣故事，更好地帮助大学生了解国际国内形势、看清社会现实，对提高“形势与政策”课程效果具有重要的应用价值。

（一）叙事教学推动“形势与政策”课因事而化

推动“形势与政策”课因事而化，即叙事教学能够契合本课程特点，挖掘现实中的教育素材，用具体生动的事例来说明抽象的理论。“形势与政策”课是“引导大学生准确理解党的基本理论、基本路线、基本方略的重要渠道”②，每学期都会根据教育部印发的最新《高校“形势与政策”课教学要点》的最新要求，结合当前国际国内形势的最新动态，及时有效地更新教学内容。但这并非是简单地进行新闻传递与政策描述的单向传播，而是让大学生及时关注形势变化，深刻了解国内国际动态，做到不仅要知晓事实，还要会思考产生既成事实的深层原因，学深悟透习近平新时代中国特色社会主义思想。所以，运用叙事法进行“形势与政策”课的教学活动，首先，要回归现实本身，聚焦事实的“本来面目”，以“故事”的形式叙述出来，增加教学内容的形象性与艺术性；其次，要调动叙事主体与叙事客体之间的交互性，在教学过程中增进双方相互理解的情感共鸣。事实上，当事实作为语言描述出来时，它便已经蕴含了描述者的导向思维，不再是纯粹的客观事实。作为“形势与政策”课的教学主体，在进行故事性的叙述时，就必须透过事实的现象抓住其本质特征，向学生传递事实的逻辑本质。在网络科技和信息化技术发达的当今世界，信息交流打破了传统传播手段的滞后性和地域空间界限，网络传播成为新闻传播的重要路径，极大地提高了信息更新速度。大学生作为接收网络信息最多的群体之一，能够通过浏览网络信息迅速知道国家大政方针及政策实施，但这种“知道”如不进行抽象的理性思考，就会流于表面，难以深入。尤其是有时在流量新闻与热点信息的影响下，常常还未读懂上一条信息就已经被

---

① 习近平在中国人民大学考察时强调：坚持党的领导传承红色基因扎根中国大地　走出一条建设中国特色世界一流大学新路［N］. 人民日报，2022-4-26（1）.

② 中华人民共和国教育部. 教育部关于加强新时代高校“形势与政策”课建设的若干意见［R/OL］.（2018-04-13）［2021-11-15］. http://www. moe. gov. cn/srcsite/A13/moe_772/201804/t20180424_334097. html.

大流量转移走目光，不仅无法及时深入了解政策实施的原因与目标，更难以深刻思考政策制定的国际国内形势背景与深层内涵。用叙事教学讲好“形势与政策”课，就要发挥好本课程时效性强的优势，把最新的社会热点融进课程教学内容之中，用“故事”娓娓道来，绵绵用力，把学生引入特定的教学场景，使学生的目光从客观的叙事描述转移到理性思考与坚定立场方面上来，提升教学的感染力，增强课程的实效性。

（二）叙事教学推动“形势与政策”课因时而进

推动“形势与政策”课因时而进，即叙事教学始终坚持与时俱进，在充分把握大学生思维规律和认知特点的基础上，发挥“形势与政策”课时效性强的特点，借助媒介描述社会事实，把最新的现实事件的具象勾勒为教学叙事框架，及时在叙事框架中补充最新的事实动态，透过事物发生的个体表象，挖掘事物联系的本质特征，把简单的事实描述变为深刻的解读剖析，把课程内容由简单的感性具象上升为科学的理论阐释。“形势与政策”课程的设置，就是为了使大学生能够及时有效地把握国际国内形势，使社会大课堂走进教室小课堂，针对大学生对热点问题的疑惑作出即时解答。大学阶段是大学生世界观、价值观、人生观定型成熟的关键时期，也是思维最为活跃、自我认知高度凸显的时期。对于自身摄入的知识内容和新闻信息，大学生常常会在认知的同时加入自我解读。但在当前的时代背景下，世界形势瞬息万变，大学生的自我解读时常跟不上形势变化，甚至仅仅停留在对事物的“具象”认识之上，并没有在自我思维中形成“抽象”的辩证分析，最后只留下了对信息的表象记忆或者是所读新闻本身带有的结论，缺乏理性思考。如果大学生面对变化迅速的现实问题和社会热点存有疑惑，并且得不到正确解答，感性认识难以上升为理性认识，就有可能产生错误认知。长此以往，小惑存大疑，存在动摇大学生“四个正确认知”的严重风险，所以通过系统性、科学性的事件分析与理论灌输及时消解大学生的困惑十分必要。叙事教学能够因时而进，通过叙事教学主体所架构起的叙事框架，运用动画展示、口头讲述、影片教育等多种途径构筑一个师生交互理解、平等互动的教学环境，使学生把动态的事实变化放置于历史过程的研究方法之中进行理性思考，培养学生运用辩证发展的方法看待不断变化的社会现实，不仅能够科学回答学生对热点问题的疑惑，更能够教授学生如何辨别新闻真假性的分析方法，引导大学生在课程学习中树立正确的认知，帮助大学生知时事、明道理、讲对错。

（三）叙事教学推动“形势与政策”课因势而新

推动“形势与政策”课因势而新，即叙事教学通过借助事物的发展趋势，紧抓时代潮流，创新教学内容和教学方法。“形势与政策”课作为高校思想政治教育课的重要组成部分，承担着把党的创新理论成果转换成大学生“我想听”“我要听”的科学知识的重要任务，不断教育和引导大学生坚定信仰、坚守信念，这就要着眼于当今时代中国发展所处于的国际国内大“势”，结合好党的新思想的“新”。叙事教学一个很有效的教学模式是“抛锚式”教学，最早由约翰·布朗斯福特提出，重点在于通过营造一个完整真实的故事情境，并通过嵌入其中的叙事主体与叙事客体的交互活动，使学生自发产生学习需求，提高学习体验的快乐感，帮助学生形成自主学习的惯性思维，培养学生独立思考问题、辨别真假和解决现实问题的能力。“形势与政策”课的叙事教学就需要借助“抛锚式”的教育手段，从时代大“势”出发，因势而“新”地营造一个带有故事情境的教学环境。一方面，叙事内容要立足于“势”，要着眼于国内外形势的变化，聚焦新时代我国发展面临的挑战与机遇，从学生关注和思考的热点抛出问题，吸引学生注意力，引导学生深刻理解党的理论创新成果，使学生从内心深处坚定马克思主义信仰，为他们的思想外化于行打下坚定的思想基础；另一方面，叙事内容要着眼于“新”，不断地结合形势变化及时更新，创新叙事方法、叙述语言和故事载体，用新方法、新语言和新载体为教学客体创设一个真实的故事情境，讲好新时代坚持和发展中国特色社会主义的生动实践。通过“势”与“新”的辩证结合，以故事叙事为逻辑主线，融社会现实于生动的课程环境中，把整个教学过程构架为以“势”为背景、以“新”为主题的故事情境，给予学生强烈的震撼感和感染力，帮助学生从被动的“倾听者”变为主动的“情景体验者”，引导学生在学习体验中准确理解党的基本理论、基本路线、基本方略，使他们真正成为社会实践的主体力量。

二、叙事教学融入高校“形势与政策”课的范式结构

任何既定的社会现实在被描述之时，就已经成为带有原本面目的叙事“故事”，而要还原事实真相、深挖事物本质，就必须从整体上把握历史发展问题、理论认识问题与现实存在问题。遵循这一逻辑脉络，推进叙事教学有机融入“形势与政策”课，就要从整体上把握课程教学内容，聚焦

“党的十八大以来党和国家事业取得的历史性成就、发生的历史性变革、面临的历史性机遇和挑战”①，贯通理论与实践、历史与现实，使叙事故事与史结合，持之有据、与理结合，言之有理、与实结合，实事求是，增强新时代大学生对党的创新理论最新成果的正确认知。

（一）构筑“形势与政策”课与史结合的叙事范式

“形势与政策”课是针对当前国际国内形势、讲授党的理论创新最新成果的重要课程，虽立足于现实，但不能割裂历史，必须与史结合。我国今日“取得的经济快速发展、社会长期稳定这样的奇迹”② 是在继承前人的基础上得来的，“形势与政策”课要结合历史，尤其要将“四史”教育寓于其中，联通历史与现实，正确教育和引导大学生树立科学的历史观，使大学生在历史和现实的反思与对比中深化对党的创新理论最新成果的认识。在“形势与政策”课中开展叙事教学，就必须重视历史故事的有效融入，关键是借助叙事教学主体的理论功底与语言魅力，讲好与教学目的相关且极具吸引力的故事。越是生动的故事，就越吸引人，就越能加深学生学习的主动性和积极性，叙事教学主体所要讲述的故事十分关键。其一，叙事教学主体在挖掘历史故事时，必须把握叙事教学客体的知识基础、理解能力与现实困惑。故事叙事的教育目的主要在于通过生动的故事情境使学生提高解读理论知识和分析现实问题的能力，并引导学生的情感认同与价值观的形成。所以，叙事教学主体要讲述的故事并非是对客观事实的简单陈述，而是蕴含着深刻的理论知识。这就要求故事承载的道理必须在学生可理解的范围之内，并且能够折射现实，解答学生现实困惑。其二，叙事教学主体在选择历史故事时，必须把故事内容与教学内容联系起来。在中国共产党奋斗百年的历史征程中，涌现了许多感人至深、感动人心的故事，但从中选择的故事必须要服务于“形势与政策”课的教学内容，运用图文并茂、音像、视频等方式展示出来。叙事教学主体将历史故事与课程内容进行统一整合，对理论知识进行通俗化的语言阐释，帮助学生在历史现实的对比思考中实现思想转化。因此，为“形势与政策”课构筑与史结合的叙事范式，既要选对历史故事，联系当今现实；又要寓于道理，阐释

① 中华人民共和国教育部．教育部关于加强新时代高校“形势与政策”课建设的若干意见［R/OL］．（2018-04-13）［2021-11-15］．http://www.moe.gov.cn/srcsite/A13/moe_772/201804/t20180424_334097.html.

② 习近平谈治国理政：第3卷［M］．北京：外文出版社，2020：124.

理论知识，使大学生充分了解各族人民团结奋斗所创造的中华文明的伟大成就和中国模式的伟大实践。

（二）构筑“形势与政策”课与理结合的叙事范式

“马克思主义看重理论，正是，也仅仅是，因为它能够指导行动。”[①]科学理论中蕴藏着强大的物质力量，这种物质力量的发挥必须依靠科学理论武装和掌握人民群众思想，所以讲好“形势与政策”课必须要与理结合，坚定马克思主义的理论指导。大学生肩负历史重任，正处于成人成才、提升思辨能力的关键期。在这个时期，用科学理论引领他们思想行为、提升他们的辩证思维能力十分重要。“思政课的本质是讲道理”[②]，“形势与政策”课作为高校思想政治理论的重要课程，在开展叙事教学的过程中，把讲述现实新形势的故事与马克思主义及其中国化理论相结合，用故事讲道理，用道理教育人，对大学生开展思想政治理论教育，是探索科学理论武装和掌握大学生思想的需要。

首先，将道理融于故事内容之中。相对于平淡空洞的时事讲述和理论说教，生动的语言和形象的故事更容易吸引人，能够增强学生的好奇心与主动性，促使学生从“要我学”转化为“我要学”。“形势与政策”课通过叙事教学，把苦涩难懂的道理融入教学内容所转化的生动故事当中，是提升大学生思想政治教育实效性的重要环节。叙事教学主体在向学生讲述故事时，通过帮助学生深刻解读党的创新理论最新成果，引导学生用马克思主义的立场、观点和方法对当前形势进行分析，使学生在主动思考中释疑解惑。

其次，立信念于故事讲述之中。“形势与政策”课通过叙事教学所形成的故事并不仅在于其呈现的社会现实本身，而是要借助富有表现力和感染力的叙事方式，把抽象性的理想信念具象化于“形势与政策”课叙事教学的故事描述之中。“谁会讲故事谁就能赢得受众”[③]，“形势与政策”课以教学内容形成的故事为本体载体，蕴藏马克思主义理想信念的抽象喻体，通过叙事教学主体描述的故事情境环节，使大学生沉浸其中自发思考，感悟马克思主义的真理力量和实践力量，自觉筑牢信仰之基，“自觉

---

① 毛泽东选集：第1卷［M］. 北京：人民出版社，1991：292.

② 习近平在中国人民大学考察时强调：坚持党的领导传承红色基因扎根中国大地　走出一条建设中国特色世界一流大学新路［N］. 人民日报，2022-4-26（1）.

③ 人民日报评论部. 习近平讲故事［M］. 北京：人民出版社，2017：5.

做共产主义远大理想和中国特色社会主义共同理想的坚定信仰者和忠实实践者”。①

（三）构筑“形势与政策”课与实结合的叙事范式

以“形势与政策”课推进大学生思想政治教育，关键在于与实结合，不仅要对现实问题进行科学分析，还要通过回顾历史引发共情、摆出道理为人接受，更要与时俱进结合实际，把党为人民利益做出的实事儿通过故事描述出来，用事实将各族人民的情感认同和理论共识转化成中华民族的伟大精神力量，共同建设各民族共有的精神家园。任何事物都是过程的集合体，今日成就的取得必然是历史动态发展的结果。用叙事法讲述这些故事并不是简单地只说当下、割裂历史，而是要把历史与现实串联起来，综合理论与实践，丰富故事内容。所以，在这个过程中，就需要对原有的故事架构进行解构并重构，不仅使故事内容得到更新与完善，并且能够反映大学生的关注热点与心理活动。就民族工作而言，新时代提出了新要求，既要深入分析当前民族工作面临的新形势，又要系统阐释加强和改进民族工作的重要思想。而如何讲述民族团结故事、讲好民族发展事实则是关键所在。这就是讲历史、讲事实、讲道理。“党的十八大以来，党中央就民族工作作出一系列重大决策部署，推动我国民族团结进步事业取得了新的历史性成就。”② 不仅要解决各族人民物质方面的困难，还要解决精神方面的短板，不断实现各民族根本利益。2020 年，我国脱贫攻坚战取得全面胜利，各民族地区如期脱贫，之前贫困地区人民吃水难、行路难、就医难的问题解决了，各族人民生活质量得到大幅度提升，之后“要支持民族地区实现巩固脱贫攻坚成果同乡村振兴有效衔接，促进农牧业高质高效、乡村宜居宜业、农牧民富裕富足”③。事实证明，只有在中国共产党领导下，才能不断实现各族人民对美好生活的向往。在“形势与政策”课上，用这些事实教育学生，用生动话语打动学生，把这些事实书之以文字、作之以乐曲、画之以图画，为铸牢中华民族共同体意识营造一个积极正向的叙事氛围，凝聚强大的民族合力，发挥伟大的民族团结精神，共同构筑实现中华民族伟大复兴的磅礴力量。

---

① 习近平谈治国理政：第 3 卷［M］. 北京：人民出版社，2020：49.

② 习近平．在全国民族团结进步表彰大会上的讲话［M］. 北京：人民出版社，2019：2.

③ 习近平．以铸牢中华民族共同体意识为主线　推动新时代党的民族工作高质量发展［N］. 人民日报，2021-8-29（1）.

三、叙事教学融入高校“形势与政策”课的实践路径

叙事教学在提升“形势与政策”课思想政治教育实效性方面具有显著优势，能够通过构筑与史结合、与理结合、与实结合的范式结构，从“三维”角度为学生再现中国共产党的百年风貌，并折射现实，引导学生不忘过去、立足现实、把握未来。而如何有效地将叙事教学融入“形势与政策”课中，取决于课程内容，内容决定路径，路径反作用于内容，必须分析和探讨叙事教学融入“形势与政策”课的实践路径，才能把握其实质要求。

（一）加强“形势与政策”课叙事教学主体的叙事能力

“形势与政策”课叙事教学主体的理论素养直接影响着教学效果，必须要不断加强自身的叙事能力。“形势与政策”课以当前正在发生的社会现实为教课内容，没有固定教材，叙事教学主体不会受限于教材的固有内容，而是通过灵活变通以事实讲形势，以形势讲道理，以道理讲情怀。一要做到真学真懂真信，即深入学习党的创新理论最新成果，学深悟透、深刻领会其中要义，并且发自内心的相信。二要积极参加学习培训、学术交流、社会实践，提高思想认识、拓宽理论视野、讲解社会发展，增强理论教学底气以及社会责任感等，用通俗的话语讲解思想理论，用鲜明的案例打开大学生思想之门。三要坚定理想信念。教师必须要在政治理论上要保持清醒头脑，始终把坚定理想信念作为前进的灯塔，牢记初心使命，坚定“四个自信”，在教学过程中通过自己的“言”和“行”教育、影响和感染大学生，让坚定的理想信念像阳光一样照亮大学生的心扉，如春雨一般滋润大学生的心田。四要加强道德修养。教师必须要加强道德理论学习，强化道德意识、磨炼道德意志、规范道德行为，真正切实解决好“总开关”的问题，以身作则，为大学生树立学习榜样，正确引导他们的道德行为方向。唯有如此，才能逐步把党的创新理论最新成果从认知层面上升到认同层面，再从认同层面内化为大学生自己的思想观念，实现党的理论创新最新成果大学生“进头脑”的任务，达到立德树人的效果。

（二）提升“形势与政策”课叙事教学客体的共情能力

提升“形势与政策”课叙事教学客体的共情能力，就是叙事教学主体将系统性、抽象性、枯燥性的“教材语言”转化为通俗化、大众化的教学

语言，缩短理论教学与大学生接受心理之间的距离，使大学生容易记得住、记得清、记得久，加强沉浸式学习，提升学生共情感，使他们在学习中自觉坚定理想信念。良好的思想政治教育环境，有助于使学习生活在其中的人们形成愉悦的心情，促使人们愿意、乐意接受思想政治教育内容。这就要求“形势与政策”课的叙事教学主体首先能够把自己真正学到、真正搞清楚的科学理论消化、吸收并转化为自己的思想观念，在教书育人过程把科学理论渗透大学生的头脑之中、心灵深处，同时大力挖掘“教学”元素，积极探索课程思政的育人模式，采取适合大学生实际的教学方式，变“要我听”为“我要听、我想听”，调动大学生学习科学理论的积极性，提高大学生在“形势与政策”课教学中的“抬头率”，确保“形势与政策”课教育达到“入耳入心”的效果。由于课堂教学是由师生共同参与的教学活动，教师必须从大学生实际出发，既要考虑课程教学内容的特点，又要考虑大学生之间存在的差异性，通过通俗易懂和喜闻乐见的故事来讲明党的创新理论最新成果，使大学生能够听清、听懂教师讲解的内容。为了增强入耳的实效，可以组织开展课堂提问、讨论、辩论等教学形式，提高大学生的课堂参与度；还可以播放相关的教学视频、红色经典歌曲等教学形式，吸引大学生的注意力等。通过实施这些交互传输、动静结合、声形并茂的教学措施，达到“入心”的目的，促进大学生在生动的感性认识基础上开展深度的理论思考，提升历史责任感。

（三）创新“形势与政策”课叙事教学方法的实现方式

思想政治理论课教学的目的，就是要将知识体系内化为大学生的价值认同、价值理想、价值追求，使理论的力量真正体现在实践中、活跃在实践中、落实到实践中。这个过程就是从“知”向“信”与“行”转化的过程，就是从“知识体系向价值体系转化”的过程。随着科学技术的深入发展，多媒体在课堂教学中得到普遍使用，“形势与政策”课叙事教学主体要自觉学习或参加多媒体教学的培训，提升自己的多媒体教学知识和技能，为大学生提供更直观有效的学习平台，更好地讲述现实故事。由于多媒体教学的直观性、便捷性、生动性等特点，借助于多媒体开展课题叙事教学活动，讲述故事内容，有助于活跃课堂教学的氛围，吸引大学生的注意力。在“形势与政策”的课堂教学中，采取多媒体教学可以使党的理论创新最新成果更加直观、更加具体、更加生动，调动大学生学习马克思主义及其中国化理论的内生动力，拓展大学生学习理论知识的广度，使教学内容真正走入大学生内心。另外，借助高校的官方网站、广播、学报等开设相关栏目，并把其作为课堂教学的有机组成部分，加大党的创新理论最新成果的宣传力度。对于新时代成长起来的大学生来说，他们接受新事物、新理论、新思想的能力比较强，多样化的教学方式更能激发他们学习党的创新理论最新成果的积极性和主动性，增强爱国意识和民族情怀。

（作者单位：马克思主义学院）

铸牢中华民族共同体视域下的“社区管理”课程思政教学研究

——基于社会建构论的实践探索①

马玉洁

习近平总书记在十九大报告中提出了“深化民族团结进步教育，铸牢中华民族共同体意识”和“实现高等教育内涵式发展”的新要求，民族高校作为落实这一新要求的坚强阵地，有着不可替代的重要作用。在落实立德树人的根本任务时，如何将铸牢中华民族共同体意识的主线贯穿在专业课程教学当中，是民族高校进行课程思政建设时亟待探索的课题。

课程思政，即将思想政治教育元素，包括思想政治教育的理论知识、价值理念及精神追求等融入专业课程中去，潜移默化地对学生的思想意识、行为举止产生影响。不同的学科和专业应当结合自身课程的特点，帮助学生实现价值引领下的知识获得与能力发展。那么，在教学内容和教学方法上需要进行怎样的革新，应该采用何种教学模式，教师的角色和作用如何发挥等方面需要结合具体的教学实践进行分析。

本文聚焦于公共管理专业开设的“社区管理”课程进行实践探索，主要出于以下两个原因：第一，改革开放以来，我国进入各民族跨区域大流动的活跃期。习近平总书记指出：“要把社区作为民族团结进步创建的重要阵地，发扬各族人民手拉手、心连心的好传统，共同建设民族团结一家亲的和谐家园。”这意味着，社区是社会的基本生活单元，各族人民在这样一个相互嵌入的社会结构和社区环境中交往交流交融，人心归聚、精神相依，形成了守望相助，手足情深的共同体。因此，铸牢中华民族共同体意识的社会基础在基层社区。第二，自党的十八大以来，我国不断加强和

① 本文是2021年度中央民族大学“铸牢中华民族共同体意识”思政系列教改项目“铸牢中华民族共同体视域下的‘社区管理’课程思政教学研究与实践”（项目编号：JG2104）的阶段性成果。

创新城乡基层治理体系，“社区是党和政府联系、服务居民群众的‘最后一公里’”“社会治理的重心必须落到城乡社区，社区服务和管理能力强了，社会治理的基础就实了”等重要论述，突出了城乡社区作为创新社会治理的基础平台。因而，“社区管理”课程思政应在社会主义核心价值体系的引领下，培养学生参与社区服务和社区管理的专业能力。具体的课程思政教学目标包含：以社区服务拓展至“维护人民群众根本利益”；以社区管理拓展至“维护社会主义法治”；以社区多元共治拓展至“维护社会主义民主”；以专业角度分析城乡社区治理的鲜活样板拓展至坚定“四个自信”，并从根本上提升大学生对中国共产党、对中国特色社会主义道路的认同，铸牢中华民族共同体意识。

一、基于社会建构论的课程思政教学模式

社会建构理论强调个体某些领域的知识是个体在社会情境下的交往互动过程中建构起来的，进而促成了知识从外部灌输到内部建构的观念转变。该理论强调教学过程是情境性学习的过程，学习方式从个体学习转向共同体学习，教师与学生在课堂教学中平等地共同建构知识。肯尼斯·格根作为社会建构论的主要奠基者，提出的“关系型教育”含义深刻，对于探讨有效的课程思政教学模式有着启发意义。

“关系型教育”认为，首先，知识是产生在相互关系中的，是从参与对话的共同体发展出来的。其次，教师和学生都是关系的存在。因此，它将教育的目的理解为“促进学生参与关系过程的潜能，最终能够促进更大范围内关系的持续流动和扩展”。我们认识到，由课堂中参与关系过程到超越学校的边界进入社区各种关系中进行参与，与社区治理的精髓高度一致。因此，我们在具体教学实践中尝试建构四种关系联结，通过增进课堂上学生对关系过程的参与，帮助学生发展必备的能力，参与到社区生活不可或缺的关系之中。

第一，情感联结。这是指教师与学生之间平等、友好、尊重、欣赏的关系氛围。教师与学生之间并不是“知识存储”与“知识接受”的主客体关系，学生之间也不是“你是你、我是我”的相互独立的隔绝关系，而是师与生在课堂上共同激发彼此，培养可以无限拓展的关系潜能。

第二，知识联结。这是指在学生既有经验和认知的基础上，教师通过设定优质学习问题域，使其与自身既有的知识进行联结，在讨论中帮助学生看到他们的经验、推理和想象怎样影响他们的观点和信念，获得新的知识。

第三，应用联结。这是指教师将新知识与解决当前实际问题联结起来，帮助学生共同应对社会发展与科技革新，提升应用知识的能力。

第四，多元价值联结。这是指面对学生中多元化的价值观时，鼓励倾听不同的观点且进行比较，增进共同性，尊重和包容差异性，拒绝偏见和分裂，在同理心下促进共同行动。

在课堂教学中建立上述四种关系联结，意味着教学不是一套线性化的操作流程，而是互动的和生成式的。教师创造一个支持性的学习环境，促进学生为特定的学科内容、道德两难选择和社会问题去建构意义和理解。因此，这种教学模式有助于促进大学生的学习投入，激发其内在学习动机、采用深层学习方式、并将课内课外融会贯通起来，发生进一步的学习。具体到“社区管理”的课程思政教学实践中，教师不以既有的课程框架和内容为指导去寻找课程思政教育元素。因为这种机械叠加的做法产出的结果形象来讲即“1+1≠2”，难以实现潜移默化地对学生的思想意识、行为举止产生影响的目标，甚至“什么都不是”——学科知识没讲透，思政教育元素也很牵强。从四种关系联结切入，进行整体性的教学设计，直面社区现实生活和当前社区治理改革发展中的真问题，建构包容性的合作共同体展开学习，在不断对话探讨、解决问题的过程中，熟悉党的方针政策、社会主义核心价值体系、理解专业的技术方法、团结协作共同思考和行动。

图 1 展示出在实践中运行的课程思政教学模式，最终达成学生在社会主义核心价值体系引领下的认知发展与能力成长，服务于学生在日常社区生活中建立和谐关系，参与社区共建共治共享，铸牢中华民族共同体意识。

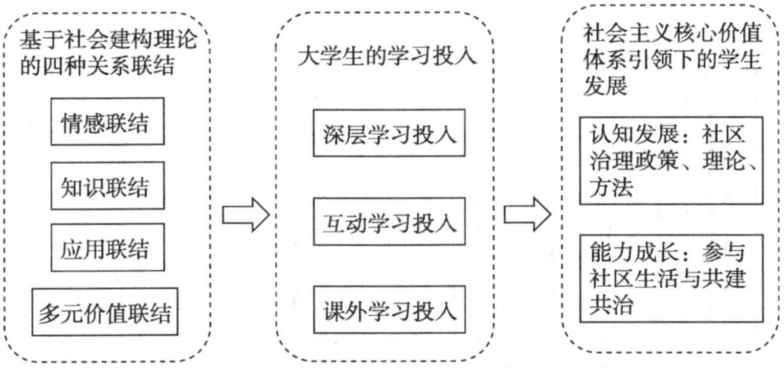

图 1 “社区管理”课程思政教学模式

二、数据分析与讨论

（一）数据来源与基本分析

本文的研究对象来自公共管理专业 2020—2021 学年开设“社区管理”课程的 3 个教学班。在开始课程之前与结课之后，对学生发放调查问卷，经数据整理和筛选，有效样本数量为 109。图 2 显示，学生来自 22 个民族。其中，普米族、独龙族和裕固族是 3 个人口较少民族。从生源地来看，学生来自全国 26 个省、自治区、直辖市，见图 3。其中，来自民族地区的学生约占总数的一半。

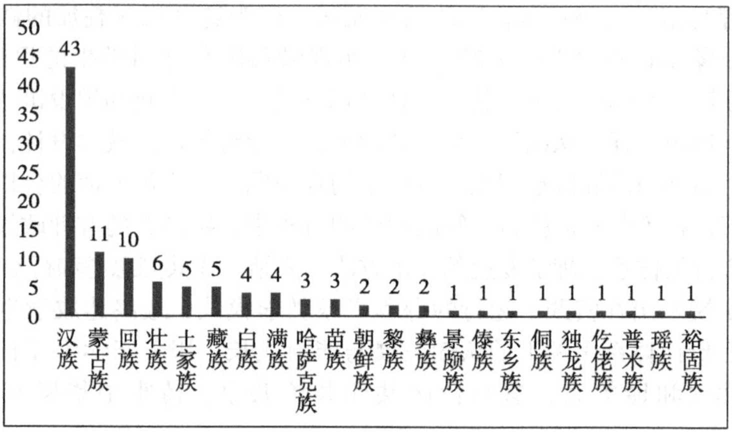

图 2　学生的民族成分

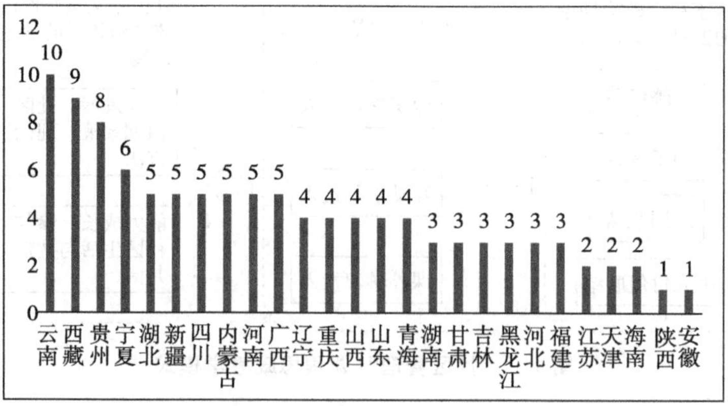

图 3　学生的生源地分布

由于学生在进入大学学习生活之前，居住在不同的省份，不同地区之间经济和社会发展水平不均衡以及城乡之间的差别，给学生带来差异化很大的社区生活经验。在课程学习之前，学生依靠自身经验所获得的对社区治理的认识也呈现出多样化的特点。在课程前后的问卷调查中，我们通过以下 7 个题目，测量学生对社区治理的认识和理解及社区参与的意愿，请学生给出 1~10 分中的任意整数，1 分为最低，10 分为最高。表 1 呈现出描述性统计结果。

表 1　学生学习效果的前测后测数据（N=109）

题　　目		前　　测				后　　测			
		均值	标准差	最小值	最大值	均值	标准差	最小值	最大值
1. 你对当前社区治理真实情况的了解程度如何？		4.94	1.83	1	9	6.74	1.35	3	10
2. 你认为现在社区工作者（主要是居委会书记）的专业工作能力如何？		5.70	1.64	1	9	6.55	1.19	3	8
3. 你对以下观点的认同程度如何？	基层社区服务水平体现出落实维护人民群众根本利益的程度	7.72	1.99	1	10	7.71	1.45	4	10
3. 你对以下观点的认同程度如何？	基层社区管理水平体现出依法行政、依法管理的发展程度	7.33	2.22	1	10	7.52	1.53	3	10
3. 你对以下观点的认同程度如何？	基层社区多元共治体现出社会主义民主的发展程度	7.84	1.83	1	10	7.87	1.60	4	10
3. 你对以下观点的认同程度如何？	基层社区议事协商体现出社会主义法治的发展程度	7.21	2.16	1	10	7.78	1.46	4	10
4. 你愿意为社区提供力所能及的服务吗？（主动参与社区志愿服务、参与或者协助组织社区活动等）		8.01	1.89	1	10	7.73	1.61	3	10

续表

题目	前测				后测			
	均值	标准差	最小值	最大值	均值	标准差	最小值	最大值
5. 你愿意参与社区里与自己利益相关的事务吗？（关于停车问题的讨论、垃圾分类的行动等）	8.09	1.85	1	10	7.91	1.59	3	10
6. 你愿意配合社区的相关管理吗？	8.38	1.65	1	10	8.43	1.35	5	10
7. 面对社区工作，你能够理解、包容、换位思考吗？	7.99	1.58	1	10	8.43	1.41	4	10

从表 1 可知，通过课堂讨论、案例剖析、社区实地参访、社区调查等教学策略，学生对社区真实情况的了解程度在后测时为 6.74 分，较前测时的 4.94 分有明显提升。对社区工作者专业能力的认识也由之前的 5.70 分明显提升到 6.55 分。这说明通过学习，学生能够进行专业性方面的辨别。此外，学生对社区治理的了解和对社区工作者专业能力的认识在前测后测时，加权平均分明显提升，而方差有较大程度的降低。这意味着，学生在认知层面的观点更加具有一致性，缩小了因为城乡差别、居住于不同类型的社区等因素带来的理解上的差异，为培养共同体认同奠定了认知基础。

（二）认同感由外在向度转化为内在向度

在上课前后，我们对学生在以下四个方面的认同程度进行了测量："基层社区服务水平体现了落实维护人民群众根本利益的程度"；"基层社区管理水平体现出依法行政、依法管理的发展程度"；"基层社区多元共治体现了社会主义民主的发展程度"；"基层社区议事协商体现了社会主义法治的发展程度"。从加权平均分上来看，基本持平，变化并不显著。这主要是由于公共管理专业的学生在前期的专业学习过程中，对上述相关知识已经有了较扎实的理解，结合学生访谈则可以发现，对四种观点的认同具有从外在向度转化为内在向度的特点。

例如，在实地参观北京市海淀区学院路街道某社区之后，学生生动地表述了自己的体验和感受：

"参访活动过程中，我充分感受到居民们将党群服务中心当成了自己家的会客厅，来去自如，取用自如，却依旧井然有序，四处能感受到欢声

笑语，而非防备、警惕、距离感，我感到十分动容。”（W 同学访谈）

“在社区里，最重要的是去重塑社区的生态，重新梳理好人与居住空间、生活场景及人与人之间的关系，通过引导居民自主地坐下来协商讨论，增进他们彼此间的相互理解，鼓励他们积极参与社区治理，实现社区的共建共治共享。所以，社区氛围的营造离不开‘和谐’‘民主’与‘法治’三块重要的基石。”（Z 同学访谈）

“二里庄小区是一个温馨的小区，是一个创新的小区，其物质建设、组织体系和居民风貌无不让我们赞叹。通过这次实地参观，我深刻体会到了社会工作的重要性、社区治理的综合性，也看到了国家治理体系和治理能力现代化建设在社会服务和社区治理方面的深入实践。”（J 同学访谈）

从中我们可以看出，维护人民群众根本利益、实现社会主义民主法治等观点不再是教师由外而内的灌输，而是发自学生内心深处的认同。

此外，当进一步分析方差的变化时，数据显示全体同学在四个题目上的方差都有明显降低，尤其是少数民族同学，其方差降低的幅度更大，见图 4。这意味着虽然这些同学在课前的个体经验差异较大，但是专业知识的学习能够在一个异质性较强的学生群体中，消除不同来源的认知偏差，促进其对这四个观点的认同明显提升且更加一致。

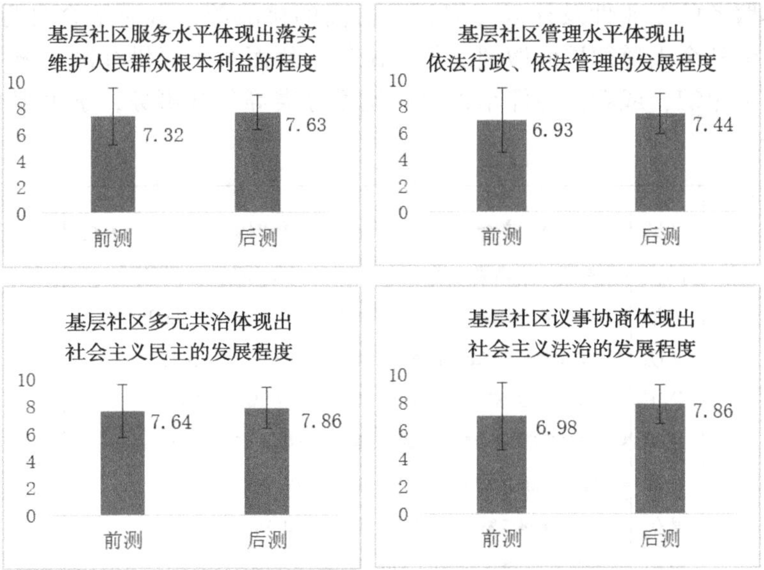

图 4　少数民族学生的前测后测数据分析

（三）对社会主义核心价值观的认同与践行

党的十八大提出的社会主义核心价值体系，从国家、社会和公民三个层面对我们共同的价值追求进行了理论凝练。具体到社区这个场域，在居民日常生活和社区治理过程中，我们将践行社会主义核心价值观的现实着力点划分为三个层面：在社区氛围层面，“自由、文明、和谐”是人民安居、社会安定的美好追求；在社区治理层面，“民主、法治、公正、平等”是维护居民利益的制度保障；在个人行为层面，“诚信、友善”是居民的基本道德准则。我们在问卷调查中邀请学生对这些价值进行排序：一方面对自己认为社区氛围中最重要的价值进行排序，另一方面对自己能够践行这些价值的难易程度进行排序。统计结果显示，在前测和后测中，学生认为最重要的价值始终是“和谐”“民主”“法治”。与此相对照的是，学生认为民主和法治的践行难度较大，自己容易在社区里践行的价值观分别是“友善”“文明”“和谐”“诚信”。

图 5 和图 6 反映课程结束时，学生对社会主义核心价值观的认同度及在社区治理中自觉践行社会主义核心价值观的难易度。结合对社区参与意愿的调查可以推测，在经过专业知识的学习之后，学生认识到社区中为各类群体服务的专业性及社区开展议事协商的挑战等，进而结合自身情况，认为能够从个人道德层面做到友善和诚信。然而对于提供社区志愿服务及参与社区组织，或者参与停车管理和垃圾分类等公共事务，学生则有审慎的考量。

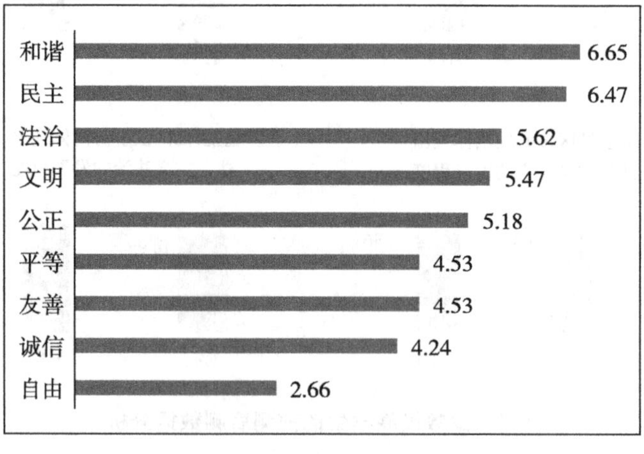

图 5　对社会主义核心价值观的认同度

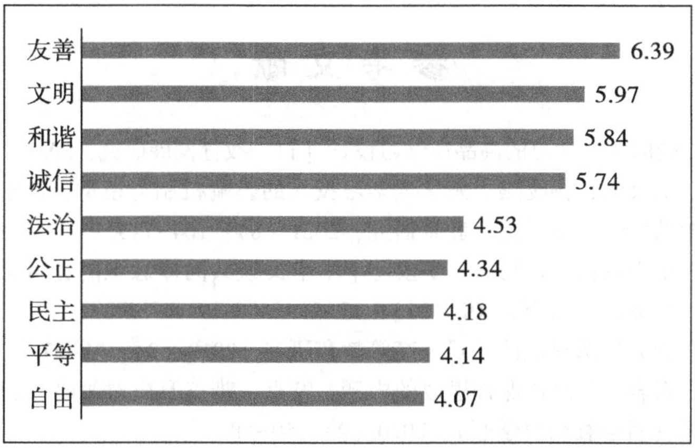

图 6　在社区治理中践行社会主义核心价值观的难易度

此外，在课程前后，学生配合社区相关管理的意愿，从 8.38 分提升到 8.43 分，面对社区工作能够理解、包容的同理心从 7.99 分提升到 8.43 分。这也印证了图 6 中，学生认为自己能够为社区营造文明、和谐的氛围尽一己之力的结论。

综上所述，经过课程学习，学生一方面把社区作为自己安居乐业的生活环境，愿意将社会主义核心价值观践行于日常生活之中；另一方面学生也认识到社区治理作为一种专业能力，对于实现社会主义民主、法治等重要价值的意义。

三、结语

在“社区管理”课程思政教学实践中，我们在社会建构理论的指引下，尝试在课堂中建立起四种关系联结，进而告别了“挖掘思政元素融入专业教学”的做法，并在学习内容的确定和教学方法的选择上进行了整体的教学设计。在微观上，以解决学生在社区生活中的实际困惑为目标，在宏观上，以解决社区治理改革的关键难题为核心，在社会主义核心价值观的引领下，实现了对教学资源的重构。从学生的学习效果来看，这样的教学模式发挥出了课堂参与的整合功能，不但建立起各族学生之间的连接感和信任感，能够增进共同性，尊重和包容差异性；而且内化了学生对于社会主义民主、法治等核心价值观的认同，对于铸牢中华民族共同体意识具有积极的启发。

参 考 文 献

[1] 陈静静 . 指向深度学习的高品质学习设计［J］. 教育发展研究，2020（4）：44-52.
[2] 郭建鹏，刘公园，杨凌燕 . 大学生学习投入的影响机制与模型：基于 311 所本科高等学校的学情调查［J］. 教育研究，2021（8）：104-115.
[3] 蒋文静，祖力亚提 · 司马义 . 学校铸牢中华民族共同体意识的逻辑层次及实践路径［J］. 民族教育研究，2020（1）：13-21.
[4] 刘献君 . 论大学课程设计［J］. 高等教育研究，2018（3）：51-57.
[5] 王学俭，石岩 . 新时代课程思政的内涵、特点、难点及应对策略［J］. 新疆师范大学学报（哲学社会科学版），2020（2）：50-58.
[6] 张丽雅，邱德雄 . 社会建构论的教育价值探析［J］. 教学与管理 2014（1）：8-11.
[7] 肯尼思 · J. 格根 . 关系性存在：超越自我与共同体［M］. 杨莉萍，译 . 上海：上海教育出版社，2017.
[8] 肯尼思 · J. 格根 . 社会建构的邀请［M］. 杨莉萍，译 . 上海：上海教育出版社，2020.

（作者单位：管理学院）

课程思政促动下“《资本论》选读”的教改探索[①]

吕志燕

2016年的全国高校思想政治工作会议不仅强调了思想政治教育在高校人才培养中的重要作用，同时更对各高校专业课教学提出了明确要求，即要将思想政治教育和专业知识传授有机统一起来，由此实现全员、全过程和全方位的育人格局。在专业课教学中融入思想政治教育内容，既是“立德树人”的必要，也是课程建设的需要。

一、课程思政背景下“《资本论》选读”教改的必要性

马克思的《资本论》在批判资产阶级政治经济学理论的同时，开创了无产阶级政治经济学，其原理和方法是社会主义国家培养经济建设和管理人才的必修内容。各高校经济学类专业开设的“《资本论》选读”课程，在培养建设中国特色社会主义经济学人才的专业课程体系中理应发挥重要作用，然而近些年来由于各方面的原因该课程的教学面临诸多难题，其育人作用受限。如今恰逢课程思政的提出，非常有必要借此契机开展教学反思。

（一）课程思政要求反思专业人才培养目标

近20年，是我国经济快速发展的20年，也是我国高等教育规模扩张的20年。为了满足社会各领域对高素质人才的需求，各高校纷纷扩大招生规模，加快人才培养速度。然而，在过度追逐人才培养数量和速度的过程中，高等教育重“技”轻“德”的问题也逐渐显露出来，即高校专业教育

① 本文是2020—2021年度中央民族大学校级教学改革立项项目“课程思政与专业知识有机统一的经典理论教学模式改革”（项目编号：CX2004）的阶段性成果。

中更多强调对学生知识和技能的传授，忽视“德”的培养。作为结果就是高校虽向社会输送了大批熟知理论且技能过硬的专业人才，但相当一部分人却表现出思想政治意识淡薄，立场不坚定甚至关键时刻立场错误，这显然是与我国高等教育目标相背离的。课程思政的提出，恰是对这一问题的反思，反思高等教育到底是为谁培养人、培养什么样的人。只有明确了人才培养目标，才能据此安排和展开教育教学活动。

在高校诸多专业中，经济学类专业一直以来都属于热门专业，这与我国社会主义市场经济体制的确立和发展实践是密不可分的。就各高校的经济学专业而言，若目标只是为社会输送经济建设或研究人才，则教学方案中为学生提供足够的经济学理论学习及充分的经济学方法训练便足矣。然而，建设有中国特色的社会主义国家，需要的不仅是有着扎实理论基础及相关应用能力的经济建设者和经济管理者，更需要政治信仰坚定，对中国特色社会主义道路、理论、制度和文化充满自信，能够运用马克思主义政治经济学理论和方法，研究并解决中国现实经济问题，为马克思主义政治经济学的创新发展贡献中国智慧的经济学专业人才。这应该是新时代我国高校经济学专业的人才培养目标，而这样的人才培养目标要一以贯之的体现于专业课程体系之中，实现于专业教学活动之中。

（二）《资本论》在经济学专业人才培养中的重要地位

课程体系在专业人才的培养中始终发挥着核心作用，这也是当前提出重视课程思政的根本原因。我国高校经济学类专业的课程体系总体上经历了三个大的阶段性演变：改革开放前核心专业课程为马克思主义政治经济学；改革开放后的理论课程中引进了西方经济学；到 20 世纪 90 年代末之后，专业课程体系中马克思主义政治经济学相关课程及课时越来越少，而西方经济学相关课程则越来越多。这种状况对我国经济学人才的培养产生了较大影响。

关于经济学理论，习近平总书记指出：“现在，各种经济学理论五花八门，但我们政治经济学的根本只能是马克思主义政治经济学，而不能是别的什么经济理论。”“面对极其复杂的国内外经济形势，面对纷繁多样的经济现象，学习马克思主义政治经济学基本原理和方法论，有利于我们掌握科学的经济分析方法，认识经济运动过程，把握社会经济发展规律，提高驾驭社会主义市场经济能力，更好回答我国经济发展的理论和实践问题。”① 由此可见，培养建设中国特色社会主义的经济学人才，专业课程体系设置中不能忽视马克思主义政治经济学的作用。

《资本论》凝聚了马克思40多年的心血，它不仅是马克思政治经济学基本原理和方法的集中表述，更闪耀着科学世界观和劳动价值论的光芒，兼具思想性和知识性，是马克思主义政治经济学的经典代表作。“资本论”及其相关课程，始终应该是我国高校经济学类相关专业学生的必读书目和必修课程。

（三）课程教学现状要求借助思政契机着手改革

无论从人才培养目标还是从课程思政角度出发，“资本论”相关课程都应该在经济学专业人才培养中承担重任。然而，自20世纪80年代末以来，西方经济学日益成为显学，在许多高等院校的经济学类相关专业培养方案中占据重要地位。只有为数不多的高校仍保留着“资本论”这门课程，但其课时被不断削减，由200多课时减至54课时或36课时，课程名称也随之更改为“《资本论》选读”。就目前来看，“《资本论》选读”课程的“教”与“学”存在以下情况。

首先，由于师资力量和课时缩减等方面的原因，《资本论》作为经典之魅力无法在有限的课时内得到充分展示，以致影响到其育人作用的发挥。《资本论》三卷体系庞大，论证逻辑十分精妙，要在十分有限的36课时或54课时内将这些内容完整展现且不流于泛泛之谈，是个教学难题。也是因为这个，在那些仍坚持开设“《资本论》选读”的高校中，普遍面临课程师资青黄不接的问题。目前承担授课任务的多为老教师，中青年教师一般不愿接手“《资本论》选读”这样的课程，因为讲授此课程相对而言需要付出更多的时间和精力备课，但再多的投入最终也只能转化为36课时或54课时的教学工作量，实在是“不经济”。

其次，从学生角度来看，他们对“《资本论》选读”课程的学习热情相较以前有较大程度的下降。一方面，这些高校学生受大环境下“《资本论》已过时”等偏颇观点的影响，认为西方经济学才是实用的科学；另一方面，他们在当前课程体系设置下接受了较多数理分析方面的训练，对马克思在《资本论》中所运用的系统抽象法和辩证法反而觉得难以理解，再加上《资本论》原著体系庞大，因此，学生会在学习过程中产生畏难情绪，表现为参与性不够或采取被动学习方式。

---

① 习近平．不断开拓当代中国马克思主义经济学新境界［J］．求是，2020，24（16）：4-9.

如此现状显然掩盖了《资本论》这部伟大作品的魅力，不利于发挥其在经济学专业人才培养中的作用，迫切需要任课教师对“《资本论》选读”课程的教学予以改革，而课程思政的提出恰好为此次教改指明了方向。

二、课程思政导向下的教改思路

开展课程思政的目的是要使专业课程与思政课程同向同行，实现协同育人。而要发挥专业课程既育才又育德的功能，不仅需要专业课程与思政课程保持方向上的一致，更需要专业课程体系内部不同课程之间的相互配合。因此，专业课程思政的具体实施需要在统一的专业培养目标下，由各任课教师进一步明确具体课程的思政教学目的，并据此展开专业课程的教学设计。

（一）结合专业培养目标明确课程思政教学目的

课程思政要如何开展，首要的是明确思政教学目的，而任何一门专业课程的思政教学目的无不是由专业人才培养目标所决定。如前所述，高等院校的经济学专业，其目标是培养新时期建设中国特色社会主义的经济人才，这些人才绝不只是擅长将西方经济学的知识“拿来就用”，而是能在熟练掌握马克思主义政治经济学理论和方法的基础上，批判地借鉴和吸收西方经济学的研究成果，形成“中国化”的经济思想和主张，据此分析、解决中国经济问题。因此，经济学专业课程思政教学的展开均应围绕这一培养目标而进行。

具体到“《资本论》选读”课程，以前的教学更多关注两个层面的问题：一是从知识层面向学生讲授马克思政治经济学的基本原理和方法；二是从技能层面培养学生运用所学理论和方法分析现实经济问题的能力。如今在思政育人目标的引领下，“《资本论》选读”课程的教学目的除了知识传授和技能培养以外，更要注重价值观的引导，要深入挖掘和提炼《资本论》中富含的思政元素，将这些思政元素自然的融入专业知识的讲解之中，使学生在增长专业才干的同时亦接受马克思科学的世界观、正确的价值观的熏陶，由此培养“德才兼备”的经济学人才。

（二）以课程思政为引领创新教学设计

课程思政教学中，专业知识是载体，为了实现思政教学目的，从根本上还是要在教学内容和教学方法上发力。在教学内容中体现价值塑造、知识传授和能力培养的“三位一体”，从教学方法上增强课程吸引力，提升思政教育成效，这是近两年来“《资本论》选读”课程建设的主要方向。

首先，教学内容不再仅仅局限于读原著、讲原理，而是基于课程思政目标分解为四个有机统一的层次：一是思想价值；二是逻辑体系；三是方法解析；四是内容导读。针对社会上关于“《资本论》过时了”的言论，习近平总书记明确指出：“这个论断是武断的，也是错误的。”① 《资本论》中所包含的思想价值（唯物世界观、劳动价值观等）是其尚未过时的最有力证据，且其思想的深刻没有停留在枯燥的说教上，而是在严密的逻辑中得到论证和呈现，这就是《资本论》完美的逻辑体系。而《资本论》逻辑体系的形成，其“灵魂”又在于方法。恩格斯曾经说：“马克思的整个世界观不是教义，而是方法，它提供的不是现成的教条，而是进一步的出发点和供这种研究使用的方法。”学习《资本论》最大的现实意义就是掌握和运用系统抽象法，在纷繁复杂的经济现象中找到“真问题”，研究并揭示问题的实质。无论是思想、逻辑，还是方法，最终都体现在内容里，所以“《资本论》选读”课程的教、学基础仍然要落在原著上，通过原著导读引导学生细细体会其中蕴含的伟大思想、精妙逻辑及研究方法。

其次，教学方法和手段逐步多样化、现代化，既是为了配合教学内容的调整，更是为了提升教学效果。一方面灵活运用线上教学平台，使之充分发挥辅助教学的作用。比如：一些预习或要求课外阅读的资料就可以挂在线上平台让学生自己去看；对于一些学生课后反映难懂的问题，教师会将问题讲解录制成小视频放到线上供学生学习。此外，为了节约课堂时间，一些争论较多的主题讨论也都放在线上平台开展。另一方面则在线下课堂教学中采用多种方法活跃课堂氛围，提升学习效果。比如，围绕“劳动价值论与效用价值论”展开讨论和辩论，促使学生思考经济学的阶级性和经济学家的立场问题，由此加深对劳动价值论的理解和认同。在展示《资本论》的逻辑时运用了多种形式的思维导图，不仅可以帮助学生认识和掌握《资本论》的逻辑框架，同时也使课件增色不少，激发了学生的学习兴趣。

三、“《资本论》选读”课程的思政融入

相较其他专业课程而言，“《资本论》选读”更适合开展课程思政。因

① 习近平．不断开拓当代中国马克思主义经济学新境界［J］．求是，2020，24（16）：4-9.

为《资本论》这部著作本身就包含着十分丰富的思政教育元素。这些思政元素就像散落在花园里的珍珠，需要的只是被找到及一根串起她们的美丽丝线。通过教学内容和教学方式的改革，思政教育内容已经水到渠成地融入专业知识的各个层次之中。

（一）剖析资本主义制度矛盾，引导学生坚定“四个自信”

建设中国特色社会主义不仅需要共产党人坚定“四个自信”，更需要引导青年学生坚定“四个自信”，而这正是学习《资本论》的重大意义所在。

《资本论》的核心内容是通过对资本及其矛盾的层层解析，揭示资本主义制度走向灭亡的必然性。这个内容自然也是授课的重点，我们通常着力于以概念运动或思维导图等形式展示马克思严密的论证逻辑，因为只有让学生高度认同马克思对资本的批判逻辑，才能使他们深刻认识到资本主义的矛盾，理解资本主义为何“在一极是财富的积累，同时在另一极，即在把自己的产品作为资本来生产的阶级方面，是贫困、劳动折磨、受奴役、无知、粗野和道德堕落的积累”①。

显然，学习《资本论》的意义不能仅限于此，基于对资本积累及其矛盾的深入剖析，我们会引导学生回顾近代中国选择社会主义道路的历史，增强他们对社会主义道路必然性的认识。进一步地，通过简单总结中华人民共和国成立以来的社会主义建设实践，从站起来、富起来到强起来，使学生对中国特色社会主义制度的优越性感同身受，进而坚定“四个自信”。

（二）展示劳动价值论的逻辑，帮助学生确立科学价值观

理解劳动价值论是读懂《资本论》的前提，这不仅是因为劳动价值理论是后续一系列理论（剩余价值理论、资本积累理论等）的基础，更是因为马克思在提出劳动价值论的章节中充分展示了他的辩证逻辑。帮助学生梳理这部分的逻辑关系，可以更好地促进学生对劳动价值论的认同，并由此激发后续学习兴趣。

马克思从商品这个最一般的概念出发，首先指出它最容易被人们所感知的一面——使用价值，继而由不同使用价值的交换引出商品中包含的另一面——价值。接着解释为什么商品会是使用价值和价值的对立统一，因为劳动具有二重性，具体劳动形成使用价值，抽象劳动创造价值。然而

---

① 马克思．资本论：第1卷［M］．北京：人民出版社，1975：708.

“价值”似乎是个无法直接感知也无法言说的东西，它要如何将自己展示出来，这就是价值形式的演变，通过简单的、扩大的、一般的价值形式，最终以货币形式表现出来。货币产生之后就有了价值尺度、流通手段、支付手段等职能，在一定的现实条件下货币转化为资本。

马克思阐释劳动价值论的逻辑堪称完美，然而该理论的重要性不仅限于知识这个层面，更值得向学生明确的是它作为科学价值观的一面，即劳动不仅创造经济价值，人生价值、社会价值等也都需要通过劳动去创造。讲到这里时，我们通常还会结合我国劳动节受表彰的模范人物事迹，向学生传递劳动光荣、幸福人生靠劳动创造等正确的人生观和价值观。

（三）归纳总结方法，鼓励学生致力于解决中国经济问题

现实中无论是经济管理者还是经济研究者，在面对错综复杂的经济现象时，如何找到真的问题所在，如何抓住事物的本质，这都需要科学的方法，而《资本论》留给世人最宝贵的财富就是马克思研究经济问题所运用的方法。

“工欲善其事，必先利其器。”培养建设中国特色社会主义的经济人才，首要的是帮助他们认识和掌握经济研究方法，为此我们在教学内容的方法解析中专门设置了“方法专题讨论”。首先，我们会让学生列举《资本论》中所运用的全部方法；其次，向学生重点阐明系统抽象法，即马克思研究政治经济学的根本方法。“分析经济形式，既不能用显微镜，也不能用化学试剂。二者都必须用抽象力来代替。”① “所谓系统抽象法，就是辩证、系统地使用抽象思维能力，揭示和论证经济矛盾的方法。”②

掌握方法只是技能培养的第一步，正确地运用方法才是最终目标。方法课上，我们会和学生一起结合《资本论》相关内容，解析马克思是如何运用系统抽象法，在批判资产阶级政治经济学的基础上提出了剩余价值理论，并从本质上揭示了资本主义的根本矛盾。鼓励学生要把学到的方法用于今后的社会实践调查、大学生创新项目乃至今后的毕业选题研究中，要立足于中国实际，为中国特色社会主义建设贡献智慧。

（四）发起经典语句的主题讨论，培养学生自我思政教育能力

高校思政教育不仅要充分发挥思政课程和课程思政的作用，更要设法

---

① 马克思．资本论：第1卷［M］．北京：人民出版社，1975：8.

② 刘永佶．政治经济学方法论教程［M］．北京：中国社会科学出版社，2012：69.

培养受教主体——大学生的自我思政教育能力。对于大学生这个群体而言，无论生理上还是心理上他们均已成年，具备独立思考的能力，很多情况下他们更愿意接受自己感悟的“道理”，而不是外界传递给他们的想法。

《资本论》这部著作之所以伟大，除了其闪光的思想、严密的逻辑和辩证的方法以外，其内容的字里行间也处处包含着经典。为了鼓励学生主动去发现这些“经典”，我们会在开设“《资本论》选读”课程的那个学期初就在线上发布一个主题讨论任务：请你摘录《资本论》中最打动你的一段话，并谈谈带给你的感悟。这个任务会一直持续到学期末，整个学期过程中都可以不断更新内容。

事实证明，学生是喜欢这种形式的，他们一方面努力地去读原著，以便发现这样的经典语句，另一方面在发表自己的讨论之前会认真琢磨自己到底从这些经典语句中感悟到了什么，这恰恰是我们发起这项任务的初衷所在，促使学生自己主动去发现，这种经过思考之后的“感悟”于他们而言往往记忆更为深刻。

四、教改成效及反思

借助这次以思政教育为契机的课程改革，总的来说收获很多，主要表现在：

（一）增加了课程的趣味性和吸引力，形成了教与学的良性互动

此次教改不只是在专业知识的讲授中加入了思政内容，而是对教学内容进行了重新设计，打破了传统的名著解读模式。同时为了配合教学内容的调整，在教学方法上也有多种创新，充分利用了线上线下两个课堂。这些改革措施活跃了课堂氛围，提升了教学效果，激发了学生的兴趣，学习参与率明显提高（课堂上抬头率高、线上活动参与率高），学习主动性也逐步增强，他们在完成各项线上线下教学环节任务时，经常会有意想不到的“创造”。而学生的这种学习氛围反过来又对任课教师形成积极的正面激励，激发教师的授课热情，由此真正实现了师生之间、教与学之间的良性互动。

（二）展现了经典理论的魅力，实现了知识传授与思政教育的统一

教改后我们从思想、逻辑、方法和内容等不同层次对《资本论》进行了解析，充分展示了这部经典著作中蕴含的深刻思想、辩证逻辑和系统抽象方法，完全改变了之前《资本论》曾留给学生的“过时”“难懂”“枯

燥”等印象，使他们切实领会到“经典”的魅力所在。传授知识的同时，教师通过引入马克思“为人类而工作”的个人成长和研究经历，引导学生思考人生的价值和意义；在剖析资本主义制度矛盾时自然而然地导出“四个自信”，逻辑严密地展示劳动价值论的同时传递正确的经济价值观等。总之，在合适的场景和内容中分别嵌入不同的思政教育元素，真正发挥课程思政的教育作用，实现知识性和价值性的统一。在一次学期末的结课小调查中，近乎百分之百的同学认为，通过本课程的学习认识到我国走上中国特色社会主义道路是必然的也是正确的选择。

（三）促进了思政教育主体性的确立，有助于“三全育人”格局的形成

在课程思政提出的最初阶段，多数高校教师普遍存在思政育人意识不足和主动性缺乏的问题，当然这很大程度上是由于对课程思政的不熟悉所造成的。自从开展课程思政建设后，作为专业教师的我们思政教育意识显著增强，课程思政教育能力亦得到提升，无形中已然确立起育人的主体性。这种主体性促使我们任课教师将思政教育作为一种教学习惯，融入所讲授的每一门课程中，也融入每一个教学实践环节中。与此同时，我们也非常重视发挥学生在课程思政中的主体性作用，引导他们开展自我教育，一方面鼓励他们主动发现专业课程中的正面积极元素，另一方面引导优秀学生通过分享学习体会和心得等形式加强“生生互动”。总之，无论是对任课教师还是学生而言，课程思政均已在潜移默化中入脑入心，此次教改为全员、全过程、全方位的“三全育人”格局的形成奠定了基础。

显然，课程思政建设没有终点，培养德才兼备的社会主义建设人才需要持续不断地推进高校课程思政改革，这个过程中既需要专业教师之间加强课程思政建设经验的交流，相互学习相互借鉴，形成专业课程之间思政教育的联动效应，同时也需要增加专业教师与思政教师之间的沟通，真正实现思政课程与课程思政之间的同向同行。此外，各高校之间也应建立友好合作的分享交流机制，为提升教师的课程思政能力创建良好的外部环境。

（作者单位：经济学院）

“情怀要深”是高校思想政治理论课教师的情感标准[①]

王晓红　崔晓敏

思政课教师要努力做到“情怀要深，保持家国情怀，心里装着国家和民族，在党和人民的伟大实践中关注时代、关注社会，汲取养分、丰富思想”[②]。有情怀才有对自己向往的精神境界、伟大事业的执着追求。高校思政课教师队伍肩负着立德树人的重大责任，要实现用真理的力量感召学生，以深厚的理论功底赢得学生，就必须做到政治要强、情怀要深、思维要新、视野要广、自律要严、人格要正。其中，“情怀要深”是高校思想政治理论课教师队伍建设的情感标准。

一、思政课教师要具备的“情怀”：人生情怀、家国情怀和天下情怀

情怀，主要指以情感、情绪形式出现的，活跃于人心中，使人的心情在最深沉处受到感动和召唤的普遍的力量。情感，是人的首要的、基本的存在方式，是动物与人所共有的，但动物的情感与人的情感有本质区别。人的情感是社会历史的产物，依附于一定的社会关系，体现一定的价值观念，具有丰富的社会内容，反映了具体的历史的社会生活，体现了人们的利益要求。并且，人还具有只有人才具有的复杂的社会性情绪，如理智

① 本文是2020年度中央民族大学“一流本科课程”建设“马克思主义基本原理概论”项目、北京高校中国特色社会主义理论研究协同创新中心（中央民族大学）2019年思政课支持计划项目的阶段性成果。本文选题受到中央民族大学马克思主义学院孙英教授的启发和指导，特此谢忱！

② 习近平．用新时代中国特色社会主义思想铸魂育人　贯彻党的教育方针落实立德树人根本任务［N］．人民日报，2019-03-19（1）．

感，指与实现求知目的、满足认识兴趣的思维任务相联系的情感；道德感，包括义务感、荣誉感、集体主义感等；美感，指对美的事物的情感等。思政课教师作为办好思想政治理论课的关键，要赢得学生、感召学生，在情感、情怀方面必须具备人生情怀、家国情怀和天下情怀。

第一，情怀首先表现在对生活的激情、对工作的热情，即自爱、爱人、敬业的人生或人文情怀。教育是用人性涵养人性。教育要培养自由的、自觉行动的，有自我意识、有思想的人，使人成为一个真正有理性、有良知、有理想、有激情、不断成长的人。思政课教师自身只有具有职业认同感、荣誉感、责任感，具有宽容、尊重、理解、平等、善良、批判、自省等品性，才能成为学生信任的有魅力的教师，才能真正使教育成为改变人、塑造人乃至成就人的力量。因此，对生活的激情、对工作的热情应该是塑造教师人生情怀的基本元素。

第二，情怀主要表现为对家庭的真情、对祖国的深情，即爱家爱国爱人民的家国情怀。这是一种历史形成的忠诚和热爱自己祖国的思想和情感。随着定居生活出现而产生热爱乡土的感情，后来随着民族和国家的形成，这种感情发展为明确的民族意识和对祖国的爱。这种家国情怀，最集中体现为爱国主义，也就是民族的自尊心和民族自信心，对祖国的归属感、认同感及为推动祖国富强的责任感和使命感。可以说，爱国情怀是在文化认同基础上人世间最朴素、最深层、最持久的情感。

爱国和爱家是统一的。爱家是一种原始的本然的本真之情。家庭是社会的基本细胞，也是社会发展的基石。中华民族自古以来就重视家庭，注重家教和家风的培育，正所谓“治国先齐家”“天下之本在家”。“中华民族传统家庭美德铭记在中国人的心灵中，融入中国人的血脉中，是支撑中华民族生生不息、薪火相传的重要精神力量，是家庭文明建设的宝贵精神财富。”① 家庭的前途命运同国家和民族的前途命运紧密相连。家庭好，国家才好，民族才能好；国家好，民族好，家庭才能好。广大师生都要把爱家和爱国统一起来，把实现个人梦、家庭梦融入中国梦、民族梦之中，同心凝聚合力，为实现中华民族伟大复兴中国梦贡献力量。

爱人民是我们党区别于其他一切政党的根本所在。马克思恩格斯在《共产党宣言》中指出：“过去的一切运动都是少数人的，或者为少数人谋利益的运动。无产阶级的运动是绝大多数人的，为绝大多数人谋利益的独

---

① 习近平．动员社会各界广泛参与家庭文明建设　推动形成社会主义家庭文明新风尚［N］．人民日报，2016-12-13（1）．

立的运动。”① 只有牢记全心全意为人民服务的根本宗旨，坚持把人民的根本利益作为出发点和归宿，深怀爱民之心、恪守为民之责、善谋富民之策、多办利民之事，才能始终保持同人民群众的血肉联系，才能真正做到用心思考、用情讲课、用爱做文章，得到人民群众的赞成、拥护和爱戴。

新时代，思政课教师所需要具备的家国情怀主要体现在：一是爱祖国，并要把对祖国的热爱变成自己的行动，为祖国和人民的利益而工作；二是爱民族，坚持民族平等和民族团结，反对民族压迫和种族歧视；三是具有强烈的民族自尊心和自信心；四是爱社会主义制度，拥护中国共产党的领导；五是要同国际主义相联系，要维护本国人民和世界各族人民的共同利益，因为无产阶级的爱国主义与国际主义是统一在一起的。这种情怀还表现在思政课教师在理性目标上对立德树人根本任务的自觉追求。这种自觉性表现为平常心，也就是对自己貌似平凡的思政教育工作的感恩般的热爱。

第三，情怀在更高层次上体现为对人类命运的深切同情，即关怀世界未来走向的天下情怀。拥有天下情怀、世界胸怀，是思政课教师爱国情怀的进一步升华和体现。情怀的深度、广度影响着思政课教师马克思主义理论的高度和立德树人根本任务的实现程度。一方面，思政课教师要有理论自信和文化自觉，彻底摆脱百年来中学面对西学的“他者”心态和弱势地位，以高度的文化自信和理论自信来与世界对话。另一方面，要将忧患意识扩展到对人类共同命运的关注，对道德失范、信仰缺失、理性动摇、生态破坏的现实危机提出质疑和追问。思政课教师应加强学习，认真研究，努力培养自己的天下情怀。

二、“情怀深”是高校思政课教师上好思政课的必要前提

第一，情怀深是高校思政课教师讲好思政课的情感、情绪前提。唯有做到情怀深，才能实现师生之间的情感呼应和共鸣，思政课才能真正做到直抵人心、润物无声。

一方面，思政课教师在讲课时，无论是讲知识讲理论抑或是讲历史讲感受，都有一种主体情感涌动其间，感情真挚，情愫浓重，说真话，抒真情，毫不做作地向学生娓娓道来，这种情感绝不是自作多情、故作高深；

① 马克思，恩格斯．马克思恩格斯选集：第1卷［M］．北京：人民出版社，2012：411.

而是真正的以理服人、以情动人，是情感的自然流露，是教师主导与学生主体在互动后迸发出的强有力的情感共鸣和情绪共振。

另一方面，教师的情绪是营造学习气氛和学习情境的主要因素。思政课教师澎湃的生命激情和饱满的工作热情也会转换为一种精神酵母和创新的促生剂，它会很自然地开启思政课教师面对学生、面对世界的联想和想象能力，并推动这种能力成为上好思政课的理想要素。

第二，情怀深，高校思政课教师的政治才能强、视野才能广、思维才能新、人格追求才能正。

当下思政课教学过程中存在的问题，与情怀的不够不深有很大的关系。思政课教师上课不自信、学生不重视、学习不感兴趣、课堂气氛低沉、学习效果不理想等问题，与思政课教师政治不够强、视野不够广、思维不够新紧密相关。唯有情怀深，高校思政课教师才能做到真学、真懂、真信，才能具备更高的政治站位、更强的政治意识及更敏锐的鉴别力和洞察力。唯有情怀深，高校思政课教师才能始终以饱满的热情和敏锐的问题意识立足新时代和理论发展的前沿，不断创新教学内容、教学方式和方法，积极拓宽自己的视野、更新自己的思维，运用积极向上的人格魅力和家国情怀引导学生成长。

第三，情怀深是高校广大师生坚信、坚守和坚持共产主义理想、信仰和事业的情感力量源泉。

《新时代爱国主义教育实施纲要》中提出要“让有信仰的人讲信仰，让有爱国情怀的人讲爱国”。思政课教师唯有将人文情怀、家国情怀和天下情怀融入课堂中进行立德树人的人才培养，才能感染、激励和引导大学生拥有家国情怀的使命与担当，才能为坚定、坚信和坚守共产主义的理想、信念和事业汇聚一股永不衰竭的精神涌流，才能通过教育的代际传递，让家国情怀这一精神基因去丰润我们未来的各项事业。

三、高校思政课教师涵养、厚植“情怀”的具体路径

笔者结合自身的教学实际，尝试提出通过以下路径来厚植思政课教师的“情怀”，主要是家国情怀，以求达到润物细无声之效。

（一）学习人文知识，创设历史情境，感知人文情怀和家国情怀

深厚的人文历史知识，特别是哲学的修养，可以培养思政课教师对祖国、对人民、对学生的深情，对生活的激情，对工作的热情。对哲学、艺

术、历史、文学等人文知识的学习和积累，可以帮助思政课教师情感更加细腻、敏感、真挚，更善于抓住每一点微妙的感触，道出日常生活中每一点新的发现，使学生从思政课教师理性思辨的激情讲授中，激荡心情，启迪智慧，产生认同感和使命感。

一方面，要通过文史哲的学习研究加深对国家、人民和学生的“爱”和“情”。思政课教师如果对这个世界充满了温馨、甜美的深情，就会以全部生命和激情，致力于学生的心理建设、道德建设及人生理想的拓展、人生领域的扩大和人生境界的提高。另一方面，要通过文史哲的学习，深入把握人类社会的发展趋势，进一步感悟自己家乡祖国的深情大爱，促进祖国独立富强的历史责任感和使命感及自强不息、改革创新的时代精神，并深刻认识到既要自强不息也要借鉴世界先进经验，努力做到民族性和世界性的辩证统一。

（二）重视历史，研究历史，借鉴历史，增强民族自尊心和自豪感，涵养家国情怀和天下情怀

重视历史、借鉴历史是中华民族5000多年文明史的一个优良传统。诗书万卷皆“家国”。中华民族历经沧桑而不衰，饱受磨难而奋起，实现中华民族伟大复兴的百年逐梦历程，皆源于民族文化血脉深处的家国情怀。因此，高校思政课教师一定要了解我们民族的历史、党史、新中国史、改革开放史和社会主义发展史，加强“四史”学习，是涵养家国情怀、增强思想政治教育水平、做好立德树人工作的有效路径。

第一，尊重和传承中华民族历史和博大精深的优秀传统文化，增强民族自尊心自豪感。“对祖国悠久历史、深厚文化的理解和接受，是人们爱国主义情感培育和发展的重要条件。”① 中华文明有着5000多年的悠久历史，积淀着中华民族最深层的精神追求，代表着中华民族独特的精神标识，是中华民族自强不息、发展壮大的强大精神力量，是我们在世界文化激荡中站稳脚跟的根基。了解我们5000多年延续不绝的历史，了解我们博大精深的中华优秀传统文化，就能自然而然形成强烈的民族自尊心和民族自豪感。我们的同胞无论生活在哪里，身上都有鲜明的中华文化烙印，中华文化是中华儿女共同的精神基因。思政课教师，要通过了解我们辉煌悠久的中华文明，不断提升民族自尊心和自豪感，增强对学生的爱国主义

---

① 习近平．大力弘扬伟大爱国主义精神　为实现中国梦提供精神支柱［N］．人民日报，2015-12-31（1）．

教育。

第二，认真学习党史和国史，知史爱党，知史爱国。了解鸦片战争以来的民族灾难史与屈辱史、民族抗争史与解放史，深刻认识实现中华民族伟大复兴中国梦的必然，投身中国梦的伟大建设中去。思政课教师通过学习中国近代史，深刻理解中国人民对于民族伟大复兴的强烈愿望；认识到实现中华民族的伟大复兴，是20世纪以来时代发展的突出主题，是贯穿中国近现代史的一条基本线索，是中国革命、建设、改革孜孜以求的目标；才能在一代又一代仁人志士风雨兼程、慷慨以赴的逐梦之旅中努力成为同路人、共同圆梦人；也才能将爱国之情汇聚成教书育人、以情动人、以理服人的正能量，引导大学生认识追逐中国梦的必然性，让中国梦成为大学生的自觉的价值追求。

第三，系统学习社会主义发展史，树立正确的唯物史观和社会主义观，坚定共产主义信仰，坚持爱国和爱党、爱社会主义相统一。通过历史学习，思政课教师才能讲清楚被实践证明了的历史逻辑和现实逻辑，才能使学生信服中国特色社会主义为什么好，中国共产党为什么能，归根结底是马克思主义行，也才能用爱党爱国情怀引导广大青年学生树立崇高的价值追求，听党话、感党恩、跟党走。

（三）巧用乡土资源、体验，在乡愁中坚定文化自信，培育家国情怀

乡愁，是中国人对故土山水人文的悠长眷恋。思政课教师要厚植爱国情怀，就要"注重延续城市历史文脉，像对待'老人'一样尊重和善待城市中的老建筑，保留城市历史文化记忆，让人们记得住历史、记得住乡愁，坚定文化自信，增强家国情怀"①。

第一，情自境出，从熟悉亲切的生活、实景出发，取境后融入情思，能够将思政课教师的情性、思想、感性与客观的境遇、景物和谐一致，做到融情入景，情景双融，培育家国情怀。乡土资源是思政课教师家乡的自然生态和文化生态，包括乡土地理、风俗习惯、传统文化、名人足迹、生产生活经验等。利用暑期、寒假、周末，通过参观博物馆、档案馆、名人故居、企业旧址或采访相关人士、查阅资料等方式获取家乡历史中有关近代中国的曲折发展的相关信息，从而对家国情怀有进一步的深刻体验。

第二，情由境萌，思政课教师要时刻关注家乡变化。每一个地方都有

---

① 习近平．深入学习贯彻党的十九届四中全会精神 提高社会主义现代化国际大都市治理能力和水平［N］．人民日报，2019-11-04（1）．

让人留念的东西，一碗米粉，一条老街，一段回忆，这种情感可以留得住人，可以安得住心。思政课教师应时刻惦念家乡的每一点变化，关注家乡的每一处发展，从而将思政课教学与家乡、民族和国家发展繁荣结合起来，引导学生立志为新时代中国特色社会主义建设、中华民族伟大复兴做出自己的贡献。

第三，以思蕴情，思政课教师要努力深入挖掘家乡文化和历史遗存蕴含的哲学思想、人文精神及价值理念和道德规范等，增进家乡文化认同，激发热爱家乡和祖国的情感，更要揭示蕴含其中的中华民族的文化基因、文化血脉、文化胸怀，不断坚定文化自信。思政课教师要在重视文化传承，延续历史文脉过程中，厚植自己的家国情怀。

（四）关注时代问题，提升理性思维，升华家国情怀

思政课教师还需要投身中国特色社会主义现代化的伟大实践，关注时代、关注社会、丰富思想、强化理性认知，进一步厚植情怀、升华情怀。长期以来，加深思政课教师的家国情怀常常以教育活动的形式停留于一般的情感教育，不注重以情动人，这严重制约着思政课教师爱岗敬业的理性自觉和情感认同。思政课教师必须要在社会中、在时代中汲取思想养料，在批判鉴别中明辨是非、把握大势，在思想性和学理性相统一中增强民族认同感和自豪感，坚持信仰、秉持初心，为立德树人根本任务做出贡献。中国抗疫、脱贫攻坚伟大实践、百年党史等都是非常生动的思政课教材，高校思政课教师要善用这些社会思政教材，不断升华为国为民情怀，引导学生听党话跟党走，勇担时代重任。

（五）加强对少数民族历史文化的研究，铸牢中华民族共同体意识，凝聚奋进力量

高校思政课教师，尤其是民族院校思政课教师，一定要加强对少数民族历史文化的研究，通过铸牢中华民族共同体意识，推动民族工作的发展，用家国情怀凝聚各民族师生奋进力量。“各族人民亲如一家，是中华民族伟大复兴必定要实现的根本保证。实现中华民族伟大复兴的中国梦，就要以铸牢中华民族共同体意识为主线，把民族团结进步事业作为基础性事业抓紧抓好。”① 我们祖国的锦绣河山是各民族共同开拓发展的，我们的

---

① 汪晓东，李翔，王洲．共享民族复兴的伟大荣光：习近平总书记关于民族团结进步重要论述综述［N］．人民日报，2021-08-25（1）．

历史是各民族共同书写铸就的，我们辉煌灿烂的文化是各民族共同创造的，我们伟大的民族精神是各族人民共同培育发展起来的。实现中华民族伟大复兴，需要各民族手挽着手、肩并着肩，不断铸牢中华民族共同体意识，不断增强向心力和凝聚力，共同努力奋斗、共建美好家园、共创美好未来。思想政治理论课教师要善于通过家国情怀来凝各民族大学生爱国心、聚各民族大学生报国力，铸牢中华民族共同体意识，同心共筑中国梦。

（作者单位：马克思主义学院）

哲学教育与民族命运

——“马克思主义哲学导论”的立意与思考①

刘 梅

“马克思主义哲学导论”是哲学本科专业的核心课程，也是整个马克思主义哲学课程体系的开篇，其教学效果将直接影响到学生的知识体系建构和未来职业发展。在我国高校哲学本科专业的培养方案中，这门课一般以马克思主义哲学原理、马克思主义哲学或马克思主义哲学导论的形式出场。然而，作为整个马克思主义哲学学科体系的前导性课程，不管其名称如何变化，其目的都在于引导学生对马克思主义哲学有一个总体性的认识，进而激发学生的理论兴趣，为进一步深入学习马克思主义哲学的其他学科打下坚实的理论基础。然而，由于历史和现实的原因，当前我国的马克思主义哲学教学并不能很好地完成这一任务，在实际教学中尚存在诸多问题亟待解决。

一、当前马克思主义哲学教学的现状及问题

受传统哲学原理教科书的影响，我国目前的马克思主义哲学教学往往拘泥于传统的理论框架，即以辩证唯物主义和历史唯物主义两大板块为核心，围绕唯物论、辩证法、认识论和历史观四个部分展开。自 20 世纪 80 年代以来，学界开始摆脱传统哲学原理教科书的束缚，探索马克思主义哲学的“新教学体系”，也涌现出了一批风格迥异的教材，然而大多只是对传统哲学原理教科书的理论补充，没有从根本上超出其理论框架。在实际教学中也收效甚微。

第一，重视理论灌输。

① 本文是 2020—2021 年度中央民族大学“一流本科课程”建设项目“马克思主义哲学导论”（KC2033）的阶段性成果。

在实际教学中，马克思主义哲学课程体系的开篇往往更加注重观点和结论的灌输，缺乏详细的逻辑推演和理论论证。比如，作为马克思主义哲学“首要的和基本的观点”的“实践”被解释为“人与外部自然之间的一种客观的关系，一种物质性的否定性关系”，“只是在实践范畴的基础上，马克思主义哲学才超越了以往的全部哲学，构成了一个唯物论与辩证法相统一、自然观与历史观相统一、本体论与认识论相统一的完整严密的理论体系”。[①] 在传统哲学原理教科书中，这种解释往往只是以一个个结论的形式呈现出来，缺乏学理上的推导和论证过程。于是，学生既不能从中理解马克思“实践”概念的理论内涵，也不能理解这一概念与西方哲学史上的“实践”概念有什么关系，当然更无法理解它为什么成为马克思主义哲学的基础和核心范畴。

于是，一方面，由于观念鲜有更新难以引起学生的兴趣，加之意识形态的影响，这就造成了学生对马克思主义哲学乃至马克思本人的普遍反感；另一方面，由于教学过程不重视思想源头的疏导和解读，学生往往只知其然不知其所以然，即便有部分学生想要深入学习也无从下手，很难把握马克思主义哲学的思想精髓。这样的教学既不能为马克思主义哲学知识体系的构建奠定基础，也不能真正彰显马克思主义哲学的历史和现实意义，结果就是，马克思主义哲学被降低为通识课或公选课的地位，只具有意识形态的意义。

第二，学科思维固化。

按照列宁的说法，德国古典哲学、英国古典政治经济学和法国空想社会主义构成了马克思主义的三大思想来源。然而，受原有的学科思维限制，在现实的教学环节中，我们往往过多地强调德国古典哲学尤其是康德和黑格尔，对于英国古典政治经济学和法国空想社会主义只是草草带过，少有均衡用力者也往往局限在三者分离的语境中去探讨问题。于是，经济学领域的实证化研究和哲学领域的思辨研究各执一端，而作为马克思理论旨归的社会主义和共产主义思想始终是孤立甚至缺位的，它往往只是作为一个独立的部分（科学社会主义）被排除在哲学和经济学的研究领域之外。此外，对于马克思思想的形成起了关键性作用的政治、历史、文化等因素更是鲜有提及。

实际上，上述分离语境只提供了某一个侧面的马克思或马克思主义，基于此学生很难理解马克思从《法哲学原理》到《1844 年经济学哲学手

---

① 肖前．马克思主义哲学原理：上［M］，北京：中国人民大学出版社，1994：50-56.

稿》，再到《共产党宣言》《德意志意识形态》《资本论》及晚年大量的人类学和历史学笔记之间的内在关联，也就不能理解马克思的著作为什么表现出哲学、政治学和经济学交叉结构。这样既不能引起学生的理论兴趣，也不能给有进一步学习意愿的学生提供专业上的导引。

第三，重讲授，轻讨论，教学模式刻板。

在现实的教学过程中，普遍存在的还是以教师讲授为主的满堂灌的教学方式。在信息时代之前，这种教学方式是学生获取完整知识体系的主要途径。然而，在互联网+、大数据时代的背景下，学生获取知识的渠道增多，传统以知识灌输为主的填鸭式教学方式已经远远不能满足现实需求。一方面，满堂灌的教学方式往往只是授课教师的“一言堂”，学生参与度很低，大多只是被动接受，停留在听课、记笔记的层面，久而久之会失去进一步学习的兴趣和热情；另一方面，这种模式不能很好地掌握学生的特点，有针对性的因材施教，从而也不利于培养学生的创新意识和自主学习能力。

上述问题长期积累得不到解决，不仅影响学生的专业学习效果和未来职业发展，还会动摇马克思主义哲学自身的合法性地位，因此，马克思主义哲学的课程改革已迫在眉睫。

二、新时代马克思主义哲学教学体系的建构原则

马克思主义哲学是我们国家革命和现代化建设的重要指导思想，也是当代大学生树立正确的世界观、人生观和价值观的重要参照系。在新的时代条件下，马克思主义哲学教学体系的建构要坚持如下几个原则：

（一）引导学生进入马克思的理论视域

作为导论课，“马克思主义哲学导论”首先就是要引导学生进入马克思的理论世界。正如马克思所说，“任何真正的哲学都是自己时代的精神上的精华”，是“文化的活的灵魂”①，黑格尔也说，真正的哲学是“被把握在思想中的它的时代”②。因此，理解一种哲学，首先就要深入它得以产生的历史和时代中去。

马克思是生活在19世纪的德国人，马克思主义哲学的产生是与那个波

---

① 马克思恩格斯全集：第1卷［M］．北京：人民出版社，1995：220.

② 黑格尔．法哲学原理［M］．邓安庆，译．北京：人民出版社，2016：13.

澜壮阔的历史时代紧密相连的。因此，要深入理解马克思主义哲学首先就要理解马克思的时代和历史，这是进入马克思的理论世界的前提。在实际教学过程中，我通过英国工业革命和法国大革命两大世界历史事件引导学生去理解马克思主义哲学产生的社会历史前提。具体来说就是，一方面，1789 年法国大革命的爆发震撼了整个欧洲，同时也把一种普遍的思想带给了欧洲；另一方面，英国工业革命的发生，在资本的驱动下重塑了新的世界秩序。与此同时，在反抗这两大革命的过程中，一股新的社会力量（无产阶级）已经产生，新的思想体系（社会主义和共产主义）已经萌芽并在 1848 年的《共产党宣言》中第一次得到全面阐述。同时，这也是德国古典哲学产生和发展的历史时期，当时的经济、社会、阶级关系都处于一个剧烈变化的过程之中，最终资本主义征服了西方世界。这是包括马克思在内的欧洲知识分子所共同面对的现实问题，也是真正进入马克思主义哲学的理论起点。

（二）引导学生转变思维方式，进入哲学思考

提高学生的理论思维能力是哲学教育的目标之一，要实现这一目标就必须在一系列重要理论问题的探讨中培养学生分析问题、解决问题的能力。这一点，孙正聿老师在哲学通论中叫作“撞击理论思维”，他强调要培养学生“反思”的能力，认为学哲学要“平常心异常思”。[①] 也就是说，哲学就是要在别人习以为常的事物中发现异乎寻常的东西，揭示其思想前提。

具体而言，对马克思主义哲学来说，首先面对的问题就是唯物主义和唯心主义的争辩。这是一个令刚刚接触哲学的本科生大惑不解的问题：我们从小就被教育要坚持唯物主义反对唯心主义，为什么哲学史上很多大哲学家都是唯心主义者？而马克思主义哲学作为唯物主义其科学性何在？解决这一问题，在“马克思主义哲学导论”这门课中，我从“唯物与唯心之争”入手，引导学生在西方哲学史的理论视域中去理解作为两大哲学派别的唯物主义和唯心主义本质上只是两种哲学思维方式的对立，而非常识意义上的对错之分。

另外，一个令人困惑的问题就是辩证法与形而上学。按照传统的说法，形而上学看问题的方式是“孤立的、静止的、片面的”，那么问题来了：什么样的人会愚蠢到否认“箭在飞”和“古希腊赛跑英雄阿基里斯比

---

① 孙正聿．哲学通论［M］．沈阳：辽宁人民出版社，1998：1.

乌龟跑得快”这样明显的事实呢？为解决这一问题，我引导学生一起分析了芝诺“飞矢不动”这一哲学命题的推导过程，并借助列宁的分析，帮助大家区分了“用概念的方式把握运动”和“运动本身”的差别。在常识的意义上，运动当然是毋庸置疑的，但是当我们试图用概念的方式去把握它的时候就产生了辩证法与形而上学的对立。

可见，只有通过对各种哲学问题的追问，在不同思想资源中相互碰撞，学生的理论思维能力才能得到训练和提高，其理论视野也可以进一步开阔。

（三）在世界历史变革的背景中拓展马克思主义哲学的理论空间

在新的时代条件下，构建马克思主义哲学的教学体系，就要突出时代性问题，以代表性事件为点，以主要争论为线，还原马克思时代的原貌，重新发现马克思思想形成的宽广理论视野。

以理论的方式把握现实是哲学发挥作用的具体形式，也是马克思主义哲学强烈的现实感的体现。当今时代，互联网+、虚拟现实等技术的发展大大改变了我们的生活，人类社会进入一个加速发展的时代，马克思和恩格斯所描述的19世纪产业工人的状况早已不见了踪影。在这样的前提下，作为社会主义理论基石的马克思主义遭到了质疑。这是当代马克思主义哲学教学必须面对的问题，尽管解决这一问题不是某一门课能够完成的任务。

此外，在哲学史的历史演进中理解唯物主义与唯心主义的对立，在欧洲共产主义运动的大背景中理解阶级、国家和革命等相关问题，结合“英国脱欧”及“新型冠状病毒肺炎疫情”等当下社会时事问题，理解经济基础和上层建筑等基础性问题。与此同时，立足文本研究、直面中国当下的现实问题，在当代中国社会变革的大背景中不断开拓马克思哲学的理论空间。这是当代中国马克思主义哲学的理论任务。

三、探索当代中国马克思主义哲学教学的新路径

在新的时代条件下，马克思主义哲学教学体系的当代建构就要引导学生在马克思的理论视域中进行哲学思考，在世界历史变革的大背景中拓展马克思主义哲学的理论空间。基于此，我们力求在如下三个方面做出努力。

（一）史论结合，在思想史的视域中理解马克思及其哲学

在实际教学过程中，“马克思主义哲学导论”力图在逻辑与历史相统一的基础上，展现马克思及其哲学思想的宽广视域，即在思想史的视域中理解马克思及其哲学思想。在新的历史条件下，理解马克思哲学就是要回到其形成的思想源头，在与思想史尤其是欧洲思想史的对话和交流中深入剖析马克思哲学观变革的内在逻辑。

具体来说，就是力图在马克思与西方形而上学传统、启蒙传统、德国观念论传统、政治哲学传统、政治经济学、空想社会主义等欧洲文明的对话中重新理解马克思哲学中实践、物质、时间、劳动、异化、价值、自由、资本、阶级、辩证法等一系列相关问题，以期引领学生穿透传统教科书哲学的迷雾，进入真正的马克思哲学的思想境遇，复原一个真实的马克思的形象。这就需要我们从思想史的视角出发，深入剖析马克思哲学形成的哲学、政治学、经济学及社会历史等理论资源，并在此基础上厘清其与马克思本人及整个马克思思想形成的内在关联，以期在更加广阔的视域中还原一个更加鲜活的马克思的形象，最终达到在人类思想史的视域中理解马克思及其哲学思想的目的。

同时，作为导论课，“马克思主义哲学导论”力图通过展示马克思主义哲学研究的宽广视域，为学生进一步学习马克思主义哲学史、马克思主义哲学原著和西方马克思主义等专业课程起到导引的作用；同时，进一步提高学生的问题意识，培养学生开放性、自主性和个性化的思维方式。

（二）面向现实，把马克思主义哲学教育与中华民族的历史命运联系起来

马克思主义哲学是一门具有强烈现实关怀的学科，在中国现代史上，它与中国具体实际相结合，推动中华民族迎来了“从站起来、富起来到强起来的伟大飞跃，迎来了实现伟大复兴的光明前景”。可以说，一部中国现代史本身就是中华民族不断消化、吸收和实践马克思主义哲学的历史，是把马克思主义哲学的精神融入现实的革命和实践从而改变自身命运的历史。在这个意义上，马克思主义哲学就不只是一种外来的西方学说，它早已融入中华民族的血液之中，是中华民族共同体意识的一个组成部分，未来也将是实现中华民族伟大复兴的重要理论支撑。

基于此，在实际教学中，我们就要把马克思主义哲学与筑牢中华民族共同体意识、中华民族伟大复兴及新文明类型的开启联系起来，把对重大理论问题的思考和探索进一步凝练为“学术体系”“构建当代中国马克思主义哲学学术体系”，把马克思主义哲学与中华民族的历史命运联系起来，深入把握当代中国的“实在性内容”，“让马克思主义哲学说中国话”。①这理应成为当代中国马克思主义哲学的根本理论旨趣。

（三）积极探索新的教学模式

积极探索启发式、讨论式和参与式的教学模式，在教学过程中加大研讨环节的比重，尤其侧重学生对于材料的批判性讨论，充分提高学生的课堂参与度。从而，使学生不仅能够跟着学、低头学，而且能够对问题进行独立思考，提高学生的问题意识。

一方面，在实际教学过程中，尝试使用各种现代化的教学手段，充分发挥数字化软件的示范和引导作用（如学习通、Kahoot、Polleverywhere、腾讯会议等），充分调动学生的积极性，使学生更好地参与到课堂教学中来，及时解决学生的问题。另一方面，结合课程的教学内容、教学对象和教学目标，积极探索考核方式改革，注重过程性评价。在教学环节设计上，“马克思主义哲学导论”课尝试引入了英国高等教育教学理念和教学模式，改变现有的期末考试一锤定音的考核模式，重视对学生学习的过程管理，把教学内容的考核环节渗透到整个教学过程中，分别从教学内容，教学方式和成绩考核制度等方面探索基于混合式教学模式下的课程教学改革，培养学生开放性、自主性和个性化的思维方式。

此外，随着移动信息技术的快速发展，手机、平板电脑等移动终端对学生课堂学习的影响日益突出，为适应这种变化和改善“马克思主义哲学导论”课的教学效果，我们设计了“线上+线下”的混合式教学模式，并围绕教学课前预习、课中互动及课后拓展三个环节展开，同时建立了相应的过程性评价体系。受疫情影响，去年“马克思主义哲学导论”课采取线上教学的方式，目前已经在教学内容、教学方式和成绩考核等方面作出了积极的探索，也积累了很多经验，部分尝试和努力也已经收到了预期效果。

综上，探索当代中国马克思主义哲学教学的新路径，既要忠于马克思主义哲学的“原本”，又要反映这一哲学在新时代条件下取得的最新成果。这就需要我们在准确把握马克思主义哲学精神实质的基础上，结合新的实践经验及哲学和科学发展的最新成就，去阐明体现在马克思主

① 孙利天．让马克思主义哲学说中国话［M］．武汉：武汉大学出版社，2010：397.

义哲学精神实质中的基本原则，并在此基础上构建“当代中国的马克思主义哲学学术体系”。只有这样才有可能摆脱现有的理论困境，让马克思主义哲学成为人们手中实实在在的理论武器，指导我们深入把握社会现实本身。

（作者单位：哲学与宗教学学院）

课程思政理念下大学英语的合作学习研究

张 蒂

教育部2020年印发了《高等学校课程思政建设指导纲要》，其中强调："所有高校、所有教师、所有课程都（应当）承担好育人责任。"① 同年印发的《大学英语教学指南》也明确指出，大学英语课程兼具工具性和人文性②——兼顾培养语言技能和语用知识的同时落实价值塑造、立德树人的根本任务。大学英语和思政教育相结合是大势所趋，如何将两者有机融合已经成为广大一线教师的研究重点。

目前，本领域的研究大多从政策和理论出发，分析了大学英语课程与思政教育的结合点，指出了现阶段实施课程思政的必要条件，并从宏观角度给出了实施框架。在教学设计的研究中，教学内容和思政的结合点备受关注，主张以教师为主导，升华课本内容，完成价值观引领。然而，在这些教学设计中，教师往往会进入一个误区：教师简单地将自己提炼出的思政元素直接灌输给学生，而忽略学习过程设计和动态支架搭建，将互动体验式课堂变成了教师个人的英文演讲。③

本次研究创新了师生互动和生生互动的模式，为学生深度参与价值观学习提供了机会，能够提升学生的主体性，在潜移默化中完成学生对于社会主义核心价值体系和"中国梦"的认同感教育；践行尚和合、求大同的中华优秀传统文化精神；增强学生职业责任感，完成爱岗敬业、无私奉献的职业道德教育；并在实践中认识到规则意识和团队精神的重要性。

---

① 高等学校课程思政建设指导纲要（2020年5月28日）［EB/OL］. http://www.gov.cn/zhengce/zhengceku/2020-06/06/content_5517606.htm.

② 《大学英语教学指南》（2020年10月18日）［EB/OL］. https://baijiahao.baidu.com/s?id=1681148886265387788&wfr=spider&for=pc.

③ 胡杰辉．外语课程思政视角下的教学设计研究［J］. 中国外语，2021，18（02）：53-59.

一、合作学习与大学英语课程思政

（一）大学英语课程思政

近几年，大量学者和同行都投入大学英语课程思政的研究当中，并形成了较多有参考价值的宏观研究成果。有从大学外语课堂教学的角度，解读课程思政内涵的①，有从体系建设角度来论述的②，有从宏观上谈外语课程思政的③，有以某门课程为例阐述如何实施课程思政的④，有从学校类型方面提出建议的⑤，有从课程内容方面提出落实外语课程思政的⑥，还有从教材建设方面指出增加教材思政元素和课程设计的必要性的⑦。在具体教学方法研究中，学者们越来越认识到任务式、项目式、合作式与探究式等教学方法，相较于传统课堂互动更有优势。⑧

然而，通过整理文献不难发现，本领域研究有如下特点：（1）大多着眼于宏观层面，微观实操案例篇幅较少。对于一线教师来说，在领会了政策和理论，明确了育人的教学目标后，迫切需要具体教学方法，可以将政策落实到课堂教学中。（2）着重强调思政教学内容，对教学组织形式的创新较少，并忽略了思政元素应遵守“隐形教育”的原则。多数研究者都提到要为学生提供与课文主题相关并具有思政教育意义的教学材料。其中，教师使用较多的教学方法包括阅读时事新闻、观看视频和课堂讨论等。然而仔细推敲会发现，执行过程中教师为了实现价值观引导的目的，思政教

---

① 文秋芳．大学外语课程思政的内涵和实施框架［J］．中国外语，2021，18（02）：47-52.

② 刘瑾．外语专业课程思政建设的两个坐标［N］．中国社会科学报，2020-04-23.

③ 姜智彬．“多语种+”：课程思政背景下外语人才培养的内涵、路径与成效［J］．外语电化教学，2020（04）：18-21+3.

④ 桂婷．“课程思政”融入高校外语类课程的探索与实践：以英美散文课为例［J］．海外英语，2020（14）：26-28. 沈乐敏．外语专业融入“课程思政”的实践与探索：以“跨文化交际”课程为例［J］．宁波教育学院学报，2020，22（02）：47-50.

⑤ 杜艳花．高职院校外语专业课程思政改革的探索与实践［J］．现代职业教育，2020（21）：150-151. 邵红万．高职院校外语“课程思政”建设的问题与对策：以扬州职业大学为例［J］．扬州教育学院学报，2020，38（01）：65-69.

⑥ 刘正光，岳曼曼．转变理念、重构内容，落实外语课程思政［J］．外国语（上海外国语大学学报），2020，43（05）：21-29.

⑦ 孙有中．课程思政视角下的高校外语教材设计［J］．外语电化教学，2020（06）：46-51.

⑧ 刘正光，岳曼曼．转变理念、重构内容，落实外语课程思政［J］．外国语（上海外国语大学学报），2020，43（05）：21-29.

学环节大多以教师授课为主，是单向灌输式的“一言堂”，学生的主体性很难得到体现。此类方法将价值观教育和课文学习结合，容易引起学生的抵触和反感。为了思政而思政，“润物细无声”更无从谈起了。

（二）大学英语合作学习

社会文化理论认为，语言能力的发展是在个体参与社会互动过程中实现的。这种社会互动发生在专家和新手之间，专家通过提供帮助满足新手的要求。这种精心提供的帮助被称为“支架”。不仅师生互动能产生“支架”，生生互动中也能产生“支架”。其中，学生互相充当专家，运用集体智慧完成学习。不仅如此，相较于以教师为主导的课堂学习，小组内的学习者更多地参与到了“会话修正”或“意义交流”中，而这些交流能使学生获得的输入更易理解，因而促进第二语言习得。①

近年来，研究者们越来越关注外语课堂中的生生互动。有的从学生结对模式入手，探索生生互动与语言输出数量和质量的关系②，有的用平等性和互动性将小组互动模式分类③，并进一步分析小组互动模式特点④，有的研究任务类型对小组互动的影响⑤，还有的研究大学英语课堂小组互动中的同伴支架⑥。然而，上述语言课堂中生生互动的方式大多为传统的小组讨论，缺乏形式新颖的体验模式。

大学生的思维具有较强的独立性、批判性和创造性，自我意识突出。课堂互动设计要充分考虑思政课程的隐性教育特点和学生的心理需要，避免学生对于“灌输”式的思政教育产生反感、厌恶甚至抵触等情绪，达到“润物细无声”的境界。教师应有意识地隐藏教育意图，以学生为主体，让学生体验新颖的互动方式，渗透教育内容，在平等、愉悦的氛围中感染

---

① 徐锦芬. 二语学习同伴互动研究［M］. 北京：外语教学与研究出版社，2020：202

② 徐锦芬，曹忠凯. 不同结对模式对大学英语课堂生生互动影响的实证研究［J］. 中国外语，2012，9（05）：67-77.

③ 徐锦芬，寇金南. 大学英语课堂小组互动模式研究［J］. 外语教学，2017，38（02）：65-69.

④ 寇金南. 我国大学英语课堂不同小组互动模式的特征研究［J］. 外语与外语教学，2016（01）：24-32+146.

⑤ 徐锦芬，寇金南. 任务类型对大学英语课堂小组互动的影响［J］. 外语与外语教学，2018（01）：29-38+146-147.

⑥ 徐锦芬. 大学英语课堂小组互动中的同伴支架研究［J］. 外语与外语教学，2016（01）：15-23+146.

学生①，完成思想教育并达到价值观引领的目标。在增加学生参与度的同时，要充分发挥其主体性，提高学生对课程思政的接受度和投入度。

二、大学英语合作学习与思政教育的融合

（一）课程设计

本研究为期一年，以民族类综合性大学非英语专业少数民族预科学生为研究对象。班级规模 35 人，男生 7 人，女生 28 人，平均年龄 18.8 岁。每周 4 课时，共 72 学时。学生没有参与全校英语分级考试，班级英语水平参差不齐。开学第一周，研究者对所有研究对象进行阅读和口语水平测试，题目为 2018 年大学英语四级考试阅读题和口语加试题目。此外，发放了调查问卷，了解学生的英语学习动机、性格特点和交流风格。研究对象在半自愿原则下进行了分组，组内至少包含一名水平测试排名前 20%的学生。学生在组内自主完成拼图阅读、结构化学术辩论和互助写作等任务，完成任务后上传小组学习成果和反思日志，并在课后参与访谈。教师在合作学习开始前对学生进行了互动方法技巧的培训，过程中给予了适时的指导，并根据合作学习的过程和结果给出了反馈。以下将举例介绍，聚焦生生互动的合作学习如何在大学英语教学中融合思政教学。

（二）拼图阅读彰显隐形教育特点，提高学生的主体性

拼图阅读最能促进学习者对意义的关注，能够提高学生语言能力的发展。学生在半自愿原则下组成原始组，并在原始组内各自负责阅读课文的一部分。每组负责相同部分的学生跨组组成专家组。专家组成员就教师提供的专家卡问题协商给出一致的答案。如此一来，每位学生对于课文的其中一部分都产生深刻理解，成为该部分的专家。每位专家回到原始组，开展所负责部分的教学，并就其持有的专家卡上的问题提问，判断组员的理解是否准确无误。每一位学生必须依靠小组同伴才能实现完整内容的学习。从拼图阅读的名字不难看出，每个人都拿着拼图的一块，只有合力，才能获得完整的课文信息。最终，学生参加小测试以检验专家组互动和生生教学的学习成果。

---

① 巩茹敏，林铁松．课程思政：隐性思想政治教育的新形态［J］．教学与研究，2019（06）：45-51.

访谈中一位学生说道："我高考不考听力（听力成绩不计入总分），以前小组讨论的时候我一般都是听别人说。偶尔想发表观点的时候因为不知道怎么用英语表达就作罢了。小组人员都挺好的，看我不说话也不多问。但这次我们组只有我一个人负责第三部分还得教会他们。专家组讨论的时候，我很努力听但还是有点跟不上，只能多问问（同组其他）专家。小测验第三部分的题，我们组正确率还行，挺开心的，没给大家拖后腿。这是我第一次在小组讨论里说这么多话。"

拼图阅读不是简单的任务划分，合作学习的结果也不是分工学习成果的简单相加。约翰逊等人将"合作学习"定义为："在教学中采用小组的方式使学生之间协同努力，充分地发挥自我及其同伴学习优势的过程。"①为帮助小组全体成员通过小测验，每位学生自觉承担起了加深理解、深入探讨、详细讲解和答疑解惑的责任。每位同学充分发挥自己的优势，并与组员形成"积极互赖"的学习氛围，秉承"责任到人"的原则，极大地培养了团队合作能力、责任感和集体荣誉感。

根据社会主义核心价值培育理论的认同机制，高等学校"社会主义核心价值观培育的目标，是实现大学生在文化认同过程中由被动向主动转化……变知识灌输为自觉实践"②。因此，"单向灌输式"的方法无法引导当代大学生，在面对多元价值观的选择时坚定地选择和践行社会主义核心价值观。只有做到以学生为主体、坚持以人为本，才能避免课堂变成教师的"一言堂"，促使学生从思想政治教育的客体向主体转变。让学生在实践中意识到社会主义核心价值观的科学性和真理性，真正实现文化认同由"自发阶段"向"自为阶段"的转化，做到将社会主义核心价值观内化于心、外化为行。这一过程同样符合"隐性教育"的特征，"寓思政教育于实践"。学生在生生互动中自发体会到团队合作的重要性，培养求同存异、化解矛盾的人际交往能力及积极承担责任为团队荣誉负责的优良品质。将显性的思想政治教育融合到合作学习之中，如盐入味，润物细无声。

（三）结构化学术争论，坚持问题导向，培养批判性思维

新视野大学英语读写教程第二册第二单元 *College*：*Ladder to success*?

① JOHNSON D W, JOHNSON R T, HOLUBEC E J. Circles of learning [M]. 4th ed. Edina, MN: Interaction Book Company. 1993.

② 张宗峰，焦娅敏．社会主义核心价值观培育的文化认同机制探究［J］．思想理论教育，2017（01）：57-62.

中提到了西方社会大量学生，因为经济原因选择理工科专业而放弃文科，甚至很多人提出了“人文学科无用论”的说法。预科生在专业选择和未来就业问题上同样迷茫困惑。

建构主义学习理论认为，学习者在学习过程中主动构建知识，而不是传统观念中学生对知识机械而被动地接受。建构主义四大学习要素包含“意义建构”“协作”“会话”“情境”。据此，教师组织学生以“预科结业后，文科/理科是专业首选”为题，在组内开展了结构化学术争论。与传统班级辩论不同的是，正反双方需交换立场后再次辩论。最终，双方放弃各自立场，并就辩论主题写出了双方都认同的说法。在这一过程中，学生主动代入情境，广泛讨论，换位思考并通过思辨发现了自身思维的不足之处。教师适时启发学生深入多角度思考问题，进行了总结和概括。

最后一个环节学生在黑板上写下了 follow your heart（顺从内心）、use your knowledge（运用知识）、create（创造）、money（金钱）、dignity（尊严）等关键词，并提到了大学生村官的事例，以说明不管未来专业如何，只要认真学习专业知识、磨炼品质、培养能力，就能在工作岗位上做出一番成绩。同时也探讨了网红和网络带货主播等准入门槛较低但收入颇高的新兴职业。由于大学生“处于价值观行将成熟却尚未成熟的阶段，具有思想多变、自由开放、追逐新潮等特点”[①]，在面对多重价值取向时比较容易迷茫困惑；需要教师适时引导。

价值观引导只有贴近实际才有说服力。教师抓住了学生对未来感到困惑的良好教育时机，坚持问题导向，认同学生的价值诉求——将课文内容和大学生健康成长成才的实际需要有效结合起来。辩论的过程就是学生原有价值观与社会主义核心价值观发生碰撞及磨合的过程。教师适时引导学生，启发学生思考什么样的网红和网络带货主播能够取得优秀的业绩、过上富足而有尊严的理想生活。让学生在思辨中认识到，不管什么职业，都要从艰苦的基层、建设的一线和项目攻关的前沿开始做起，经受锻炼、增长才干。只有勇于创业、敢闯敢干才能在职业道路上走得顺、走得远，过上受人尊敬的生活。这恰好与闯新路、创新业、不断开辟事业发展新天地的主张相符。在辩论中，学生积极发表观点，主体性和投入性得到巨大提高。经过理性的思考和思辨，学生认识到现实状况的复杂性，也意识到了“尚和合、求大同”在解决争端和人际交往中的重要性。对于社会主义核

---

① 何彦新，古帅．基于文化认同的大学生社会主义核心价值观培育［J］．思想理论教育导刊，2017（07）：98-102.

心价值的认同不再是被动接受，而是自主选择。

（四）“作家+编辑”合作写作，提倡“小组自治”，打造“共生平台”

社会文化理论中，将父母为幼儿语言发展所提供的言语帮助比喻为“支架”。支架已广泛用于教育心理学领域，不仅指成人对儿童的指导和帮助，也可以指同伴之间，互相利用自己的专业知识提供的帮助。这时专家不是固定的，同伴之间可以互为专家，而同伴之间提供的帮助就称为“同伴支架”。同伴支架的作用包括，提高参与度、提供词汇、提供观点、纠正错误和情感支持等方面。研究证明，相对于师生互动，生生互动为学习者提供了更多使用目标语的机会，降低了学习者的焦虑，并使他们更有自信。① 美国缅因州的国家训练实验室研究发现，学习内容平均留存率最高的学习方法是“（将学习内容）教授给他人”②。可见，生生互动的同伴支架能够作用于小组中的每位学生。据此，教师设计了如下活动：

第一步，教师指定语言基础较好且责任心强的学生作为小组编辑，其余组员担任写手。每位学生独立完成摘要写作任务，尽可能多地使用本单元重点词汇或句型，为课文撰写200字的摘要。

第二步，教师修改每位编辑的摘要，讲解其中的语言使用错误。修改后，确保编辑的第二稿语言正确无误。

第三步，编辑为本组的其他成员，即“作家”修改摘要，反复沟通、完善。如果编辑遇到不能独立解决的问题，可在“编辑委员会”中和其他编辑讨论、协商。

根据岗前培训，编辑在进行第一稿修改时只能指出错误，不能给出修改意见。在第二稿及之后的修改中，可以采用同伴教学的方法，帮助作家认识到自己的语言错误，讲解语言点并由作家自主修改摘要。最终，小组得分是每位同学摘要成绩的平均分。

在小组反思日志中，一位编辑写道：“简直比自己写还难。我自己写英语作文的时候，对于有些单词或者词组的意思或用法拿不准时，我会选择换一个说法，或者不用，或者随心所欲凭自己的感觉用。但是在修改别人的作文遇到拿不准的词组或单词时，不能就说人家的错了（还要给出正确的写法），所以不得不查词典，或者和别人讨论用法。甚至有些自己平常感觉还比较熟悉的单词，被别的同学用到时也一时拿不准，如 before，

① 孙有中．课程思政视角下的高校外语教材设计［J］．外语电化教学，2020（06）：46-51.

② 李静．小组合作学习在初中英语教学中应用的现状调查［D］．山东师范大学，2013.

situation，use，in one's eyes，funny 等。还有就是自己在其他同学的作文中也学到不少知识，如 tiresome，extraordinarily，to be precise 的意思和用法。”另一位编辑也提到了自己的收获：“秉着对同学负责的工作态度，我在对待存疑的语法、单词时比以前更严谨细致了。在今后的学习中，不论是哪种学习模式，都应该有这样的态度；另外，在和组员（即小组内的写手）及其他小组组长（其他编辑）的讨论中，我发现自身有很多方面的不足，比如时间规划、工作安排，在这些方面我还需要进一步向大家学习。”

写手的反馈中提到了积累的新学习方法，“认识到了查阅英英词典的重要性和必要性，并且学到了查固定搭配的高级检索方法，对以后的英文学习有很大的帮助”；总结出了自己常犯的错误类型，“以后尽量避免出现中式英语以及文章人称的变化；可以用从句来减少出现双谓语的情况”；还惊喜地发现了自己学习的盲区，“自己的错误有时是无法检查出来的，他人能够纠错帮助改正。在这次摘要写作中，编辑帮了我很大的忙”。

在本次生生互动中，学生不仅获得了语言能力的发展，还在实践中自觉践行了社会主义核心价值体系中“敬业奉献”的精神。为了提高小组最终成绩，学生不断修改、不断加深对语言知识的理解，甚至为了交出令人满意的终稿，牺牲休息时间加班加点。对工作认真负责、为团队成绩努力奉献的精神，不是一朝一夕能够培养出来的。如果从参加工作时才开始强调敬业精神，那么恐怕为时已晚。在大学英语的课堂互动中，让学生拥有第一手经验，切身体会到敬业精神对自身知识水平、业务能力和团队成绩的重要性。帮助学生认识到大学期间最重要的任务是学习，而认真学习、努力钻研专业知识和打磨自己的专业技能就是“敬业”精神的最好体现。

人类群体中存在着“共生效应”，其本质是协同合作。共生体内的共生单元通过互依互惠，实现双方的优化和进步。就如同植物单独生长矮小单薄，和同类植物一起却能枝繁叶茂。[①] 学生互相帮助，为彼此提供支架，不仅能够提高语言能力，还培养了管理协调能力和沟通技巧。为了高效完成任务，学生在组内自觉制定工作日程表进行时间管理。正如合作学习中提倡的“小组自治”——学生自我管理、自我约束。学生在学习实践中提高了主动性和积极性，真正成了课堂的主体。

在上述三种生生互动中，学生的主体性、参与互动的积极性和对思想

---

① 任少伟．高校培育和践行社会主义核心价值观典型做法与经验启示：基于全国 80 所高校创新典型范例文本实证研究［J］．思想教育研究，2016（12）：116-120.

政治教育的投入度都得到了很大提高。然而这都离不开教师的主导作用。教师在课前要深入挖掘课文中蕴含的思想政治元素，设计思想政治教学目的的课堂互动，引导学生展开思辨，点评归纳并抓住适当时机引导，最终通过访谈和反思日志等形式，掌握学生的思想变化并给出及时反馈。《高等学校课程思政建设指导纲要》指出："全面推进课程思政，教师是关键"；"教师是课堂教学的第一责任人，课程思政建设能否成功关键在教师"。[①] 提高高校英语教师的人文素养，才能顺应当今课程思政教育教学改革大势。

三、结语

大学英语教学和课程思政相结合的道路有很多，本文以三个生生互动的教学实践为实例，分析和研究了课程思政理念下大学英语的合作学习模式。本次研究是对大学英语课程思政与合作学习的初次探索，希望能借助本文为探索二者融合的新方法抛砖引玉。其中，还有很多不完善的地方，希望前辈和同行们批评指正。

（作者单位：外国语学院）

① 高等学校课程思政建设指导纲要（2020 年 5 月 28 日）［EB/OL］. http://www.gov.cn/zhengce/zhengceku/2020-06/06/content_5517606.htm.

高校思想政治理论课共情力的基本内涵、核心要素及提升路径①

李　晶　刘怡婷

高校思想政治理论课（以下简称为“思政课”）是在思政课教师主导下进行的一种教师与学生之间的主客体双向交互活动，其教育教学效果如何往往与思政课共情力的有无和大小紧密相关。习近平总书记强调的“让思政课成为一门有温度的课”②，既是对思政课共情力的高度概括，也是对新时代思政课建设提出的新要求。明确思政课共情力的基本内涵、核心要素，有助于有的放矢地提高思政课为党育人、为国育才的效果。

一、思政课共情力的基本内涵

“共情”又译作“共感”“同理心”“移情”等。共情力是在共情基础上所产生的能力和素养，主要指主体感觉自己进入别的物体的客体人性化过程的能力。共情力的有无和强弱直接影响人们的对象化活动的效果，是“以学生为中心”教育理论的心理学基础。③ 共情的概念由最初的静态的情感共情，发展到涵盖认知共情、情感共情与实践共情三个维度的动态概念④，为其应用于思政课提供了理论前提。思政课旨在通过

① 本文是2020—2021年度中央民族大学思想政治理论课教学改革与创新成果孵化项目“美好生活提升思政课亲和力研究”、中央民族大学“一流本科课程”建设项目“马克思主义基本原理概论”（项目编号：KC2025）的阶段性成果。

② 习近平．思政课是落实立德树人根本任务的关键课程［J］．求是，2020（17）：4-16.

③ 卡尔·罗杰斯等．当事人中心治疗：实践、运用和理论［M］．李孟潮等译，北京：中国人民大学出版社，2013：28-45.

④ 刘聪慧等．共情的相关理论评述及动态模型探新［J］．心理科学进展，2009（5）：964-972.

思想、政治、理论教育，对大学生的认知、情感与行为等方面进行正确引导。思政课共情力主要指的是思政课教师将思政课程内容有效传授给学生，引发学生与思政课教师与教学内容共情的效应。其内容包括思政课教师与思政课教学内容、思政课教师与学生、学生与思政课教学内容三个方面的共情效应。

（一）思政课教师与思政课教学内容的共情

思政课教师与思政课教学内容的共情是思政课共情力产生及增强的首要条件。这是由思政课的属性决定的。思政课是落实立德树人根本任务的关键课程，其目的在于为党和国家培养合格的社会主义建设者和接班人。从社会主义建设者和接班人的角度来看，思政课培养的青少年要坚持马克思主义；要坚持党的领导、坚持中国特色社会主义道路，坚定地跟党走；要掌握国家发展建设所需要的知识，并有积极投身社会主义建设事业的强烈愿望。因此，思政课是知识教育与价值教育高度统一的课程，是政治性、思想性、学术性、专业性高度融合的课程。思政课的课程属性从根本上决定了思政课教学内容要坚持学术性与政治性的统一。在已有国家统编思政课教材的前提下，要把教材中的知识和信念有效传授给学生，首先需要思政课教师领会教材，将教材活化为教学内容。这就对思政课教师提出了高要求。

习近平总书记强调“讲思想政治理论课，要让信仰坚定、学识渊博、理论功底深厚的教师来讲”①，并进一步提出了对思政课教师的具体要求，即“六个要”：政治要强、情怀要深、思维要新、视野要广、自律要严、人格要正。可见，思政课教师仅仅站稳政治立场还不够，还需要掌握广博的知识。比如：马克思主义哲学、政治经济学、科学社会主义、马克思主义中国化等基础理论；中国经济、政治、文化、社会、生态文明等中国特色社会主义实践知识；世界史、国际共产主义运动史、社会主义发展史、党史、国史、改革开放史等历史知识；最新形势与政策；等等。不仅如此，在掌握这些基本知识的基础上，还要善于将教材语言转化为教学语言。为此，思政课教师只有与教学内容首先产生共情，才能深刻领会教材要求，围绕培养社会主义建设者和接班人的目标进行教学设计，提高思政课教学内容的供给质量。

---

① 习近平．思政课是落实立德树人根本任务的关键课程［J］．求是，2020（17）：4-16.

（二）思政课教师与学生的共情

思政课教师与学生的共情是影响思政课共情力是否产生、共情力强弱的重要变量。这是由思政课教师、学生在思政课中的作用和地位决定的。作为一种主客体双向交互活动，思政课教学由思政课教师主导，学生是重要的参与主体。换言之，思政课共情离不开主导者——思政课教师和参与主体——学生双向共情。亲其师者，方能信其道。作为主导者，思政课教师如果课前全面了解了学生的特点，包括学生的前期学习情况、思想状态、面临的困惑、生活困难等方面，最大限度掌握了学情，将有助于拉近与学生的情感距离。学生在真实感受到教师的关心与关注后，才会信任教师，主动与教师沟通交流，发挥作为思政课参与主体的作用，促进教学相长。

青少年是祖国的未来、民族的希望。大学生正处于人生的“拔节孕穗期”，心智逐渐健全，思维进入最活跃状态，开始形成独特的彰显个性的认知与行为，最需要起主导作用的思政课教师的引导和栽培。思政课教师的引导和栽培的方向相较于专业课教师，更多的是影响学生将个人的人生选择与社会需求相对接的深层次因素，具体表现为对学生的马克思主义观、社会主义观、世界观、人生观、价值观等方面的引导。此时，如果缺乏起主导作用的思政课教师的引导，那么学生就会习惯运用社会熏陶中获得的标准，看待最新发生的社会现象，并从已经纳入自己头脑的价值体系中选取某个或某些标准进行反映、选择、整合、接受，抵触甚至排斥思政课教学内容。由此，教师与学生也无法产生共情。可见，思政课教师与学生双向共情，是思政课教师、学生在思政课中的作用和地位的内在要求。

（三）学生与思政课教学内容的共情

学生与思政课教学内容的共情是思政课共情力的落脚点。思政课教师与思政课教学内容共情，思政课教师与学生共情，目的在于引发学生与思政课教学内容的共情，使学生认同思政课的教学内容，并自觉落实到行为上。学生与思政课教学内容的共情包含两个方面的内容：一是思政课的教学内容满足学生成长、成才的需要，解答学生思想上的困惑；二是思政课教学内容的呈现方式贴近学生生活实际，为学生所欢迎，为学生所接受。这两个方面都很重要，不可偏废。

对于第一个方面，具备过硬的理论功底的思政课教师，将理论讲深、讲透、讲清，以透彻的学理分析回应学生，以彻底的思想理论说服学生，用强大的真理力量引导学生，极大增强学生的志气、骨气、底气。除此，思政课教师还要善于摆事实，要在理论反映现实上下功夫，回答世界之问、中国之问、时代之问、人民之问，提升理论的现实解释力。对于第二个方面，思政课教师需要注意讲道理的方式方法，综合运用专题式讲授、启发式教学、参与式教学、互动式教学、案例式教学、研究式教学等方法，使学生自觉把学习书本知识与投身社会实践相结合，把自己的理想同祖国的前途，民族的命运相结合，在中华民族伟大复兴的历史征程当中贡献自己的青春和智慧。将学生对祖国的爱由浅层的情感认同，拓展到道德要求、政治原则、法律规范层面，引导学生走正路，让学生终身受益，实现学生与思政课教学内容的深层共情。

总而言之，思政课共情力是由思政课教师与思政课教学内容共情、思政课教师与学生共情及学生与思政课教学内容共情构成的完整、系统的共情链，将思政课的主导者、主体与内容有机地联系了起来。

二、思政课共情力的核心要素

思政课共情力的内涵蕴藏着思政课共情力的内在逻辑。首先，借助认知共情，促进作为主导者的思政课教师在与思政课教学内容取得共情的基础上，与作为主体的学生进行的沟通与交流，形成稳固的师生共同体，为学生与思政课内容产生共情提供教师人格魅力元素。其次，借助情感共情，发挥思政课教师的主导作用，引导学生在爱党、爱祖国、爱人民等更高的情感层面与思政课教学内容共融。最后，借助行为引导，通过积极创造直接和间接实践机会，引导大学生为实现中华民族的伟大复兴贡献自己的智慧和力量。在这个过程中，贯彻落实立德树人的根本任务是主线，思政课教师引导作用的发挥是共情力产生的关键，大学生自我教育是共情力发挥作用的基本要求。

（一）贯彻落实立德树人的根本任务是主线

思政课共情力不是自发产生与发展的，贯彻落实立德树人的根本任务是其主线。习近平总书记强调“新时代贯彻党的教育方针，要坚持马克思主义指导地位，贯彻新时代中国特色社会主义思想，坚持社会主义办学方向，落实立德树人的根本任务”①，这就为加强和提升思政课共情力锚定了

---

① 习近平．思政课是落实立德树人根本任务的关键课程［J］．求是，2020（17）：4-16.

方向。贯彻落实立德树人的根本任务这条主线，要求思政课坚持以育人为中心，将立德放在学生培养的首位，大力培育和弘扬社会主义核心价值观，引导学生做到明大德、守公德、严私德，为实现中华民族伟大复兴的中国梦凝聚强大正能量。

思政课贯彻落实立德树人的根本任务，一是遵循树人的基本要求培养有理想的时代青年。在思政课共情力的生发阶段，遵循价值养成规律，在教学过程中引导学生树立正确的世界观、人生观、价值观，坚定马克思主义信仰和中国特色社会主义信念，丰富提升学生的精神生活，为学生的成长成才提供强大的精神动力。二是遵循树人的重点目标培养有本领的时代青年。遵循知识传授规律，在知识传授中使不同专业的学生循序渐进地吸收马克思主义、中国特色社会主义等相关知识，并善于用马克思主义的立场、方法论指导学习与生活，学习马克思主义经典作家面对当时现实时“那种认真的态度和颇具深度的分析方法……获得独立的精神支持和作为变革者的勇气，以及分析现实时的理论导线”①。三是落实树人的重要内容培养有担当的时代青年。在能力塑造中引导学生掌握自然界、人类社会及思维的运动规律，在理论与实践的结合中形成核心竞争力，激励学生朝着德智体美劳全面发展的方向不懈努力。

（二）思政课教师引导作用的发挥是共情力产生的关键

思政课共情力的产生与发展离不开起主导作用的思政课教师。习近平总书记强调：“办好思想政治理论课关键在教师，关键在发挥教师的积极性、主动性、创造性。”② 发挥教师的积极性、主动性、创造性，为思政课教师与教学内容、与学生产生共情提供了方法论上的指导。由于思政课在教学目标、课程设置、教材使用、教学管理等方面有统一要求，要想产生共情，必须发挥教师的积极性、主动性与创造性，以因地制宜、因时制宜、因材施教，培养时代新人，使其在素养上有理想、有本领、有担当；在精神状态上，是顺应时代潮流的坚定者、奋进者、搏击者；在历史使命上，是德智体美劳全面发展的社会主义建设者和接班人。③

发挥思政课教师的主导作用。第一，要通过培养造就具有坚定马克思

---

① 内田树，石川康宏．青年们，读马克思吧！2［M］．于永妍、王伟译，北京：红旗出版社，2016：75.

② 习近平．思政课是落实立德树人根本任务的关键课程［J］．求是，2020（17）：4-16.

③ 刘建军．论“时代新人”的科学内涵［J］．思想理论教育，2019（2）：4-9.

主义信仰和理念的思政课教师队伍，制定相关政策文件推进马克思主义理论学科建设等方式来保证教师的积极性、主动性和能动性。第二，在思政课课堂教学中，教师要紧跟时代潮流，紧扣立德树人根本任务，不断丰富教学内容，创新教育手段，提升思政课的获得感。第三，思政课教师要将立德与树人纳入职业操守，从政治素质、业务能力和治学理念三大方面履行使命。① 第四，最为重要的是思政课教师应该用自身的实际行动感召学生，强化自身的政治担当，发挥主导作用，积极承担为党育人、为国育才的历史使命。正如马克思曾指出的："如果你想感化别人，那你就必须是一个实际上能鼓舞和推动别人前进的人。"②

（三）大学生自我教育是共情力发挥作用的基本要求

思政课共情力仅靠思政课教师单方面发挥主导作用是不能产生的。思政课共情力的产生，需要遵循教育教学规律，需要思政课教师与学生的双向互动，需要作为参与主体的大学生发挥主体作用，不断改造主观世界和客观世界，进行自我教育。当前，"00后"大学生已成为思政课教学对象的主体部分。互联网、自媒体、短视频等裹挟的消费主义、历史虚无主义、自由主义、民粹主义等错误思潮无孔不入。参差不齐的海量信息混淆视听，西方后现代主义物质价值观由此渗透到大学生所有生活领域，使得生活世界在大学生眼里显得更加复杂，价值观趋向多元化。与之相伴的是，人与互联网日益构建起"数字亲密"关系。③ 大学生更容易接受已经构建了"数字亲密"关系的网络信息。因此，即使有思政课教师的教育引导，如果缺乏主体的参与，思政课的效果也会大打折扣。

思政课的目的在于将党和人民的要求内化为新时代大学生的素养，外化为新时代大学生的爱国行为。思政课要有共情力，要求大学生积极进行自我教育。作为思政课参与主体的大学生，从认知、心理和情感层面对思政课教学内容的接纳、内化和体验过程，即为自我教育的"自塑"过程。要推动大学生的自我教育，首先，思政课教师必须遵循思政课教育教学规律和学生成长成才规律，坚持以育人为中心的教学理念的必然要求。其

---

① 黄蓉生，蒋朝林．立德与树人：新时代高校思政课教师职业操守的践行［J］．河南师范大学学报（哲学社会科学版），2021（5）：143-148.

② 马克思恩格斯全集：第3卷［M］．北京：人民出版社，2002：364.

③ 王昕．时间维度下的"数字亲密"：基于青年群体互联网实践的质性研究［J］．中国青年研究，2019（10）：5-11.

次，大学生只有深度反思有关马克思主义理论、中国特色社会主义理论与道路等教学内容，理解在世界百年未有之大变局和中华民族伟大复兴的大背景下，中华民族面临的严峻挑战，积极反思个人与集体的关系，增进对中华民族共同体的历史、现状及未来发展的认识，将个人理想信念与中华民族复兴的伟大事业联系起来。

总而言之，提升思政课的教育教学效果，生发思政课共情力，需要思政课教师将教育一般意义的“以学生为中心”上升为“以育人为中心”。在坚定履行立德树人根本任务中，既发挥思政课教师的教育引导作用，从他者视角，站在时代要求的高度，告诉学生应该做什么，又注重学生的自我教育，从自我视角，反思应该认同什么，并发挥检验教育引导成效的作用，展现思政课效果，积极推进教师与学生的双向互动。

三、新时代思政课共情力的提升路径

“办好思政课，最根本的是要全面贯彻党的教育方针，解决好培养什么人、怎样培养人、为谁培养人这个根本问题。”① 这个问题同样也是新时代提升思政课共情力需要解决的根本问题。从共情视域深化思政课教育教学效果，主要表现为三个方面：从宏观历史、理论与现实层面拓宽学生对思政课教学内容的认知共情，从心理层面构筑思政课教师与学生的情感共情，从微观层面深化思政课落实的实践共情。三个环节一环扣一环，为大学生将社会主义建设者和接班人的要求与期盼内化于心，外化于行提供了逻辑遵循。

（一）深化认知共情，用心讲好思政课

2022 年 4 月 25 日，习近平总书记在中国人民大学考察时强调：“思政课的本质是讲道理，要注重方式方法，把道理讲深、讲透、讲活，老师要用心教，学生要用心悟，达到沟通心灵、启智润心、激扬斗志。”② 用心教、用心悟是方式，沟通心灵、启智润心、激扬斗志是效果。这里的“心”与共情是相通的，既是连接思政课教师与学生的内在桥梁，也是思政课教育教学效果的彰显。通过思政课教师的赤诚之心、奉献之心、

---

① 习近平．思政课是落实立德树人根本任务的关键课程［J］．求是，2020（17）：4-16.

② 习近平在中国人民大学考察时强调：坚持党的领导传承红色基因扎根中国大地　走出一条建设中国特色世界一流大学新路［N］．人民日报，2022-4-26（1）.

仁爱之心，深化认知共情，引导学生意识到个体的成长成才，除了个人的努力之外，更离不开时代大势的造就。没有国家的繁荣昌盛，也就无所谓个人的成功。从而使学生更加坚定地走中国特色社会主义道路，拥护党的领导，更加积极主动将个人的价值转化为社会价值，自觉抵制各种错误思潮，为实现全面建成社会主义现代化强国的第二个百年奋斗目标而团结奋斗。

思政课要实现认知共情，一是需要从历史层面引导学生对中华民族伟大复兴的认知共情。“历史是最好的教科书。”① 端起历史规律的望远镜观望中国共产党带领各族人民开创的中国特色社会主义道路，引导学生从经济、政治、文化、国际交往等宏观层面认知经济快速发展和社会长期稳定的“两大奇迹”，增进中国特色社会主义道路认同。二是需要从理论层面引导学生增强理论修养。思政课教师要系统带领学生学习马克思主义经典作家著作和马克思主义研究领域代表性著作；及时将最新的学术论文与理论文章的思想观点传递给学生。三是需要从微观生活层面引导学生正确剖析社会现实。在课堂教学中，思政课教师要善于运用社会现象所暴露的社会问题或所体现的思想理论，通过设置环环相扣的问题，循循善诱，让学生在教师所营造的共情氛围中，形成正确判断社会现象、理性做出选择的能力。

（二）构筑情感共情，用情讲好思政课

思政课要将对中国共产党、对中国特色社会主义、对马克思主义等的科学认知传递给学生，还需要一份情感黏合剂。列宁曾经指出：“没有‘人的感情’，就从来没有也不可能有人对于真理的追求。”② 情感是激发人类活动不可缺少的内在动力。情感共情指的是大学生经由思政课，在心理上主动亲近党、国家和人民，在理想信念上拥有对中华民族共同体强烈的归属感与荣誉感，在价值观上形成中华民族共同体利益高于个人利益的判断标准。正是在情感共情这根深层次情感纽带，使得思政课具备心学的功能，成为大学生的心灵家园。

思政课可通过三个方面实现情感共情。首先，提升思政课教师的共情力是关键。思政课教师要有深厚的家国情怀、传道情怀及朴实的仁爱情怀，将党和人民的伟大实践、对马克思主义理论教育事业的执着追求、对

---

① 习近平．论中国共产党历史［M］．北京：中央文献出版社，2021：7.

② 列宁全集：第 25 卷［M］．北京：人民出版社，2017：117.

学生的爱融入铸牢中华民族共同体意识当中。其次，协同课程思政提升专业课程的共情力。大学生在专业课程中投入的精力和心力远多于思政课，发挥思政课在立德树人方面的功能，以延伸巩固思政课的教学效果。最后，创造机会提升学生共情力。思政课是否有效，大学生最有发言权。通过创新思政课堂形式，采取翻转课堂、智慧课堂等教学模式，激发学生对思政课教学内容进行深入思考，加速大学生与思政课教师、思政课教学内容的共情，推动认知共情向情感共情转变，将思政课与教学内容共情所形成的外在反思转化为学生的内在反思。

（三）拓展实践共情，努力讲好思政课

思政课要坚持理论和实践结合。理论和实践相统一是马克思主义的根本原则，也是思政课教学的根本方法。思政课教学的基本任务是厘清基本概念、提出重要问题、阐明主要观点、梳理历史线索、揭示理论逻辑、分析科学方法，用科学理论培育人，不断提高学生的理论思维能力；同时要重视实践教学，把思政小课堂同社会大课堂结合起来，既用马克思主义基本立场、观点、方法阐释现实生活中的重大理论和实际问题，又对我们党领导人民进行革命、改革和建设的丰富实践经验进行理论总结和概括，引导学生正确认识世界和中国发展大势，正确认识时代责任和历史使命，正确认识远大抱负和脚踏实地。

思政课可通过三个方面实现实践共情。一是通过认知共情和情感共情，传递社会主义建设者和接班人的鲜明实践意志。作为中华民族的一分子，大学生是社会主义建设者和接班人，不是空谈也不遥远，需要大学生着眼于眼前的学习这一实实在在的行动。二是关切新时代中国特色社会主义新实践，增强思政课教学内容的实践解释力。思政课教学内容要随着中华民族伟大复兴事业的发展而与时俱进，以激发大学生产生强烈的实践共情。三是关注大学生的日常生活，为思政课教学内容增添丰富鲜活的大众化、生活化的实践元素。思政课教师密切关注大学生日常在学习、社团活动、职业规划、社会关系构建等方方面面的生活，引导大学生用社会主义建设者和接班人的要求做出具体的判断与选择。

四、结语

习近平总书记指出：“立足新时代新征程，中国青年的奋斗目标和前行方向归结到一点，就是坚定不移听党话、跟党走，努力成长为堪当民族

复兴重任的时代新人。”① 大学生正处于世界观、人生观、价值观的形成定型期，其马克思主义信仰是否坚定、对党是否忠诚、中华民族共同体意识是否牢固，不仅直接影响学生个人的成长，还会间接影响国家和民族的未来。从共情维度考量思政课教育教学效果，在凸显思政课是立德树人的关键课程的重要地位的同时，也找到了一条践行“育人为本”的共情教学模式，使思政课具备了引领、激励、约束、扩展、塑造大学生的功能，将大学生的认知、情感和实践共情汇聚成为实现中华民族伟大复兴而奋斗的强大合力。

参考文献

[1] 习近平．思政课是落实立德树人根本任务的关键课程［J］．求是，2020（17）．
[2] 卡尔·罗杰斯等．当事人中心治疗：实践、运用和理论［M］．李孟潮等译，北京：中国人民大学出版社，2013.
[3] 刘聪慧等．共情的相关理论评述及动态模型探新［J］．心理科学进展，2009（5）．
[4] 内田树、石川康宏．青年们，读马克思吧！2［M］．于永妍、王伟译，北京：红旗出版社，2016.
[5] 刘建军．论“时代新人”的科学内涵［J］．思想理论教育，2019（2）．
[6] 黄蓉生，蒋朝林．立德与树人：新时代高校思政课教师职业操守的践行［J］．河南师范大学学报（哲学社会科学版），2021（5）．
[7] 马克思恩格斯全集：第3卷［M］．北京：人民出版社，2002.
[8] 王昕．时间维度下的“数字亲密”：基于青年群体互联网实践的质性研究［J］．中国青年研究，2019（10）．
[9] 习近平在中国人民大学考察时强调：坚持党的领导传承红色基因扎根中国大地 走出一条建设中国特色世界一流大学新路［N］．人民日报，2022-4-26（1）．
[10] 习近平．论中国共产党历史［M］．北京：中央文献出版社，2021.
[11] 列宁全集：第25卷［M］．北京：人民出版社，2017.

（作者单位：马克思主义学院）

① 习近平在中国人民大学考察时强调：坚持党的领导传承红色基因扎根中国大地　走出一条建设中国特色世界一流大学新路［N］．人民日报，2022-4-26（1）．

论英语专业课程建设的家国情怀

——以“基础英语一”为例[①]

朱小琳

在2016年12月召开的全国高校思想政治工作会议上，习近平总书记强调：“要坚持把立德树人作为中心环节，把思想政治工作贯穿教育教学全过程，实现全程育人、全方位育人，努力开创我国高等教育事业发展新局面。”[②] 2019年，《关于深化新时代学校思想政治理论课改革创新的若干意见》也指出，坚持思想政治理论课（以下简称“思政课”）在课程体系中的政治引领和价值引领作用，推动各类课程与思政课建设形成协同效应。培养什么人、怎样培养人及为谁培养人是教育的根本问题。

课程作为大学最微观的核心要素，解决的是培养人的最根本问题，是“落实立德树人根本任务的具体化、操作化和目标化”[③]。其中，2019年教育部印发的本科专业国家标准中的专业核心课程是各专业固本的基础课，因此在课程思想政治理论（以下简称“思政”）建设中担当尤为重要的作用。基础英语作为英语专业国家标准中的核心课程，在中央民族大学英语专业人才培养过程中形成了以家国情怀为主要目标的思政建设与专业教学相结合的教学路径，打造了适应专业英语教学的课程思政建设模式。

一、家国情怀对英语专业人才培养的意义

《人民日报》2016年1月20日刊发了《家国情怀是立身养德之本》一文，对家国情怀进行了阐释，认为家国情怀是生命的自觉，是与国家与民

① 本文是2021—2022年度中央民族大学校级教学改革项目“一流课程建设：基础英语一”（项目编号：10301-2021000201）的阶段性成果。

② 习近平在全国高校思想政治工作会议上强调：把思想政治工作贯穿教育教学全过程 开创我国高等教育事业发展新局面［N］. 人民日报，2016-12-09（1）.

③ 吴岩. 建设中国“金课”［J］. 中国大学教学，2018（12）：4-9.

族休戚与共精神的传承，是责任与担当。① 作为高等院校，培养学生的家国情怀、对祖国和人民的高度责任感与认同感，甘愿为国家复兴和民族大业奉献和全身心付出则是思政教育最根本的任务。清华大学副校长杨斌在博鳌亚洲论坛 2019 年会“大学校长对话”论坛上论述家国情怀的重要性时指出：“学生丧失本土文化认同，这是令大学校长睡不着觉的问题。”哈佛大学前校长詹姆斯·科南特于 20 世纪 40 年代在实施课程改革过程中已经对课程中蕴含的意识形态观念毫不隐晦，并为课程改革作出巨大努力，把确认美国文化传统与现存制度的合理性视为课程的重要使命。② 由此可见在现代大学教学理念中，家国情怀是中外教育共同认可的重要素养，家国情怀和本土文化认同是专业人才培养中需要率先设定教育目标和教育环节的内容。而英语专业在 21 世纪的当下，作为国家文化战略密切相关的专业，在培养学生具备国际化视野和跨文化交际能力之际，更需要培养深厚的家国情怀，立足中国文化立场进行对域外文化思辨，“在培养跨文化交际能力的同时，培养文化鉴赏力、文化评断力和文化辨别力”③。

英语人才的家国情怀培养，也是我国高等教育与基础教育阶段英语能力培养对接的体现，是对中学生英语核心素养的拓展与提升。教育部提出我国高中学生的英语核心素养包括语言能力、思维品质、学习能力与文化品格，应体现“对中外文化的理解和对优秀文化的认同”。在这一表述中实质上将获得国际视野与对祖国的家国情怀放置在英语学习过程中同等重要的位置，呼应了中国学生核心素养培养的科学性、时代性、民族性三大原则。教育部颁发的高等院校外语类专业国家标准中明确提出了人才培养的素质要求、知识要求和能力要求。其中，素质要求中提出“中国情怀与国际视野”与知识要求提出的“熟悉中国文化语言知识”正是对家国情怀的高度概括和定位。因此，高等院校英语专业人才培养中的家国情怀教育既是新时代“全人教育”④ 对人才培养的要求，也是全人教育培养人才成功的标志，应当在专业课程中加以充分体现和精心设计。

---

① 李斌．家国情怀是立身养德之本［N］．人民日报，2016-01-20（4）．

② 王一军．哈佛课程改革与学术文化的耦合［J］．江苏高教，2020（1）：76-87．

③ 赖招仁．国家文化战略与高校外语专业的发展新机遇［J］．山东理工大学学报，2012（5）：75-79．

④ “全人教育”理念（Holistic Education）产生于 20 世纪 60 年代，兴起于 20 世纪晚期，21 世纪初成为主流的教育理念之一。面向 21 世纪教育系列丛书《学会求知：迈向和平与未来》中的第 9 章专门论述了全人教育理念在 21 世纪的重要性。“全人教育”是通过传授“整全的知识”以形成“健全的人格”，促进人的整体、全面发展，使学生成为德才兼备、人格完善的人。

二、“基础英语”的课程特点

“基础英语”课程是本科专业国家标准中英语类本科生一年级所开设的专业核心课程，类型为理论课，属于低年级的知识与技能综合性课程。中央民族大学英语专业的基础英语课程分为“基础英语一”和“基础英语二”两个阶段性课程，覆盖本科一年级全学年的教学阶段。第一学年该课程每周有 4 学时的教学时长，每学期 144 课时，共计 288 课时，8 学分，在整个专业人才培养方案中是专业课中学分最高、教学时间最长、任务重、教学内容丰富的基础性课程之一。针对学生从基础教育阶段到高等教育阶段过渡的特点，“基础英语”课程着重引导学生初步掌握英语听说读写的综合性技能，并充分运用英文综合技能开展对人文社科与自然科学知识和现象的观察与表述，还能够运用英语分析问题、熟练流利地就某一主题进行简练的英文写作。该课程的深度培养目标则为通过阅读中西方不同文化的文本和课堂上的分析讨论，使学生深刻理解和评析多元文化和价值观。

“基础英语”课程教学的知识性内容涵盖学生感兴趣的科普知识及多学科主题引介，通过在有限的教学时间和教学场所内，将思政元素融入课堂理论、原理、方法的讲解，并延伸至课外的实际活动中，使学生能够形成理解核心概念、熟悉操作流程、把握新理念新趋势的系统性学科思维。因此，“基础英语”课程的成功开设取决于教材的设计与教师教学投入的分量与比例，该课程是最能从多方面将课程思政与专业知识技能紧密融合的专业课程之一。

三、《基础英语》教材编写中的家国情怀设计

教材是教学主要内容的体现。传统教材以专业体系为中心，在面临新时代课程思政建设要求的教学改革之际，较难从文本中获取明显提示或线索，从而需要教师根据自身学养与经验积累判断阐释。此外，不同教师对教材内容的思想性理解程度也会因个人的积累程度不同而有所差异，为统一的、高质量的课程思政建设设计增加了困难。在这样新的挑战与新形势的需求下，编写结合思政建设内容的专业教材具有必要性。中央民族大学外国语学院教学团队参编了清华大学出版社立项的英语专业英语课程教材《综合英语》，外国语学院朱小琳教授为第 6 分册的主编，现 6 个分册已全

部出版，并已在我校为代表的国内 3 所综合性高校的英语本科一年级的课程教学中使用，在我校英语专业低年级的对应课程名称为“基础英语”，且获得了良好的反馈。该教材覆盖英语专业从一年级到三年级 6 个学期的综合性课程教学需求。在编写教材内容的过程中，编者探索将专业性教育与思想性教育相结合，为在英语专业教学中培养学生的家国情怀做出了有益的尝试。

从教材的主旨和目的而言，这套教材在编写之初便设计了立足中国文化视野、加强思想性、知识性和人文性的编写初衷。[①] 从基础英语教材选编的历史来看，同类教材通常较多选用文学类作品和科普内容作为阅读材料，在英语专业设置初期对学生的英语专业学习起到了积极的作用。但在 21 世纪的当下，英语专业课程建设总体结构日趋完善，文学类课程体系日趋成熟，因此基础类别的课程应考虑与专业文学课程有不同侧重，在内容上互为呼应和补充、避免重复，以达到尽可能拓宽学生视野、完善知识结构的作用。本套教材秉承这一目标，设置了相应的学科内容主题，实现了第一册到第六册的各个主题单元在内容上循序渐进、不断深化，并通过引导学生主动进行中西文化比较的方式，将学生的家国情怀与国际视野融入人文社科甚至自然科学的初步研习和探索中。

从教材的知识结构来看，每册教材共有 12 个单元，分别遴选了人文与社会科学及自然科学中的学科，如历史、哲学、经济、社会、种族、环境等，在每个单元内通过两篇内容相互呼应的短文来引导学生进行知识的学习与语言技能的训练。这两篇课文往往采取相应题材的中西方概况对照呼应的方式，达到相关主题知识的融汇和对学生家国情怀的培育，既包含了专业学习角度了解对象国历史的要求，同时也通过中西历史上民族交往的语篇的阅读，达到使学生深化民族交往的概念、拓展对民族交往的国际化认知的目的。没有比较就没有客观认识，在这一比较性的学习过程中，学生的国家意识得到了激发，在学生的课后反馈中得到了反映。在该教材的其他单元的编写中也充分采取了这一原则：主题为哲学的单元以比较的方式深入浅出地介绍了西方哲学起源与中国传统哲学的基本内容；主题为环境的单元则通过中外环境的差异、环境保护意识的产生与保护环境的中外实践，使学生形成对我国政治、经济、文化发展的多维度认识，并将其与世界的发展相联系，从而在知识和素质方面一并强化了学生的家国情怀意识。例如，在第二册关于民族交往的主题单元，第一篇课文介绍了英国多

---

① 罗良功．综合英语一［M］．北京：清华大学出版社，2021.

民族发展的历史渊源；作为对应的第二篇课文转向我国的民族交往历史，使学生通过学习相关的以英文为载体的篇章，在学习英语的同时加深对我国民族友好交往历史的理解，较好地达到了“熟悉中国文化”的本科专业国家标准的要求。

从素质能力训练方面来看，每个单元设置具有专门学科性知识的课文。首先，此举适当增加了学生阅读材料的容量。学生需要对涉及的主要学科领域展开课前预习，以提高知识储备量的准备工作。同时，由于注重课文体裁的多样化，选取的课文既有记叙文、说明文，也有议论文，因此学生的信息加工的处理能力得以加强。在面对不同的英文范式时，学生需提高自身阅读的适应度以及高效率地进行文本理解的能力。教材还加强了思辨能力训练，在课后练习设计上进行了大幅度的改革。传统的基础英语教材单元课后练习以语言的字词句训练为主，通过考查学生对课文中关键词句的理解和运用达到训练目标。本套教材则将思辨能力融入听说读写译的技能训练要求中，在判断题、翻译题、问答题等题型中以中西比较和家国情怀为切入点，将思想教育融入了技能训练。此外，每个单元都根据单元主题设计了作文题，这也是对传统教材着重单词和句法训练的教学要求的一种突破，考查了学生的知识输出能力。学生需要在单元主题学习的基础上整合自身知识体系，提炼和升华相关主题的中西文化的比较性认知。

四、教与学中的家国情怀

中央民族大学参编《综合英语》教材的教师同时也是“基础英语”课程的主讲教师。在编写教材和组织课堂教学的实践中，家国情怀的思想教育不仅体现在《基础英语》教材知识点的编写上，更需要任课教师以身作则，在教学设计中精心联系实际，激发学生的探索精神和自我培养。在这一思想指导下，教学中的思政建设在学生培养中取得了良好的反响。

“基础英语”课程总体采取了以学生为中心的教学模式，开展了多方面的学生自主学习，如小组合作、互评互学等。但在这一模式中，教师的作用非但没有弱化，而是更加重要了。教师要基于自身对家国情怀的深刻认知以及对教学流程的良好把控，才能在学生的思政学习中发挥示范和引领作用。教师对个人体验的分享以及对自身家国情怀、祖国认同等思想的不断培养，会因势利导地使得课堂更具吸引力，从而利于激发学生对祖国的认同感和自豪感，并将其转化为学习和研讨中的动力。对于我校英语专业多民族生源的特点，教师于课堂上指导的关于中国文化的交流分享活动起到了凝聚班级、加强学生间相互尊重理解、促进文化认同的积极作用。由此可见，教师的引导非常关键，教师的引导方式是自身修养和教学研究深入程度的反映，是“基础英语”课程完成思想性和知识性相融合的目标所必不可少的因素，是本课程教师在教学中经过研讨、交流和梳理所达成的共识。

在2020—2021年期间使用《综合英语》教材的两轮教学实践中，基础英语课程建设项目取得了良好的效果，教学质量得到了明显有效的提升，也受到了学生的好评。教师在编写教材和进行课堂教学的过程中，理论视野得到明显开阔、教学水平大幅提升。2020年基础英语教师获校课堂优秀效果奖。教师团队参加外研社“教学之星”大赛，取得了北京赛区一等奖的成绩，是当年北京赛区最好的成绩。教师在基础英语教学中设计的相关课件参加了同年举办的第六届全国高校外语课程微课大赛，并获得北京市二等奖。家国情怀是21世纪当下英语专业基础英语课程建设中重要的思政教育内容，在当下的课程改革中已经取得了明显的效果，对人才培养发挥了积极的作用。课程思政建设是一个深远的话题，基础英语课程中对家国情怀的导入只是在英语专业课程思政建设中进行的初步尝试。随着教学改革的深化，家国情怀将更深入、更广泛地融入同类专业课程，更好地促进英语专业人才的培养。

参考文献

[1] 吴岩. 建设中国“金课”[J]. 中国大学教学，2018（12）：4-9.

[2] 李斌. 家国情怀是立身养德之本[N]. 人民日报，2016-01-20（4）.

[3] 王一军. 哈佛课程改革与学术文化的耦合[J]. 江苏高教，2020（1）：76-87.

[4] 赖招仁. 国家文化战略与高校外语专业的发展新机遇[J]. 山东理工大学学报，2012（5）：75-79.

[5] 罗良功. 综合英语一[M]. 北京：清华大学出版社，2021.

[6] 教育部高等学校教育指导委员会. 普通高等学校本科专业类教学质量国家标准（上）[S]. 北京：高等教育出版社，2018.

[7] 中共中央办公厅，国务院办公厅. 关于深化新时代学校思想政治理论课改革创新的若干意见[R]. 北京：人民出版社，2019.

（作者单位：外国语学院）

博物馆学习的审美模式与阐释结构研究[①]

张曙光

当代博物馆学研究观点受到各种不同学科发展的影响，产生了若干重要的转变。其中一个转变是研究重心在继续保持研究文物的知识传统同时，也开始研究观众的知识。参观博物馆的观众基本上是一种以学习为导向的休闲活动，这也正是参观博物馆与其他休闲活动有所区别之处，观众一旦进入博物馆参观，必然会有学习活动的发生，如观看、讨论、作品的视觉刺激、文本的描述等。在这样的环境中，观众会自觉或自觉地学习或受到影响，这也正是博物馆学习情境的特殊微妙之处。

博物馆学习与一般学校教育的学习经验在形式上有明显的差异。在一个自由而开放的情境中，博物馆如何阐释展览及教育的内容，又如何让观众在这些内容和经验中理解到真正意义，成为博物馆学习研究的重要课题。其中，在艺术作品面前，博物馆如何让观众获得完美的艺术体验，建立自己的审美经验，是博物馆审美教育的核心问题。

本文以阐释学理论为基础，围绕伽达默尔的哲学阐释学之“理解—阐释”，探讨博物馆审美教育中阐释方法，说明教师如何阐释学习内容，让观众在博物馆参观中得以理解历史、艺术、文化及生命的意义。

一、审美模式及其研究对象

传统的艺术史或艺术学研究是以历史、作品和作者为中心，很少研究观众（学生）的艺术经验或审美观，而在博物馆教育领域中着重从哲学的角度研究观众（学生）的艺术经验、研究艺术与社会审美趣味为主要议

① 本文是 2020—2021 年度中央民族大学校级一流学科建设立项项目“博物馆美术教育”的阶段性成果。

题，我们称其为博物馆学习的审美模式。① 在博物馆审美模式研究中，教育人员运用的学习理论主要来自哲学和心理学。哲学主要讨论人类对美的反映，讨论博物馆展品或艺术品的本质以及审美经验的本质，而心理学主要讨论审美反映的知觉与发展。

现代博物馆最主要的功能之一就是增进观众的审美素养。在进行博物馆审美素养的相关研究时，观众对作品审美反应是主要的研究范围。其研究的主要问题包括研究者对审美反应的定义是什么？哪些是影响审美反应的因素？

在审美反映的理论研究中，加德纳的理论结合了弗洛伊德心理分析理论及皮亚杰的认知发展基本理论，他将审美反映的发展分为三部分：创造（艺术家）、知觉（评论家）、情感（观众），并提出了审美反映模式包括八个阶段，大概分为内在及外在的层面。内在部分的顺序为遗忘、记忆、反省、呈现；外在的部分包括描述、建构、解释、回溯。②

哲学家们则不断地对艺术作品审美反映的本质进行探究。例如：康德认为审美活动对象只以它的形式而不是它的存在来产生美感；审美只对对象的形式起观照的活动而非实践行动。他指出美感不等于一般快感，不是欲念的满足。伽达默尔认为，审美活动本质上就是社会性的活动，不能离开社会或人类的生活环境，也不能只是个人主观的判断。审美活动包括审美对象在客观世界中对历史与生命的认识。人们在艺术活动中所发展出的敏锐的感觉，正是一种人类情感中共同的、普遍的、健全的判断。感觉是生命最本真的活动，是生命主体的自觉，美的事物或感觉与社会环境和整体性有密切的关联。

审美经验是博物馆教育研究者必须面对的另一个重要的概念。这一概念在艺术哲学中占有突出的地位，而且仍然受到当代哲学、美学家的重视。审美经验这一概念最早出现于古希腊时代的一些文献里，而对这一概念的思考直到现代未曾间断过。由于人们对事物经验的多样性和变化性，所以审美经验是一个非常复杂的概念。

拉尔夫·史密斯在《审美经验》一文中，列举了关于审美经验发生和

---

① 吴国淳在《理解与诠释：观众与博物馆学习研究》中，将观众在博物馆的学习归纳为“情境模式”“审美模式”“文化政治”“休闲社会学”“认知心理学”“文化研究”六种研究取向，分别从学习情境脉络、审美判断、文化政治、休闲社会学、认知心理学、文化研究（物质文化与视觉文化）及媒体研究等不同观点或方法论来研究并解释观众与博物馆学习的意义。

② 吴国淳．理解与诠释：观众与博物馆学习研究［M］．台北：台湾历史博物馆，2005：69.

发展的重要理论论述。其中，比斯莱认为，一件艺术品（或一个审美对象）的审美价值——那种不同于其伦理价值和认识价值的艺术价值——在于它能从一个素质很高的欣赏者身上诱导出一种高级的审美经验。审美经验最显著的特点在于它那独特的和非同一般的满足感。那些具有高级审美特性的艺术品所造成的审美经验，会在欣赏者身上造成一种特殊的感觉，感到一种自我的提升和发展，好像自己的人格更加完善和完美，因而更为自爱和自强。[①] 古德曼认为，审美经验是与人们对审美符号系统的理解紧紧联系在一起的。在谈到审美经验时，要结合艺术品本身的特征，艺术品提供和提高人们的知觉力和洞察力。心灵在对艺术作出反映时，是积极的和主动的，而不是被动的和消极的，而产生的情感只不过是整个审美认识的一个方面和部分。卡伊林强调，审美经验不仅体现了人类的一种自由境界，而且使文化机构在实现其最主要的功能——创造和保存审美价值时变得更为有效。[②]

博物馆审美教育的目的，就是要培养观众的审美能力，以便他们在对艺术作品的体验时，进行一种个人化的解读或阐释，从而获得审美经验以达到自我的提升和发展。博物馆审美教育的课程，作为一种专门教导、提供珍贵审美经验的艺术性质的课程，其中包括对迄今为止人类所画出、写出、谱出和雕刻出的最好作品的欣赏和阐释。

在观众的审美经验建构过程中，博物馆对于艺术作品的主动呈现是重要的因素，而另一个主要的因素则是教师，教师所扮演的是艺术作品与观众之间中介者的角色。作为审美经验主体的观众，在博物馆欣赏艺术作品也是对其生活世界的了解，透过这样的了解，扩展了观众个人对他人世界的了解。艺术作品中记录了不同世界的生活与情感，也传达不同的价值与观点，其中包括人类不同时间的历史与社会实况。博物馆艺术作品真正的意义在于有观赏的人，艺术欣赏的活动是一种实实在在发生于人的情感之中的活动，而不是一种抽象的或独立于人之外的活动。观众在博物馆中学习和欣赏活动，所思考的对象就是艺术经验。观众在艺术作品中寻求一种意义的连续性，是对意义的再认识，并和实际的世界产生了联系。

在审美的活动中观众应同时将艺术作品置于其文化、历史的脉络中来观照，才能真正了解与进入艺术作品的生活世界，了解其中所蕴含的社会力量。博物馆艺术作品提供观众如何去阅读这个世界的讯息，观众一旦能

---

① 拉尔夫·史密斯．艺术感觉与美育［M］．成都：四川人民出版社，2000：44.

② 拉尔夫·史密斯．艺术感觉与美育［M］．成都：四川人民出版社，2000：287.

找到进入理想与精神的入口，便能跳脱感官层次的享乐，拓展更广阔的生活层次，体验生命深层的意义与艺术本质的力量。

二、审美模式中的阐释学方法

以海德格尔、伽达默尔等人为代表的现代解释学，将阐释学由人文科学的方法论转变为哲学一支，将阐释学的问题视为本体论，讨论的重点在于存在。海德格尔把方法论阐释学归结为此在实存论。后海德格尔的阐释学样式众多，值得注意的有下列四种：第一种，伽达默尔的哲学阐释学，它较忠实地维护了海德格尔的具有实存论性质的阐释学，拓展—返回—艺术、历史和语言之维；第二种，阿佩尔的先验阐释学，它试图在阐释学和语用学方向上重解康德式的“先验”问题，重建“先验哲学”；第三种，哈贝马斯的批判/反思阐释学，它接受了阿佩尔的先验阐释学/先验语用学思想，进而把阐释学与意识形态批判结合了起来；第四种，保罗·利科的现象学阐释学，它坚持海德格尔式的现象学阐释学，试图以更宏大的视野发展一种“综合阐释学”。①

海德格尔提出了“阐释学循环”的概念，他认为阐释者对被阐释对象的“预期认识”是待阐释意义的一个部分，理解依赖于理解的“前结构”。“前结构”与阐释者的“情境”之间存在基本“循环性”。海德格尔强调这是人们面对对象进行认识活动的基本条件。理解的第一要务是指出人所处的境遇，理解的最终目的就在于理解存有的可能性，并开展出自身的意义，倾向由理解者自我理解的涉入来分析，做任何的理解都是一种意义的投射。②

伽达默尔继承了海德格尔的“阐释学循环”概念，他提出的基本问题是理解与存在、历史、语言的内在关系，这些思想和观念对于人文和社会科学中的基本问题和命题产生了内在影响；他提出要达到“真实的理解”，需要各种不同的主体“视域”相互“融合”。他认为文本的创造作者和阐释者都各自拥有一个其自身所处的那个时代所决定的视域，这两个视域之间具有融合的可能性，理解的真理恰好就在于阐释者和文本的视域融合中。③ 人们对事物理解的视域不是封闭的，而是开放的，不断生成的。理

---

① 孙周兴．试论一种总体阐释学的任务［J］．哲学研究，2020（4）：20-27.

② 吴国淳．理解与诠释：观众与博物馆学习研究［M］．台北：台湾历史博物馆，2005：129.

③ 黄其洪．伽达默尔论艺术［M］．吉林：吉林美术出版社，2007：24.

解者对对象的理解同历史上已有的视域相接触，形成了两个视域的交融为一，达到“视域融合”。①

伽达默尔认为理解是人存在的基本模式，理解是从文本中接受有意义的东西，并把它们阐释成自己理解世界的方式，也是自身的生存方式。理解是一种创造性的过程，其内容是文本在历史中表现出来的东西，而这些内容远比作者想要表现的东西多。理解活动一直都在发生着。他主张，一切真正理解总是对历史情境的回应，即要求调动起一切认知手段，包括文字考证、句法分析、了解意义的语境等方法，去发现作品真实的目的，追求文本的原意，试图从过去时代的精神出发来理解过去时代的所有遗迹和证据，也就是说在具体情境中的理解，达到原初意义的还原和揭示。同时情境也是理解者身处其中的环境，它和理解者是融为一体的，人不能跳出自己的情境去观照和反思。每一次理解活动都是以前的生存经验与当下生存处境的相互中介，在这种解释学的循环中，逐渐将文本的细节与整体和谐地结合在一起，使整体成为一个有机的整体，而各个部分之间又相互协作，被一种意义的统一体统摄在一起。

博物馆中所有艺术作品都含有可理解的东西，艺术经验阐释学合法性的问题是探讨博物馆艺术作品的艺术语言的理解是否可能的问题。博物馆中的艺术作品是在时间中被人经验的，它需要被人观看和阅读；艺术作品是一种最具启发性的陈述，以某种特殊的语言形式向理解者叙述它的内容和意义。博物馆中的艺术作品始终是在向观众传达自己，这种展示性，构成了一种理解的可能性，使艺术作品成为阐释学的对象。

博物馆中的艺术作品有其不同的历史语境或者文化意义，当他们在博物馆的展台上展示自己的时候，就已经从根本上超越了任何历史的限制，呈现了一种不受时间限制的当下性，观众在对一件艺术作品的阅读和理解时，都饱含着自己的亲身经历和体验。阐释学的真正任务在于努力探求博物馆艺术作品的言外之意，这未必是作品标签或简介所表示的意思，而是作品本身包含的客观意义。

三、通过阐释的博物馆审美理解

在博物馆中我们探寻艺术欣赏、艺术史、学科教育等之间的交互与意义，对于博物馆学习研究而言，重要的是研究博物馆教育人员、博物馆文

---

① 何成秀．伽达默尔的哲学解释学新释［J］．青年文学家，2017（9）：94-95.

本等为观众阐释了什么，而观众又获得了怎样的审美经验。

博物馆阐释包括教育人员的阐释、展览文本等方面。传统的博物馆阐释主要通过展览的标签图册和讲解员的解说或语音导览设备。随着公众对博物馆教育作用认知的提升，博物馆教育人员越来越专业化，他们除了策划、编印一些图文并茂的学习宣传单或教育出版物以外，也会组织各种成人的或者学生的专题活动，增加了与观众的沟通渠道，也会聘请专业人员作为讲解员，加强讲解的专业性，从而起到更好的教育阐释作用。

博物馆阐释的过程为观众提供了审美欣赏活动的基础。从审美心理角度看，构成博物馆学习审美经验最主要的基石是审美理解、审美感知、审美想象、审美情感，其中审美理解在审美经验中起到关键性作用。博物馆艺术作品的审美理解包含了三个层面：第一层是把现实生活中的事件、情节和情感与艺术作品中事件、情节、情感相区分；第二层指对于审美对象的象征意义、题材、技法等方面的理解；第三层是对形式中融合着的意味的直观性把握。

博物馆的审美理解是在多角度阐释中生成的，博物馆教育人员运用其博物馆知识、描述策略来呈现展览，而观众则用他们自己的阐释策略来了解文物、艺术作品，并将博物馆的参观视为一个完整的审美经验。阐释是进行博物馆审美理解的重要手段和过程，现代阐释学认为理解的过程必须运用先前的知识与经验，经由完整而详细的探讨与对话而揭露出作品的意义，博物馆中的文物、艺术作品是整体社会的一部分，在阐释的过程中可以放置于过去和现在的知识架构中加以讨论。我们看到在现代博物馆的展览展示中，既可以通过艺术作品来传达历史知识，也可以通过艺术作品讲述传统文化。比如，在博物馆展览策展主题中，有的是从艺术史的角度呈现一个画派或一位艺术人物，或者整体的艺术发展知识；有的是从传统文化的角度呈现某个民族民间艺术，或者生活历史。这些呈现的方式既针对专业观众，同时也针对普通观众。

现代阐释学还提出需要将阐释对象视为一个意义的整体，因为艺术作品不仅是一件实际的物品，同时也是一个有意义的结构，欣赏艺术作品是在分享这些意义，艺术作品的真理和意义不是永恒不变的，它的意义是融合了观众的参与及历史知识，在欣赏的过程中这些经过时空演变的意义会不断涌现，对观众而言是具有启发性的，此过程是思考的活动并非仅停留在视觉或听觉的运用，因此艺术作品成为一个意义的整体。也可以说艺术作品的意义实现并不在作品本身，而是在于观众的阐释中。博物馆教育者研究及阐释的对象正是意义的结构，他们所进行的工作是不断理解与创造意义。博物馆展示历史、文化与艺术作品，理解艺术和历史意味着理解世界，从阐释学的观点扩大了观众原先对研究对象的理解与定义，让观众重新思考博物馆学习意义的基本结构及本质。

博物馆阐释有时间间隔的文物、历史、艺术作品的过程，即是解释时空差距之间的意义。这些意义不仅如实呈现历史知识的原意，更重要的是超越时空距离以讨论各种人类经验的可能性，并能超越时空差距所产生的限制，获得历史知识的意义并讨论各种不同的人类经验，如中国共产党历史展览馆推出的“不忘初心——庆祝中国共产党成立100周年美术创作工程作品展”，展览主题从党的百年历史出发，展出《开天辟地》《习近平总书记在北京会见少数民族代表》《载人航天工程》等艺术创作作品。这些作品代表着中国历史画艺术创作的最新研究，对于进入展厅的大众而言，除了专业讲解员的阐释，博物馆运用照片、图表、文物、油画、雕塑、视频等综合手段，把党史的重点内容进行重现，生动展现党和红军谱写的壮丽史诗，让观众唤起集体记忆，引发情感共鸣，收获温暖与感动。展厅内参观展览的观众在其中思考自身处境并进行文化沟通，博物馆提供了一个开放而充满对话的文化环境，让观众学习理解历史、文化、艺术作品中所蕴含的丰富意义。可以看出，博物馆扮演了知识转化的中介角色，提升了国民的文化素养，并创造出更丰富的文化精神及意义，这正是博物馆教育最重要的使命与任务。

博物馆的审美阐释致力于加深观众的审美经验与学科知识，同时能够体悟科学与艺术发展在当代社会的价值与意义。我们看到在当代博物馆的各项展览及教育活动中，策划者侧重各类传统艺术作品与当代视觉艺术形式的交叉整合，更多的是侧重艺术、历史、语言、社会科学和自然科学等的交叉整合，展览是观众通过“理解—阐释”的知识形成的过程和参与活动获得审美体验的过程。中国国家博物馆的古代中国展览，展品既是历史文物，也是艺术作品。在古代乐器部分，营造的是集视觉与听觉于一体的感觉语境。学生在教师的引领下，着重欣赏不同时期的珍贵乐器，了解古代弹拨乐器的发展，学生不但了解了古琴的历史，还欣赏了优美的古琴名曲，体验和感受到民族音乐文化之美。这一博物馆教育过程中涵盖了音乐、美术、历史等多学科的文化融合。从专业研究到艺术呈现的过程，使学生进入了社会及文化认同角色。学生从博物馆中得到的教育不是技能，也不仅是艺术信息、艺术知识与文化经验，更重要的是人文精神与价值理念。

在博物馆审美理解中，观众通过艺术作品提升自身的审美经验和良好趣味，从而提升知识和生活的水准，这是一种潜移默化的审美观念的建立过程。博物馆学习是引导观众自发地接近艺术、了解艺术、享受艺术及被艺术所生动阐明的思想和历史。博物馆让观众与艺术作品之间，对事物的理解与历史和社会之间保持互动，对新知识保持开放，以产生真实的理解。

四、结语

博物馆教育活动是一种价值传承与价值创造的活动，在博物馆学习的过程中，借助于博物馆所提供的一个开放而充满对话的文化环境，观众在其中思考自身处境并进行文化沟通，学习理解历史、文化、艺术作品中所蕴含的丰富意义，博物馆扮演着知识转化的中介角色，增进观众的审美素养。博物馆学习的阐释与理解是一个不断沟通及交换意义的过程和循环。通过阐释的博物馆学习使观众得到完美的艺术经验、获得艺术与社会审美趣味。博物馆将艺术文化的价值让全民共享并在其中创造出现代生活的意义。

今天我们已经逐渐培养出有批判能力且能够发问的观众，在博物馆中如何更好地阐释展品或艺术品，让观众在其中学习文化丰富多样的意义，如何体验审美，如何阐释、沟通视觉文化，如何通过博物馆把审美素养与中华艺术精神融会贯通，建构具有中国经验和中国气派的当代博物馆美学，已成为博物馆的新挑战，也是博物馆教育工作者最重要的使命与任务。

参考文献

[1] 腾守尧．审美心理概述［M］．成都：四川人民出版社，1998.
[2] 严建强．博物馆的理论与实践［M］．杭州：浙江教育出版社，1998.
[3] 黄其洪．伽达默尔论艺术［M］．吉林：吉林美术出版社，2007.
[4] 吴国淳．理解与诠释：观众与博物馆学习研究［M］．台北：台湾历史博物馆，2005.
[5] 拉尔夫·史密斯．艺术感觉与美育［M］．成都：四川人民出版社，2000.
[6] 阿瑟·丹托．艺术的终结［M］．南京：江苏人民出版社，2001.
[7] 王宏钧．中国博物馆学基础［M］．上海：上海古籍出版社，2001.
[8] 王业伟．伽达默尔现代性思想研究［M］．北京：中央民族大学出版社，2010.

（作者单位：美术学院）

以植物分类学学科发展为主线的民族高校植物分类学教学模式探索

——以中央民族大学为例

刘 博 薛 堃 周宜君 彭 羽 杨 林

植物分类学是一门对植物类群进行分门别类，并探讨各类群间系统进化与亲缘地理关系的基础性学科。该学科作为植物学的重要组成部分，是生物类及农林专业（包括生物科学、林学、草业科学、作物学等专业）的必修课程之一。学习植物分类学知识，有利于对野生植物资源的认识与开发，也有利于对生物多样性和环境保护的进一步理解。① 但是，它内容复杂、知识枯燥、形式单调，因而在学生中流传着“分类、分类，越分越累”的说法。成了一门教师厌教，学生厌学的老大难科目。②

植物分类学的学习，很大程度上是一个不断积累经验的过程，具有明显的实践性、季节性、地方性，尤其是具迟效性等特点。③ 然而，目前植物分类学教学普遍存在较多问题，如教学内容、教学方法和手段、实践教学及考核方法方面都存在一些弊端，因此，笔者自植物分类学课程上进行了一系列教学改革，以期达到更好的教学效果。④

一、植物分类学教学的现存问题

（一）教学内容陈旧繁多，教学方式单一

植物分类学教学的内容不能适应创新人才培养需要。传统的实践教学

---

① 郭微，胡秀，刘念，等．植物分类学课程教学改革实践与探索［J］．安徽农业科学，2013，41（17）：2793-2794.

② 周繇．植物分类学教学改革初探［J］．生物学杂志，2002（04）：43-44.

③ 廖亮．植物分类学教学改革及实践中的几点做法［J］．生物学通报，1996，31（12）：1.

④ 郭微，胡秀，刘念，等．植物分类学课程教学改革实践与探索［J］．安徽农业科学，2013，41（17）：2793-2794.

内容陈旧、缺乏创新，加上我国地域辽阔，气候类型多样，地形条件复杂，孕育着丰富的植物资源。植物种类繁多，难记易忘。① 这在很大程度上加重了学生的学习任务。教科书地域性很强，一般与主要作者所属单位所在区域植物介绍较多，有所侧重。例如，华东师范大学编著的《植物分类学》课本主要编排以华东地区常见植物为主，列举了樟树、水杉、桂花、蜡梅、重阳木等当地常见植物，而我们在北京使用过程中就较难以应用到校园植物实践与华北地区野外植物实践当中。

（二）传统填鸭式的教学模式

这种教学模式是以教师为主体，多表现为老师“满堂灌”和“学生反复问、老师重复答”的特点。② 这样的教学方法没有发挥学生作为教学主体的积极作用，不能培养学生的自主学习能力和独立工作能力，其教学效果较差，缺乏思考性和启发性。植物分类学的内容涉及自 1753 年林奈时代以来至达尔文、拉马克、孟德尔等的历史过程及常说的比较分析精典的植物系统，如恩格勒（Engler）系统、哈钦松（Hutchinson）系统、克朗奎斯特（Cronquist）系统、塔赫他间（Takhtanjan）系统、Angiosperm Phylogeny Group（APG）系统等著名被子植物分类系统的要点、理论依据和应用情况多需要讲授，科属种级别包括形态描述、生态地理及物候期等均需要讲授给大家。所以一些教师习惯性地应用老系统教学，将植物分类学讲成一门近 270 年来发展历史和客观研究事实重复的学科，而与 1990 年以来近现代相关的新内容相连不足。这也使得学生只能被动听讲，而没有主动思索的能力，成为一门“历史课”或“地理课”。

（三）学生学习的积极性不高

植物分类学的学习内容繁杂，需要记忆的知识内容量大且零碎。不少同学对这门课的重要性认识不足，再加上部分同学植物学理论基础课知识不扎实以及教师上课方式单一乏味等诸多因素，从而导致不少学生学习的积极性不高，采取消极应付和敷衍了事态度对待，致使教学质量不高。加之植物分类学属于植物学课程的衍生，一般是在必修课之后作为专业选修课的形式出现，因此学生重视度不够。如果在选修课内容中有大量识记内

---

① 徐永福．《观赏植物学》实践教学改革与实践［J］．职业教育研究，2012（01）：133-134.

② 赵宏，韩晓弟．植物学野外实习立体教学模型的构建［J］．实验室研究与探索，2007，26（04）：129-131.

容的话，学生的积极性很难提高，反而会影响相关的学习效果。

（四）考核制度不够完善

实践教学成绩的考核以卷面理论考试为主，忽视实践技能考查，未能对一名学生的总体学习效果作出全面的、客观的正确评价。① 传统的考核方式容易造成学生平时的学习不够投入，仅靠期末的临时突击，对知识的掌握并不牢靠，容易遗忘，不利于学生知识的掌握与积累。对于此种积累性学科，对自然的认知和“踩在巨人肩膀”的继承性学习，能够活学巧用，更好地理解；而对校园至家乡至全中国乃至全世界各种生态系统区域植物、系统的认知与进化关系的理解，成为难以设计的考核。如果使用传统考核方式，会与我们想达到的通识教育的效果背道而驰。

二、植物分类学教学环节的设计与实践

（一）课程理论知识学习

植物分类学在我校为专业选修课，课程为36学时，课程要求了解并掌握植物分类学的基本原理和方法，掌握植物各重要类群的形态特征，理解其间的亲缘关系和进化线索，识别和鉴定重要的观赏植物、药用植物、用材植物、珍稀植物等，为植物生态学、植物资源学、植物系统与进化、保护生物学、植物遗传学、植被生态学、民族植物学等课程及今后从事相关工作奠定基础。该课程的课程目标如下：

第一，掌握植物分类学的概念、基本原理和方法，明确植物分类学的科学和应用意义。

第二，掌握种子植物主要分类系统的主要观点；传统分类系统与近现代分类系统的重要区别，以及分子生物学技术在现代植物分类学的应用场景及其优势劣势。

第三，掌握种子植物重要科（50个左右/据APG IV系统世界共416科②）的分类特征，明确其分类地位及经济、文化和生态价值。

---

① 郑玲，唐琳．植物类课程实践教学改革初探［J］．赤峰学院学报（自然科学版），2012（11）：233-234.

② The Angiosperm Phylogeny Group.(2016). An update of the angiosperm phylogeny group classification for the orders and families of flowering plants: apg iv. Botanical Journal of the Linnean Society, 181: 1-20.

第四，掌握植物标本的采集、制作技术和植物绘图基本技术，学会利用工具书鉴定植物，识别200~300种常见植物。

第五，了解植物分类学的发展动态及关于植物起源的学术观点。

相比传统知识的大量灌输与填充，我们在植物分类学的教学改革中，采取比较形态解剖的学习，变动教材部分内容的先后顺序。植物的生长发育具有明显的季节性，结合植物的开花时节，调整内容的讲授顺序，使上课时间与植物生长季节相吻合。不仅学生能用新鲜的花做实验，而且教师也能用开着花的植物进行授课，大大激发了学生学习的兴趣。

（二）课程见习

课程见习是学生的必修实践环节，教学方式是以教师为主导，为学生讲述相关的知识。对于植物学来说，课程见习是将植物学理论知识与其真实状态结合起来，使学生全面认识自然。目前，我们开展的课程见习主要包括校园植物的识别、国家植物园的植物认知和北京花卉大观园的参观三部分。通过设立的植物学课程见习，可以实现了解北京常见园林绿化观赏植物、北京地区野生植物、温室栽培热带和沙漠引种植物、现代植物组培技术等，综合掌握生物学野外基本工作方法的一种实践教学形式，同时为驻地实习奠定基础的教学目标。

1. 常见北方户外栽培植物识别（校园植物实习）

中央民族大学是一所有71年历史的老校，校园内植物种类繁多，是学生进行课程见习最佳场所之一，校园中有200余种植物，一年四季均可以观察学习。学生在教师的指导下，加深对校园植物的认识。校园的美化用到了多种植物，教师在校园中为学生讲解主要栽培及野生植物种类的组成，同时介绍一些植物拉丁名知识、园艺配置知识和植物防虫知识。要求学生了解常见校园植物种和科的识别特征，并对绿化树种和观赏花卉进行归类。学生认识了身边的植物种类，增加了他们的专业自信心，认知植物物种的兴趣倍增，并渴望有进一步的深入学习。

2. 国家植物园的植物认知

国家植物园引种的物种繁多，目前引种种植有6000余种三北地区的户外植物及来自中国中南部及世界各地的植物，建有温室与沙生植物室，是学生认识各类植物的理想场所。在国家植物园，教师为学生讲解北方春季户外常见的植物及国家植物园引种栽培于户外的植物，对一些分类学的术语，如叶形、蝶形花冠、子房数目和毛被情况等形态特征进行现场观察与讲解。要求学生应用植物学的基本研究方法，用植物学术语描述植物的基本特征，以及通过查阅中国高等植物科属检索表、中国高等植物图鉴、北京植物志等工具书及有关文献和中国虚拟植物标本馆等网络资源，对部分物种及种下等级做出正确的鉴定。户外学习常见植物种的调查与认知，进一步巩固学生的认知兴趣和能力。

3. 参观北京花卉大观园

北京花卉大观园种植了很多热带和亚热带植物，而且具有现代生物技术应用植物培养的展示。在花卉大观园，教师给学生讲解温室栽植的热带和亚热带常见植物的种类、植物分科系统及其系统与进化基本知识，同时参观组织培养技术车间和无土栽培等现代植物繁殖科学技术，不仅使学生对植物的亲缘关系和进化水平有了初步的认识，也亲身感受到现代生物技术在植物学领域中的应用。

传统的教学模式，只有校园植物的介绍，而在我们的教学改革中增加了国家植物园和大观园植物认知。作为民族院校，我们有许多来自中国各地少数民族地区的同学，在植物园户外及温室看到了许多家乡观赏或药用植物，增加了其学习的兴趣。

4. 课程见习的效果与改革建议

课程见习密切与课程相结合，是一种在植物生长的实地进行植物学教学的方式，课程见习的实施为学生学习植物学知识和研究方法提供了实践平台，有效激发了学生的学习兴趣。目前，传统的植物学课程见习中，教师往往作为整个过程的主导。当遇到一个植物的时候，教师会将与该物种相关的信息详尽讲授给学生。这样一次大量的知识灌输，不利于学生的理解和记忆，也降低了野外实习理论与实践结合的目的。使得部分学生忙于记录笔记，没有时间通过观察植物来总结记忆。

为此在我们的课程见习教学中，采取互动学习，循环递进的教学模式。在教师讲解植物前，需要学生仔细观察植物的根、茎、叶、花及植物气味，根据课堂上学习的有关种和科的识别特征来判断该植物的科属。对于植物的介绍，先简要介绍植物的名称、别名及该植物的一些主要的用途，不做过多的叙述。在行进过程中若再遇到相同的植物时，采取提问的形式让学生回忆之前的讲解，并在此基础上进一步介绍，如植物生境、花期、分布地点、原产地等较为次要的信息。对于民族高校的学生特点，需要强调介绍一些植物在民族药物和民族文化中的应用。在教学中融入民族知识能够加强学生对民族文化的了解，可以运用其所学的民族植物学学科相关的调查方法及知识，同时也可以增强民族学生对本民族文化的认知。

（三）课程实践

1. 校园植物认知

（1）研究内容

认知校园中常见的30种植物的科、属、种、科拉丁名、属拉丁名、种拉丁名，选一种并使用各种植物分类学工具和网站进行分析。

（2）研究方法

① 分类学工具网站：CFH，CVH，PPBC，TPL，HUH，APG等。

② *Flora of China*（FOC），《中国植物志》志书查阅，介绍亲缘物种并讨论亲缘关系。

③ 使用TROPICOS，IPNI，COL查阅植物名称最早发表年代及原始文献，分析名称的历年收录情况。

④ 拍摄及查阅植物精细解剖图，对照FOC标记植物的花果实的各个器官的位置。包括雄蕊、花柱、距、托叶、花盘等。

⑤ 利用TROPICOS，CVH，GBIF查阅世界标本分布信息，并进行坐标化，使用DIVA-GIS软件分布区制图及未来潜在分布区ECOCROP模型预测，为物种分布及保护提供依据。

传统的教育模式多以知识的死记硬背为主，是掌握和识记多少科特征等，现在通过课程实践，校园植物编码等方式，让大家以积极主动的方式去测量、观察、查阅植物志并且看植物等能进一步培养学生的实践能力，同时通过植物解剖特征的观察与总结也能加深学生对植物的认识能力。

2. 利用经典与现代手段讨论物种的系统与进化

（1）研究内容

通过形态性状、数值分类和分子系统学的几种方法，对校园中观察到的30种植物进行性状描述、记录、编码及分析，评判1753年后29个植物分类学系统的优劣。将30种植物从目录世界公认的APG IV中获取其系统位置作为正确答案，然后对比形态、数值、分子、综合四个自己做的系统树后，分析不同方法处理的优劣。如果使用非加权法做数值分类学研究有加分。

（2）研究方法

① 经典分类学（1753年林奈时代）。通过作业一获得的30种植物列表，结合26个植物形态性状的原始与进化特征表，观察校园植物形态特征约25~30项，结合植物志书分析植物的亲缘关系，并手绘出形态进化树。

② 数值分类学（1800年亚当森时代）。对校园形态观察的植物的25~30个分类学可操作单元（OTU）进行编码，按照原始到进化的顺序编码，

分别有二项性状、数量性状、多态性状（有序、无序），然后使用 SPSS 实现聚类分析。

③ 基于分子生物学的系统进化树的构建。从 GENEBANK 中选取 30 个物种的一个核基因碱基序列和一个叶绿体片段碱基序列并下载。然后建树。使用 MEGA6.0 软件，NJ 法或 ML 法，单独建一个 ITS 树，单独建一个叶绿体片段的树，然后再连接两个片段建树。对比其不同点。

传统的植物学教学只有形态学的教授，现在通过 APG IV 系统在分子生物学层次上，让大家更加深了解植物科之间的进化关系，能够更好地对植物进行分类。同时在实践的构成中了解各大植物学相关网站的使用，这对学生也有很大的帮助。

3. 鉴定植物与制作标本

① 学习植物采集方法，在校园中采集一种乔木或灌木，一种草本植物。从标本中选取阿拉善西北植物一种，从标本馆中选取南方植物一种。学习使用 GPS 和手机 GPS 模块，在采集时定位。

② 学习标签打印方法，使用 Microsoft ACCESS 录入采集签和鉴定签，然后使用报表功能设计采集签和鉴定签。

③ 学习使用 CVH 等相关网站获取地区植物志书电子版本。

④ 学习植物中文名和学名输入方法，使用拼音加加或五笔加加导入植物分类学整理好的词库，然后输入照片名称，再在鉴定签上定名。

这也是传统教学中没有的，通过这一实践，学生进行标本馆的参观与植物形态比较，也学习了植物分类学工具书的使用，对其日后的相关学习及野外实习都有很大的帮助。

（四）多元的考核方式

传统的考核方式多以期末闭卷考试为主，平时和期中占很小的比例。这样的方式不利于学生平时的学习和积累，也不利于调动学生平时学习的积极主动性。所以，在植物分类学这门课上，笔者采用创新的考核方式，以达到调动学生学习的主动性和积极性，并帮助学生将理论与实际紧密结合。具体考核方式如下：

① 期中作业一：20 分。

② 期中作业二：30 分。

公开展示讨论自己的期中作业二内容者适当加 3~8 分，台下提问切中要点的同学加 1~3 分。

③ 期中作业三：10 分。

④ 平时成绩：10 分。

⑤ 期末考试：25 分。

⑥ 期末植物认知考试：5 分。

通过这样多元的考核方式，很好地督促学生平时课程的学习和知识的积累。并且，学生通过完成课程大作业知道了当前该学科的国际主流网站，并学会了日后学习常用的很多实用技术。在这个过程中，学生的自主学习能力和实践能力得到了很大的提高，独立思考问题的能力也得到了很大的提升。同时，这样的多元的考核方式全面考查了学生对知识的掌握和运用的情况，较为客观和公正。

（五）课程结束后期扩展

1. 协助教师科研项目

冯金朝老师的项目沙冬青及伴生植物的后期需要了解相关植物的亲缘关系，由选课的同学徐煖银帮忙从 GeneBank 下载相应的基因片段，然后进行系统进化树的构建，为冯老师的项目提供了一定的系统进化支持。

龙春林老师的项目西南地区民族植物学需要了解广西云南的藤黄属植物的标本数据及预测其潜在适生区域，由选课的同学金爱玲帮忙从 GBIF、CVH、SCU、TROPICOS 等网站进行下载标本数据，并使用 Diva-GIS 基于 WorldClimate 数据进行模拟，该内容已经被 SCI 期刊 Economic Botany 接收。

刘博老师的科研项目山矾科分类研究，需要了解山矾科的濒危状况，由选课的李润富同学带领丁加晴、雷小英同学帮忙从 GBIF、CVH、SCU、TROPICOS 等网站进行下载标本数据，并使用 Diva-GIS 基于 WorldClimate 数据进行模拟。为其濒危植物的占有面积 AOO，分布区 EOO 及濒危趋势提供依据。

2. 开设民族植物学等相关课程

在植物分类学的后期，开设了民族植物学、民族生态学、植物资源学、保护生物学等课程作为后续课程。

民族植物学课程是民族高校开设的特色课程，不仅体现学校的办学特色，也是教师的科学研究成果应用于教学的事例。民族植物学从人类与植物的关系入手，系统介绍民族植物学的研究方法。课程作业要求学生以小组为单位，各选定一个少数民族，通过查阅其与植物的关系的相关文献来做课堂汇报总结，如彝族食用植物、侗族染色植物、藏族药用植物等。该课程的学习为学生今后在民族地区进行实习、调查研究民族地区生物多样性状况提供了研究案例和研究方法的指导。

植物资源学中重点介绍植物的用途，包括药用植物、食用植物、观赏植物、纤维植物等，介绍资源植物中有用物质的特性、形成、积累和转化的规律及开发利用现状。学生可在课程学习过程中对资源植物有初步的了解，巩固其在植物分类学课程上学习的内容。

3. 本科生科研训练项目

学校为本科生设立研究训练项目有三类，即国家大学生创新训练计划（GCCX）、北京市大学生科学研究与创业行动计划（BEIJ）和学校本科生研究训练计划（URTP）项目。学生组队申请，获批后便有一定资金资助，并在一年内完成。生物科学类专业学生由于有了植物分类学等的基础，在申请项目时，许多小组申请了相关领域的课题，如狭苞橐吾的组培方法、贵州粗毛淫羊藿多糖成分的提取、广西靖西端午药市的壮药调查编目等，部分项目的实验材料和研究方法均为其在野外实习过程中所习所得。

学生做其他项目时，植物分类学的基础学习和实践为其独立完成植物的认知和检索鉴定奠定了扎实的基础。例如：北京市交通干道两旁绿化带对 PM_{10} 的削减作用及其植被优化配置研究——以海淀区中关村南大街为例；内蒙古和林格尔灌丛化草原不同生态恢复阶段优势植物物种生物学特征的高光谱遥感分析；不同地区药用植物重金属元素含量的测定与评价等。这些项目均需要项目成员具有一定的植物学基础来完成，而野外实习过程中已经为其独立完成植物的采集、识别、鉴定提供了良好的知识储备。

在项目申请、答辩、进行及结题过程中，学生在自己的研究方向上获得了积累，也产生了深厚的兴趣，因此部分学生确定了其继续深造的方向，保送或考取了民族植物学、生物多样性与民族传统知识、民族医药等方面的研究生，所选择攻读的专业方向的研究生皆有可能成为民族地区经济发展、生物多样性与民族传统知识保护服务的高级专业人才。

4. 参加暑期社会实践

暑期时间较长，是开展社会实践活动的最佳时间。社会实践是学生的必修实践环节，学生可以根据自己关心的问题和兴趣选择课题、选择实习地点，完成社会实践。植物分类学的学习为学生提供了理论基础。作为民族类院校，我们的许多同学来自少数民族地区，对植物的学名、传统名称、植物生长区域的气候条件、保护等都非常感兴趣。因此，不仅鼓励大家申报 URTP 项目，同时布置课下作业查阅家乡当地的植物图谱、经济资源植物相关书籍等。一些学生选择在少数民族地区开展植物资源调查和民族植物学研究，如云南各少数民族食花文化的调查、广西环江县壮族与毛南族对同种药用植物不同用法的调查、宁夏回族自治区药物使用现状的调查和贵州布依族五色饭色素来源的研究等。在暑期社会实践项目完成过程中，学生不仅充分运用了植物分类学中所学到的植物学基本知识，还使用了民族植物学、资源生物学课程中的研究思路和方法，提高了自己的科研能力。另外，调查研究民族地区生物多样性状况，不仅为民族地区生态环境建设和资源利用服务，且使学生深刻体验了文化的价值取向及保护生物多样性的重要意义，培养了学生为少数民族地区自然保护和社会发展服务的社会责任感和使命感。

（六）课程总体评价

1. 学生对课程及课程之间关系的讨论

① 植物分类学主要对之前学过的植物学有帮助。之前学习时对许多植物的结构和功能的进化没有特别的概念，只是死记硬背，通过植物分类学课程专门去进行了实地调查学习，课后作业进行了查阅世界广泛的标本数据，并进行了分布区的制图及潜在分布区的预测。这样更加了解了植物进化的过程和植物之前的相互关系；对于整个思路的构架有很好的启示作用。

② 植物分类学对于环境地学有帮助。在学习了 GIS 软件的操作方法并制图后，这门技术在后来的课程中也进行了实践，对于方法更加熟悉和得心应手。

③ 植物分类学对于生活中的科普有帮助。在大量学习使用了国际主流网站后，对国内外 TROPICOS、IPNI、COL、TROPICOS、CVH、GBIF 网站的熟悉，更加了解了主要学科的发展方向和各方面的资源。学会了制作标本，使用 ACCESS 数据库匹配学名、地标并制作标签报表。

④ 植物分类学对于生物专业综合实习有帮助。生态班同学在选修相关课程后，对植物分类学知识更加熟悉，因此在暑期实习中，植物学方面实习相比于未选课的同学来说，不是机械地去记相关的植物的科属种及进化关系。通过系统训练其具备了对比相关植物亲缘关系的能力，并且对植物形态与环境因子之间的关系有了更好的了解，如陈奕竹同学的小课题做菊科植物的分类学研究就具备一定的科研水平，有良好的科研锻炼作用。

2. 学生匿名评价

① 我觉得挺好的，过程很磨人，但是收获了不错的分数，大家都很开心。

② 上课内容很丰富，作业多但是学到不少东西。

③ 这感觉是真真实实上了一学期的课，收获还蛮多。

④ 一学期下来，的确学到的东西很多，比起考前熬夜复习，自己查资料学习的效果更好，我们的成绩也更有保障，虽然挺累挺麻烦，但收获很多。

⑤ 虽然感觉收获很多，但是如果每门课都这样开，会占用很多空余时间，会对想往其他方向发展的同学不利，发展兴趣的时间也少很多。

⑥ 我觉得平常占一些比重给分比较好，而且也能学到东西，但是相对比重不可过大，内容不能太多，可以在内容和分值上调节一下。

⑦ 期中作业较为复杂，期末考试题库略多，整体性价比不错。

⑧ 觉得相对其他课程比较合理，否定了应试教育的考试方式，一考定乾坤。能够从平时学习表现中去考查学生的学习能力和态度。使学生快乐学习，学习快乐。

目前，已经构建并具体实施的植物分类学教学模式如图 1 所示。

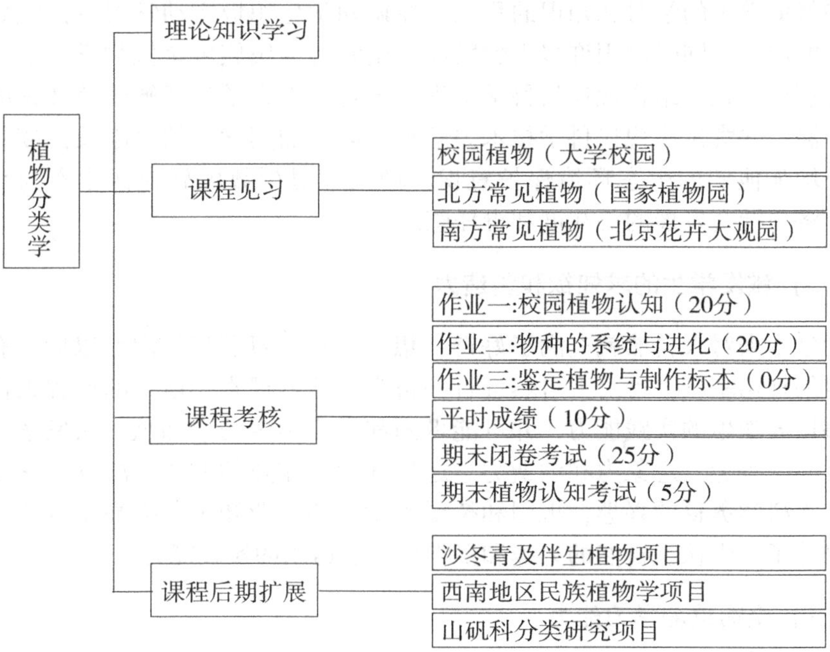

图 1　植物分类学教学模式流程

三、民族高校植物分类学教学改革的实践与思考

总结多年的植物分类学的教学经验，不断充实和完善植物分类学教学内容，深化教育改革，开展植物分类学教学模式的探索与实践对于培养学生的学习能力和实践能力是十分必要的。[①] 对于民族高校来说，将创新的课堂教学与民族高校的人才培养相结合，关注少数民族学生的特点和为少数民族地区服务的特殊性，不仅需要让学生具有扎实的专业知识，更需要具备研究和解决少数民族地区生态环境问题的实践能力，这种教学模式的开展符合学校的办学特色和人才培养目标，已获得较好的成效。

（一）全面掌握知识与学习兴趣的提升

利用创新的教学模式，由浅入深、由普通到特殊、由理论到应用的循序渐进的教学安排，符合学生认知的基本规律。创新的考核体系，更好地推动和督促学生的学习和知识的积累。在调动学生积极主动学习方面收到了很大的成效。同时利用许多少数民族学生掌握的民族传统植物学知识及其传统利用方式，结合现代的科学知识的学习，教育学生了解传统知识的科学内涵，并尝试用现代科学技术去解释，以增加其学习的兴趣及民族自豪感及增强他们的生态环境保护意识，增强了对少数民族地区生态与环境、经济与社会发展的关注度和责任感。

（二）激发学生的求知欲和创造力

学生本来对大自然就充满了好奇与想象，在学习了相关课程以后，有了一定的理论基础，可对大自然进行一番尝试性的探索。适当的课程大作业能够培养学生的实践能力，并可能巩固和强化学生的求知欲，激发学生的好奇心、兴趣、想象力和创造力。通过其中大作业的方式，激发了学生探索生物科学奥秘的兴趣，巩固和拓展了学生的专业知识，提高了专业技能，培养了学生认识自然的兴趣和多学科综合运用的实践能力。

（三）全面培养学习能力

在本教学模式的植物分类学教学过程中，学生从最初的以教师为主体

---

① 赵宏，韩晓弟．植物学野外实习立体教学模型的构建［J］．实验室研究与探索，2007，26（04）：129-131.

的课程学习，到校园实习和课程见习逐步地参与并与教师互动，学生动手动脑、手脑并用，最后学生完成课堂大作业并进行作业展示，以学生为主体开展活动，一步步地由被动学习到主动参与，既应用了已掌握的知识，又促进了思维力、理解力和创造力的培养。特别是在科学研究方法和科技报告的写作训练方面，使他们在低年级就能得到很好的锻炼，并有多名学生自主申请并完成了学校本科学生研究训练项目和社会调查实践项目，也为今后撰写毕业论文打下了坚实的基础。学生的实践能力和创新能力显著提高。

在植物分类学的改革中，我们从教育内容、教育方式、教学实践和教学的考核方式等多个方面进行了全面深入的改革，并取得了很不错的成效。随着实践教学改革的深化，我们会在此基础上进一步充实和完善植物分类学教学内容，为构建科学的实践教学体系服务，为今后的学习、科研和工作夯实基础。

参考文献

[1] 郭微，胡秀，刘念，等．植物分类学课程教学改革实践与探索［J］．安徽农业科学，2013，41（17）：2793-2794.

[2] 周繇．植物分类学教学改革初探［J］．生物学杂志，2002（04）：43-44.

[3] 廖亮．植物分类学教学改革及实践中的几点做法［J］．生物学通报，1996，31（12）：1.

[4] 徐永福．《观赏植物学》实践教学改革与实践［J］．职业教育研究，2012（01）：133-134.

[5] 赵宏，韩晓弟．植物学野外实习立体教学模型的构建［J］．实验室研究与探索，2007，26（04）：129-131.

[6] 郑玲，唐琳．植物类课程实践教学改革初探［J］．赤峰学院学报（自然科学版），2012（11）：233-234.

[7] The Angiosperm Phylogeny Group.(2016). An update of the angiosperm phylogeny group classification for the orders and families of flowering plants: apg iv. Botanical Journal of the Linnean Society, 181: 1-20.

（作者单位：生命与环境科学学院）

转型与重构：新时期民族高校藏文文法教学新范式研究[①]

达瓦卓玛

范式（Paradigm）是由美国著名科学哲学家托马斯·库恩（Thomas Kuhn）提出的[②]，之后关于它的相关理论在《科学革命的结构》一书中做了系统阐述，主要指在开展科学研究和建立科学体系中某一科学领域的研究群体共同遵循的世界观、行为方式及共同的基本模式和结构[③]，而这一理论与教育研究相结合，就形成了教育教学范式。教学范式是教育学的研究范畴，对于教育工作者从不同时期凝练形成的教学范式中，继承顺应时代发展的教学范式，改革不适应于现代教育发展的教学范式，是21世纪信息技术突飞猛进时代给教育工作者提出的新要求。在信息科学技术和人工智能发展的新时代背景下，面对极具多样化、低价值、高速度、海量信息的发展，教育体系中的教学体裁、内容、形式、媒介都呈现多样化，利用图片、音视频、动画、虚拟场景等设置的教学内容及资源更加丰富多彩，教学效果更加直观有效。因此，各民族院校的专业基础课程要想紧跟教育现代化发展的步伐，就需重新审时度势，摒弃传统教育教学中老旧的教学范式，转型升级，构建创新型的符合现代社会教育发展需求的语法教学新范式。鉴于此，文章结合语言学教学理论及研究方法，首先，回溯了各民族院校传统藏文文法教学范式的发展现状；其次，从教学方法和教学内容提出了传统文法教学范式存在的问题；再次，从教学对象、教学环境和教学要素三方面论述构建新型教学范式的理据性；最后，从教学内容、教学方法等方面提出了构建新型的、具有时代特征的藏文文法教学新范式。

---

① 本文为中央民族大学本科教学改革创新项目 CX2102 的阶段性成果。

② 杨睿娜．大数据时代高校教学新范式［J］．信息与电脑，2019（15）：231.

③ 托马斯·库恩．科学革命的结构［M］．金吾伦，胡新和，译．北京：北京大学出版社，2012：46.

一、各民族院校传统藏文文法教学范式发展现状

藏文文法课程是各民族院校藏语言文学专业的基础课程，与古代藏语、现代藏语、藏语方言概论及与院系开设的其他各门专业课程之间具有密切的联系，被称为藏学入门之学。该课程是藏语言文学专业的主干课程之一，课程设置的目标是综合培养学生的藏语言及文字的表达、运用、翻译和写作能力。自各民族院校开设藏文文法课程以来，藏族传统文法的教学范式历经了三个发展阶段。

第一个阶段是按传统文法授课，没有现代语言学理论的封闭式教学内容。这是最初的传统文法教学范式，教师选用历代较有影响力的《三十颂》和《字性组织法》① 注解版的文法著作，如《司都文法详解》② 和《札得文法》③ 等。传统教学方法是教师先背诵文法口诀，然后教师从格和虚词、前加字和后加字、基字的字性分类等依次讲解语法构造和结构功能，或者补充讲解历代各个传统语法学派就某一个文法问题和现象的不同观点。因受藏族传统教育的影响，先注重“背诵”文法口诀，再循序渐进地深入理解文法内容，而这一教学方法违背了语言文法学习的自然规律，未能收到良好的教学效果。

第二阶段是在传统文法讲解的基础上，引进介绍了部分国内外文法（语言学）的内容。但从教学过程来看，教师是先讲授传统文法，其次讲授国内外部分语法方面的理论及介绍国外各个语法学派的观点。相较于第一阶段，第二阶段似乎有所进步，但整个教学过程是先讲授传统文法理论，后讲授现代语言理论，中间缺少衔接点，呈断裂模式，学生无法更好地融合理解。比如，教师在教授语言学概论课程时，其使用的教材例子均为汉语，而未用书面藏文或藏语口语举的例子，即使在讲解某一文法理论时偶尔会用藏语语法理论来解析，但是对于初入大学的学生而言，难以将二者结合融会贯通。更为严重的是西方的一些语法理论无法适用和解析藏语的语法现象，而我们经常在文法教学的课堂或教材中

---

① 公元7世纪吞弥·桑布扎著。藏族传统文法学者认为它是藏文文法最早、最经典的论著，后世传统藏文文法著作相当部分都是对此文法的注释。该文法为偈颂体，短小精悍，通常无单行本。

② 嘎玛司都．司都文法详解（藏文）[M]．西宁：青海民族出版社，1987.

③ 札得·仁钦端智．札得文法（藏文）[M]．西宁：青海民族出版社，2009.

注意到，在解析藏语的某一语法现象时生搬硬套西方的语法理论，这对母语为藏语的大学生在理解语法现象时产生含糊不清，弃本转专的想法。并且，从现代语言学这一学科而言，有些语言现象的语法理论和观点至今学界未达成共识，莫衷一是。对于本科生而言，是打基础牢固知识体系的阶段，如将争论较多的学科问题灌输给学生，将对学生的学习动力及巩固形成完整的知识体系方面造成一定的负面影响。这一阶段在具体的教学方法及教学设计上，虽以讲授法和多媒体相结合的方法为主，但学生处于被动灌输式的状态。

第三阶段是在译介国内外最新语言学理论的基础上，通过学习和研究，结合现代文法理论开展对传统藏文文法研究的探究式阶段。这一阶段的教学范式教师能够基于藏族传统文法，从现当代语言学的理论进行诠释传统藏文文法的理论，并且对西方语言学的理论掌握得较为透彻，能够意识到自身不足而需加以扩充发展的要求。但这一阶段还在初步试用探析阶段，即处在研究型阶段，尚未形成统一固定的模式。这一阶段教学法转向以学生为中心，教师为辅，采用讨论、小组合作探究的形式，运用多媒体拓展学生对复杂的语法难点的解析，如将抽象的语法问题具体以图片、动画、声音等较为多样化的形式呈现。让学生对于某一语法理论和社会语言的热点问题，以做报告或演讲的形式来提升教学效果及质量。此外，因各民族高校的藏语言文学专业紧缺既受过传统文法教育的熏陶又系统接受过现代语言学理论训练的专职教师，学生即使对藏语言学专业感兴趣，因各院系课程及学科设置问题，无法系统接受这一专业的系统教育，到硕士和博士教学阶段学生都以自学或旁听其他院系开设的相关课程为主。目前，在国家倡导建立“世界一流大学”和“一流学科”的背景下，各院校学科及专业体系也在改革完善中。

纵观以上藏族传统文法的教学历程的三个阶段，我们可以归纳各民族院校文法教学的现状普遍处于第一阶段和第二阶段，第三阶段各院系还处于“萌芽、试用、探析”阶段，即处于专家语法研究阶段，只适用于研究型的语法书，还未形成能够用于本科课堂教学。采用的教学方法主要从最初以教师“灌输式”的讲授为主导，学生被动接受，转向以“学生”为主导，教师“辅导”引领的讲授，再就当下社会语言热点问题以小组形式分组讨论，合作汇报探究的教学形式。

二、藏族传统文法教学范式存在的问题

从各民族高校开设教育课程系统的发展历史管窥，藏文文法课程是培养藏学专业复合型人才的关键基石，已形成较为固定的教学范式，但这一传统教学范式在提倡发展教育现代化，培养复合型专门人才的21世纪大数据时代，无论从教学方法、教学内容、教学过程设计方面考量，存在诸多不适应于现今大数据时代背景下教育发展需求的问题。现从教学方式和教学内容方面阐述传统文法教学范式存在的问题。

（一）传统藏文文法教学方法的缺陷性

教学方法是为了实现教学目的和教学任务、师生之间共同完成教学内容的手段，也是获得良好教学效果的重要因素之一。各民族院校在传统文法教学方法方面存在以下几个问题。

1. 缺乏多元灵活的教学法

“讲授法”仍是现在藏文文法课堂所采取的主要教学方法，其注重“教师讲、学生听”的灌输式的讲授，整个课堂均以“教师”为中心，学生很少参与教学过程。教师囿于传统的文法理论，而无法跳跃其中延伸教学知识，拓宽文法教学空间。学生也没能自主探索新的学习方法，学生的主体地位无法凸显，习惯尊崇“唯师”的学习理念，即认为书本及教师传授的即为“真理”，缺乏独立思考及创新能力。

2. 缺乏创新型的教学理念

传统文法教学是先提出文法规则，然后再运用规则去解析实际的语文问题，而根据现实的语言问题中总结提炼语法规则的较少。传统文法教学注重文法知识理论的传授，尤其是背诵“文法口诀”，而对学习文法的最终目标即运用理论去指导语言实践的关注较少。教师以“填鸭式”的灌输知识，完成课堂知识传输的教学任务即可，学生的注意力也集中在文法知识的背诵。这一教学方式对提高学生的文法分析和知识的运用能力方面收效甚微，未能达到最初教学目标。

3. 缺乏教学环节的设计

文法教学历来被认为是一门“枯燥乏味”的课程，教学环节的设计是整个课堂是否能够取得良好教学效果的关键点，而现有的文法教学缺乏教学环节的设计，多媒体的教学虽已运用到文法课堂，但在具体教学设计过程中只配备了图像或文本，表现形式单一，整个教学内容及过程缺乏生动

性和趣味性，师生缺少互动，尤其是年长的教师对现代多媒体的教学运用较为生疏。此外，藏文文法课程是入门之学，学生在初高中阶段已经储备以上基础知识，在大学阶段继续循序采取“讲授法”，导致课堂教学的单调枯燥乏味，使得学生对该门课程产生厌恶之心，难以提高学习兴趣，未能取得良好教学效果。

（二）传统藏文文法教学内容的局限性

第一，传统文法教学方式不结合现代语法学进行解释和说明，学生不能了解传统文法学的优点与缺点。例如，传统的文法教学内容仅注重讲解《三十颂》和《字性组织法》的内容，而对除此以外的文法现象知之甚少，以至于思维故步自封，无法逆向思考传统文法著作的优越性和局限性。藏族传统的文法理论是吞弥·桑布扎依据吐蕃王朝时期的语言情况总结而形成的语言理论，然而从现今语言学的相关理论进行逆向考证，传统的语法理论虽有其符合现代语言学理论发展的精华及科学成分，但也有其糟粕不符合现代语言发展的部分，而当前学生对传统文法的优劣成分能够进行批判思考的较少。

第二，讲授藏文文法没有与藏语方言土语密切结合，学生不能正确区分藏文与口语，从而不能书写正确的藏文。藏族传统的两部文法著作《三十颂》和《字性组织法》，主要是基于当时吐蕃王朝时期的藏语言的使用情况而创造的一部文法著作。然而，随着社会历史的发展，现存的语法理论已不适用于现今发展变化的语言。现代藏语方言中，产生了大量在传统文法中未提及的二合、三合虚词，在古藏语中，动词的三时一式以动词内部语音屈折变化来表示；而现代藏语里动词由内部屈折向黏附型方向转变，三时一式主要用后加成分和辅助动词表示，如动词“吃”，书面语里有“bzav（未来时）、za（现在时）、bzas（过去时）、zo（命令式）”。现代藏语口语中“吃”全都读“za”，动词的时态变化由添加后附语气助词“yod/yin/red”来表示，如现在时“za gin yod”、未来时“bzav rgyu yin”、过去时“bzas ba jin”等动词的时态表达方式已大量简化。以上新产生的语法现象使学生无法正确书写藏文，这类语法错误现象散见于学生的各类作业和论文中，尤其是对于零起点班的学生而言，藏文文法与藏语语法中相博弈的地方更让学生在学习文法和使用藏语进行交际时感到困惑。

第三，教材的选用不统一，不规范、不完整。一种规范的文法教材应包括既有传统文法的内容，又从现当代语言学视角全面解析语音、词汇、语法等系统知识，并配备提升语言素养和语言技能的强化综合习题的适用于本科教学的文法教材。当前，从各民族院校使用的藏文文法教材来看，各院校使用自编的文法教材，教材的选择不统一，而且适用于本科教学的文法著作较少。文法教材系统不完整，待补充完善的内容也较多，如《三十颂》只讲解虚词的用法，虚词下分为格（rnam dbye）和虚词（tshig phrad）。“格”用现代语言学的术语来说等于“介词”，而虚词等于“副词”，而藏族传统文法中对副词和介词、连词的概念较为含糊不清，没有明确的界定，如虚词“连接词”（dang sgra）既可以作副词，也可以归类到连接词。此外，对助词（结构助词、语气助词）也无系统的分类。其次，《字性组织法》主要谈及了“动词”的时态和句法意义，而对其他词类如形容词的级和名物化的关系问题，代词重叠的语义限制及特殊用法问题，动词的名物化与时态，使动和自动关系等一系列语法范畴在传统藏文文法中均未涉猎。在句法学方面，传统的文法除了按照“施受关系”（bya byed las gsum）和“能所关系”（bdag gzhan）的理论做一分析外，句子的分类和构成及定语、状语、补语的句法分析等方面都有待增补完善。此外，传统文法笼统地谈到了词法和句法。然而，在词和句子之间还有个词组，其中词组还可以分为一般词组和特殊词组。按照现代语言研究方法，根据词组之间关系可以分为主谓、并列、偏正、动宾、宾补等词组。其中，特殊词组分为术语、专名、成语、习惯语等这些语法现象在传统文法教材中涉及得较少。

三、构建新型教学范式的理据性

（一）教学对象发生了变化

藏文文法教学对象是刚入校的大一新生，根据近几年各民族院校招收的学生基本情况来看，学生基本都是在 1999 年后出生的一代，他们是伴随着互联网成长的一代，一人一台电脑一部手机就可以掌握大千世界的各种信息，几乎所有的学生都是智能化时代的用户。他们能够熟练驾驭新时代的各种新型技术设备，能够多渠道获取大量的信息知识，习惯了通过互联网获取各种信息。此外，他们是在社会快速发展的环境下成长的，追求个性化，标新立异，崇尚独立创新，注重自我表现，对传统教学“灌输式”教学范式的敢于否定、批判、思辨。他们是刚从繁重固定的教学模式中释放出来，对新生的环境产生极大的兴趣，迫切对知识的渴求，易于接受新知识、新思想，敢于挑战自我及探索创新，拥有大量的时间进行自主学习。因此，教学对象的转变对传统的教学范式及授课教师，均形成了一种挑战。对民族高校的藏文文法教学亦是如此，如果教师不改革传统的教学范式，只顾传授书本上有限的知识，远远满足不了当代大学生的求知欲。

（二）教学环境和教学要素发生了变化

随着信息技术的飞速发展，藏文文法教学环境将变得更加智能化，而高度智能化的互联网将改变学校运转的基本框架，打破固定教室、固定课本、固定教师、固定时间的教学形态。[①] 传统教师“灌输式”的知识获取方式被信息化的工具所替代，学生获取知识的方式不再局限于某一空间。此外，文法知识的供给主体不仅只有学校，还有网络教学课程等，如“学堂在线”——名校精品 MOOC 公开课中就可以免费学习由青海师范大学吉太加教授讲授的关于藏语言文字学概论课程，还有西北民族大学创建的藏语远程教育等。目前，各民族院校的课程信息化环境正在建设阶段。

基于以上因素，在大数据时代，学习藏文文法知识理论，学生可以不局限在固定的教室和书本中，可以从多渠道，超越时空的限制，可以灵活分配，自由掌握时间、地点、方式获取相关丰富的文法资源和知识建构工具，而藏族传统的文法教学（第一、第二阶段）范式已很难适应大数据时代的社会发展。鉴于此，改革传统教学范式，更新教育观念，多方举措，构建符合时代教育发展大趋势的创新型的藏文文法教学新范式显得极为重要。

四、转型重构新型的文法教学新范式

面对人工智能大数据时代的挑战，重构藏族传统文法的教学范式既是时代的呼唤，也是教学系统不断适应社会变迁的必然趋势。

（一）教学目标从“知识传授为核心”过渡到“语言分析能力素养为核心”

在信息技术突飞猛进的大数据时代，传统书本记载的知识大多已被数据化，各类学科的基础知识能够通过互联网迅速获得，学生学习资源不仅限于课堂，其能够获得海量新信息的渠道逐步多元化。例如，就某一具体

① 陈坚林，马牧青．信息化时代外语教学范式重构研究：理据与目标［J］．外语电化教学，2019：15.

的语法问题，学生可以通过互联网和其他院校建立的慕课、研究论文等数据资源获取与之相关的各种信息。因此，藏文文法教学应从“知识传授为核心”过渡到注重培养学生的“语言分析能力素养为核心”，践行以实践为中心的教学理念，切实加强语言学训练，在课堂上加大实践环节和实际分析语法能力的学时，编制大量实践练习，以提出“问题”为导向，鼓励学生自主积极思考，结合现当代语言学的理论，举实例、分析现代藏语中用词造句的规则和传统文法理论中彼此相博弈的一些虚词或文法概念的用法与理解。考虑到各个民族院校有少数的零起点班学生的实际情况，针对此类班级，讲授文法时需要以藏汉文对照的形式讲解两个语言的语法现象的不同点及疑难现象。此外，在课堂或课后多布置语言现象分析的实战演练，使得学生通过练习，掌握特殊语法现象的难点，从而提升自身语言分析能力，使藏文文法的理论研究既继承传统文法理论，又以现当代语言学理论为指导，实现创造性转化和创新性发展。

（二）教学形式从“面对面的课堂教学”过渡到“以多样化教学场所为依托的混合式教学”

随着信息技术的不断发展，课堂教学中运用现代多媒体的技术已经非常广泛。信息化时代的语法教学也应从传统“面对面的课堂教学”转化为“以多样化教学场所为依托的混合式教学”，利用多媒体技术将晦涩难懂、枯燥乏味的语法现象通过更加趣味、更灵活的方式开展出富有创新性的教学模式，增强教学的直观性，提高教学效率，调动学生的学习兴趣、积极性及对书本知识的理解。课下教师可以通过微信群、微信公众平台、网络教学慕课、学习通等平台加强与学生之间的互动，以促进学生自主学习、远程协作学习，使学生实现课前自学和课上深度参与的混合式学习，以期达到预定的教学目标。也可以通过提供的参考书目和网络咨询，拓展学习途径，加深学习内容，进而给学生提供全方位、多层次、多种信息渠道的活动空间，引导学生善于从多方面去思考问题，使学生的大脑思维开阔起来，激发学生的创新思维能力，从而提高学生的学习能力、思辨能力和研究能力。

（三）教学内容从“传统文法”拓宽到“语言学科前沿问题”

藏族传统谚语“sum rtags a mavi kha na yod”，其意为藏文文法为入口之学，其意为只要是能够习读藏文的，都能够讲解藏文文法知识，也以此说明了藏文文法内容的简单性。因此，藏族学生在初学藏文时就接触到现有的文法理论，以至于在大学阶段继续上藏文文法课程，使后继学生感到一提到藏文文法就认为是藏文文法只有《三十颂》和《字性组织法》的陈旧观点，降低学生的学习兴趣。然而，藏文文法是一门历史较为悠久的语言学科，传统藏文文法教学内容包括《三十颂》和《字性组织法》，正字法外，还有许多运用现当代语言学的研究理论和方法有待开垦的空间，如利用语音学的理论，对“音势论”进行深度剖析有助于探讨古代藏语的语音面貌。对“音韵”的研究，有助于了解声调的产生、变化规则。对“动名词”的研究，增强了对句法结构的分析，传统文法中的“能所关系”与“动名词”和句法分析联系等为传统藏文文法注入新的内生发展动力，使这一传统文法理论研究紧跟现代语言学发展的步伐。因此，为使学生在有限的课时数内取得较好成绩，应拓宽教学内容，运用现代语言学的科学理论对比分析现代藏语言（方言）的各种语法现象，适当把藏语言专业的学科前沿的问题纳入教学内容中。

此外，加强建立规范性语法教学体系。传统的文法教学中，要一改过去讲授藏文时直接从“虚词”和“字性组织法”入手的方法。我们都知道，语言学是一门口耳之学，在学习任何一门语言的文法时，首先，应讲授语音学的知识，如元辅音的发音机制和语音特征等有关语音学方面的基本概念和专业术语。其次，练习使用国际音标，学会互换使用藏文 30 个辅音字母和 4 个元音的国际音标及拉丁转写方法，注重课程之间的衔接问题，将语言学概论和藏文文法课程设在同一学期。学生在学习藏文文法时，通过讲授语言学概论的基本概念，能更深入地理解文法的重点和难点。结合现代藏语方言语料，讲授传统文法与现代藏语中出现的新的语法现象，举出大量语言实例，使学生能够通过语言实例领悟生硬的语法现象。例如，藏语动词在句中占据重要的位置，除了讲解传统文法动词的及物和不及物外，还要根据现代藏语中动词的具体使用情况分析动词时态的形态变化趋于简化等方面的问题。因此，建立一套符合语言文法学习自然规律的教学体系是当前各民族高校藏文文法教学的重要目标，并且使得学生能够运用文法理论，解决现代藏语中语言使用情况时遇到的语法难题，使语法教学能起到积极作用，使它指导语言实践，帮助学生提高语言素养。

（四）教材建设从“文法”到统编符合语言实际的“语法”教材

语言是随着社会的产生而产生，随着社会的发展而发展的。[①] 藏族传

---

① 斯大林．马克思主义与语言学问题［M］．人民出版社，1972：20.

统文法是在研究书面语的基础上总结提炼得出的理论。7 世纪形成的语法理论与 21 世纪使用的藏语语法之间存在较大的差距，而这一现象给现当代各民族院校的藏语言教学提出了极大的难题。按照藏文书面语总结的一套传统的语法理论与现代藏语方言之间产生许多新的语言现象，现有的传统语法理论不足以解释新产生的语法现象，这是现阶段藏文文法与藏语语法之间的矛盾。藏族传统的文法著作在特定的时段对当时的语言使用起到了一定的理论指导作用，但随着社会高度融合发展，新的语言和语法问题层出不穷，并且相较于其他民族的文法体系的发展，藏族文法理论的构建与发展离更高更科学的水平还存在一定距离。

因此，结合现代藏语语用情况，加强藏语口语的研究，选用编撰真实反映藏语实情的语法教材极为重要。在这方面，本系（中央民族大学中国少数民族语言文学学院藏语言文学系）的藏族学生生源地几乎覆盖我国各藏族地区。我们在日常教学过程中可以利用这一生源上的优势，通过学生的社会实践、田野调查、暑期作业等，让各地师生根据现代语言学的理论知识和方法，结合传统藏文文法理论调查各自的方言土语，对方言土语中存在的各种语言学现象进行分析、研究，以便在藏语语法研究方面更具有前沿性和突破性。各院校有关专家学者应联合起来，共同编写出符合当代藏语实情的现代藏语语法教材。

五、结论

在信息科学技术突飞猛进的数据时代，藏文文法教学新范式的转型构建，首先，应更新转变教学理念，加强传授藏文文法知识的同时，强化学生的理论知识应用能力，真正实现学以致用。其次，打破单一教学空间，积极探索多元化教学场所的混合式教学，改变单一教学辅助工具，采取直观的音频、视频、虚拟场景等现代多媒体信息技术工具，课程形态从以课上注重语法理论的巩固强化型到以课下语法实践的交际型为目标，实现更加灵活、多变的课上课下有机整合。加强建构以现当代语言学理论为指导，不断探究完善适合现今藏语发展实际的语法教学，寻找最贴近现实生活的例句引入教学，使教学内容引人入胜，极具应用性。此外，采取因地制宜、因材施教的教学方式，根据不同教学对象的教学背景、性格特征、自身素质、认知能力的差异，采取多元化、极具趣味性的教学方法，注重培养既有批判思维能力、独立自主的学习能力，又具创新合作、理论与实践相结合的能力。最后，共同编写符合藏语实际应用的语法教材。

参考文献

[1] 陈坚林，马牧青．信息化时代外语教学范式重构研究：理据与目标［J］．外语电化教学，2019（1）．
[2] 霍凯特．现代语言学教程［M］．索振羽，叶蜚声，译．北京：北京大学出版社，2003（4）．
[3] 嘎玛司都．司都文法详解（藏文）［M］．西宁：青海民族出版社，1987.
[4] 斯大林．马克思主义与语言学问题［M］．人民出版社，1972.
[5] 王公龙．人类命运共同体思想对马克思共同体思想的创新与重构［J］．上海行政学院学报，2017（5）．
[6] 杨睿娜．大数据时代高校教学新范式［J］．信息与电脑，2019（15）．
[7] 札得·仁钦端智．札得文法（藏文）［M］．西宁：青海民族出版社，2009.

（作者单位：中国少数民族语言文学学院）